João de Deus
O abuso da fé

Cristina Fibe

João de Deus
O abuso da fé

GLOBOLIVROS

Copyright © 2021 Editora Globo S.A. para a presente edição
Copyright © 2021 Cristina Fibe

Todos os direitos reservados. Nenhuma parte desta edição pode ser utilizada ou reproduzida — em qualquer meio ou forma, seja mecânico ou eletrônico, fotocópia, gravação etc. — nem apropriada ou estocada em sistema de banco de dados sem a expressa autorização da editora.

Texto fixado conforme as regras do Acordo Ortográfico da Língua Portuguesa (Decreto Legislativo nº 54, de 1995).

*Editora responsável:* Amanda Orlando
*Assistente editorial:* Isis Batista
*Revisão:* Carolina Rodrigues, Mariana Donner e Marcela Ramos
*Diagramação:* Abreu's System
*Capa:* Renata Zucchini
*Imagem de capa:* Ernesto Rodrigues/Estadão Conteúdo

1ª edição, 2021

CIP-BRASIL. CATALOGAÇÃO NA PUBLICAÇÃO
SINDICATO NACIONAL DOS EDITORES DE LIVROS, RJ

F464j   Fibe, Cristina
        João de Deus : o abuso da fé / Cristina Fibe. – 1. ed. –
    Rio de Janeiro : Globo Livros, 2021.
        248 p. ; 23 cm.

        ISBN 978-65-86047-86-8

        1. Deus, João de, 1942-. 2. Violência contra as mulheres.
    3. Mulheres – Crime contra – Brasil. 4. Crime sexual –
    Estudo de casos – Abadiânia (GO). 5. Reportagens inves-
    tigativas. 6. Faria, João Teixeira de, 1941-. I. Título.

21-72741                           CDD: 362.883082
                                   CDU: 316.346.2-055.2

Camila Donis Hartmann – Bibliotecária CRB-7/6472

Direitos exclusivos de edição em língua portuguesa para o Brasil adquiridos por Editora Globo S.A.
Rua Marquês de Pombal, 25 — 20230-240 — Rio de Janeiro — RJ
www.globolivros.com.br

*Para as mulheres que sofreram em silêncio.*
*Para as mulheres que gritaram e foram caladas.*
*Para as mulheres que souberam ouvir.*
*Para as mulheres.*

*"Não falo dos casos de monomania religiosa;
apenas citarei um sujeito que, chamando-se João de Deus,
dizia agora ser o deus João, e prometia o reino dos céus a quem o adorasse,
e as penas do inferno aos outros"*

MACHADO DE ASSIS, O ALIENISTA, 1882

## Sumário

Apresentação ..................................................................... 11
Prefácio ............................................................................ 13

1. O sopro no castelo de cartas ............................................ 21
2. A construção do mito ...................................................... 29
3. Cidade partida ................................................................ 43
4. Dalva: uma vida em fuga ................................................. 59
5. "Mataram meu pai!" ........................................................ 71
6. Procure o médium João ................................................... 85
7. O palco do crime ............................................................. 99
8. "Ele prometeu" .............................................................. 113
9. "Ela é louca" .................................................................. 129
10. *John of God*: "tesouro" internacional ........................... 145
11. Expulso da própria casa ................................................ 161
12. Prenda-me se for capaz ................................................. 173
13. A queda ....................................................................... 191
14. O "milagre" da multiplicação ........................................ 203
15. Uma história sem fim ................................................... 219

Agradecimentos ............................................................... 235
Notas ............................................................................... 239

## Apresentação

A gente estava indo jantar quando ela me mandou uma mensagem: "Vou ter que desmarcar, tô com um furo aqui, uma história pesadíssima, coisa grande, mal consigo respirar". Segurei a curiosidade — ela não iria contar mesmo se eu perguntasse — e também a inveja. Sempre quis ser jornalista, cheguei a me formar na profissão e, até hoje, a palavra "furo" faz meu diploma tremer na gaveta.

Era outubro de 2018, e o Brasil estava prestes a eleger Jair Bolsonaro. No nosso histórico de conversas no WhatsApp, as mensagens se resumiam a três temas: eleições, a tal matéria secreta que iria chocar o país e algumas tentativas de conciliar a maternidade com um ou outro show no Circo Voador. Contra o desespero eleitoral, a gente ouvia música. Contra o machismo — inclusive o nosso —, a gente ouvia a outra.

Conheci a Cris Fibe na casa do jornalista Jorge Bastos Moreno, mas ficamos amigas quando ela editou a coluna que eu escrevia no "Segundo Caderno". Em pouquíssimo tempo, percebi, tanto nela, quanto em mim, os efeitos da chamada "quarta onda" feminista. Algumas relações se foram, outras ficaram mais fortes; a condescendência com o machismo tornava-se cada dia mais difícil, e seu "furo" tinha tudo a ver com isso.

Fiquei sabendo que a "tal matéria" era sobre os abusos sexuais cometidos por anos pelo "médium" (haja aspas) João de Deus contra dezenas de mulheres na véspera de o caso vir a público no programa do Pedro Bial. E se, por um lado, chorei com a atrocidade sofrida por mulheres que já se encontravam em uma situação de extrema vulnerabilidade, por outro, comemorei o fim de um silêncio. De mais um.

O equilíbrio de poder entre homens e mulheres ainda está longe de ser uma realidade. E não só no Brasil. Escrevo este texto no dia em que milhares de fotos de afegãs desesperadas invadem jornais e redes sociais com suas burcas. Mais uma vez, o extremismo religioso é usado como fachada pra silenciar o sexo feminino e perpetuar a desigualdade de direitos que nos atinge há tantos anos. Parece um pesadelo. E é. Mas a gente não vai parar de lutar. Nós somos muitas. E temos coragem.

Cris, obrigada por ter dado voz a tantas mulheres.

É bom te ouvir também.

MARIA RIBEIRO

## Prefácio

"Mas elas disseram *não*? Saíram gritando? Por que não falaram nada até hoje? Estranho isso, Fibe."

Esse "Estranho isso" ecoou durante noites e noites na minha cabeça. Estranho mesmo, eu pensava, era aquele sujeito — nada carismático, diga-se de passagem — ter sido tratado durante quatro décadas como Deus, figura intocável, operador de milagres.

Como pudemos — nós todos, jornalistas, apresentadoras, atrizes e atores, roteiristas, historiadores, companheiros de viagem, familiares de fiéis, donos de pousadas, guias de turismo, voluntários da Casa de Dom Inácio, médicos, delegados, promotoras e promotores, juízes e juízas, ministros e presidentes — permitir que crianças, adolescentes, adultas e senhoras entrassem no aposento privativo de João de Deus em seu centro "espiritual" e saíssem de lá vítimas de abuso sexual? Pálidas, trêmulas, aos prantos e, muitas vezes, sim, gritando.

Isso é que era estranho. João "curador" era na verdade João abusador, e muitos sabiam disso. Sabiam e continuavam a permitir que suas fiéis, fragilizadas por problemas físicos e emocionais ou apavoradas por doenças terminais de familiares, o procurassem e fossem "escolhidas" para consultas privativas, a portas trancadas, nas quais seriam violentadas.

Até que, em maio de 2018, uma mulher holandesa, estimulada pela coragem de outras sobreviventes de abusos que vieram a público após as bombásticas denúncias do *New York Times* contra o magnata do cinema Harvey Weinstein — que eclodiram em outubro de 2017, dando força ao movimento *#MeToo* —, decidiu expor em detalhes, em uma rede social, o estupro que sofrera quatro anos antes.

Eram os primeiros respingos no Brasil de uma mobilização mundial na qual as mulheres se uniram para dizer: "Chega! Nossos corpos não podem ser tocados sem consentimento". Isso é crime. Harvey Weinstein desmoronou, e outros abusadores cairiam junto.

A denúncia da holandesa Zahira publicada em inglês no Facebook poderia ter passado despercebida no Brasil. Mas em agosto começou a ser compartilhada por outras mulheres, brasileiras, que pediam uma ação para cessar os estupros cometidos pelo então líder espiritual mundialmente aclamado João de Deus.

O movimento *#MeToo* espalhou coragem e ajudou o mundo a entender as respostas às perguntas que me faziam naquele setembro de 2018 na redação do jornal *O Globo* enquanto eu dava às editoras executivas a notícia de que tínhamos em mãos um material consistente de denúncias contra o maior líder espiritual do país — no jargão jornalístico, um furo de reportagem.

Por que aquelas mulheres passaram anos em silêncio? Por que algumas delas não gritaram, não o empurraram?

No caso específico de João Teixeira, a imobilidade tônica, fenômeno de autodefesa que paralisa o cérebro de muitas vítimas durante o abuso, se somava ao fato de o sujeito ser considerado um "deus" no local onde os crimes aconteciam. Suas sobreviventes não tinham como saber que eram parte de um esquema de estupros em série — para elas, sua dor era solitária. Algumas tentaram dividi-la, pedindo socorro a funcionários da Casa de Dom Inácio, donos de pousadas da região e até familiares, e foram insistentemente desacreditadas.

Acometidas por medo, vergonha e culpa — será que haviam "permitido" aquilo? —, a maioria das vítimas de João ficou, sim, em silêncio, durante anos, até mesmo décadas. As que buscaram a polícia e a Justiça pagaram um preço alto para vê-lo escapar ileso. E, então, um post numa rede social expunha a faceta criminosa do então médium e ajudava a mostrar a cada uma das sobreviventes que elas não estavam sozinhas.

O fato de, em 2018, perguntas como aquelas serem parte do processo jornalístico de apuração e edição é mais um reflexo da demora da própria imprensa a dar a importância e o espaço devidos a esse tipo de cobertura. Durante décadas também nós, jornalistas, fomos acometidos pelos preconceitos que cercam essas vítimas e pelo machismo que nos impede de tratar o assunto como prioridade. Não temos, na imprensa brasileira, vasta experiência na cobertura de abusos sexuais. Por isso mesmo, faltam padrões claros de tratamento dos personagens envolvidos, da maneira como são conduzidas as entrevistas até a proteção da identidade das vítimas.

Enquanto corríamos atrás de histórias que ajudassem a respaldar o relato de Zahira e a comprovar que o estupro que a jovem holandesa sofrera fazia parte de um esquema maior de crimes cometidos por João Teixeira, a repórter Helena Borges e eu, então editora adjunta do caderno "Sociedade" — seção d'*O Globo* responsável, entre outras coisas, pela cobertura de direitos humanos e violência contra a mulher —, recorríamos uma à outra para repensar nossos próprios métodos.

Debatemos e explicamos internamente o passo a passo da nossa reportagem, justificando, por exemplo, a escolha de envolver apenas mulheres no trabalho, assim como a opção por não pressionar as sobreviventes a publicar seus nomes e fotografias de seus rostos.

Na falta de um manual nacional de conduta para jornalistas nesse tipo de cobertura e em busca de respaldo e segurança jurídica, Helena e eu reviramos orientações internacionais e conversamos com promotoras e psicólogas. Tiramos daí algumas premissas que passaram a nos orientar no trabalho jornalístico e que procurei seguir na construção deste livro.

A principal delas é garantir às mulheres que foram vítimas de violência o sigilo de sua identidade.

Neste livro, não ficarão registrados os nomes verdadeiros das sobreviventes que até hoje conseguiram preservá-los. Nos casos mais conhecidos, como o de Zahira, cujo relato ajudou a derrubar a primeira peça do dominó encravado no centro do mapa do Brasil, os sobrenomes foram omitidos. A única mulher vítima de João que tem seu nome completo registrado nestas páginas é Dalva Teixeira, filha do dito médium e uma das primeiras pessoas a tentar ir a público em busca de reparação. Por óbvio, seria inútil omitir o sobrenome de Dalva se era de suma importância revelar que João violentou até a própria filha.

Sim, a internet é implacável, e os nomes completos de muitas dessas mulheres estão separados do leitor apenas por algumas teclas. Mas o livro, como eu disse àquelas que entrevistei para esta obra, é um registro histórico, indelével, e as suas identidades não precisam estar eternamente associadas à de seu algoz. Quem está exposto nestas páginas é João Teixeira de Faria, goiano de Itapaci, nascido em 16 de junho de 1941.

O nome de João Teixeira de Faria deveria ser o único a estar eternamente conectado aos estupros que cometeu. Aliás, o único, não: João era rodeado de cúmplices, mulheres e homens que até o momento em que este livro está sendo escrito não pagaram por colaborar para que os crimes acontecessem e se perpetuassem.

As sobreviventes dos estupros cometidos pelo ex-líder, como muitas delas me contaram, sofreram outro tipo de violência depois que os seus casos foram publicados. Aquelas que mostraram seus rostos passaram a ser constantemente assediadas para repetir suas histórias, e isso para além dos relatos que tiveram de fazer inúmeras vezes a delegados, promotores e juízes.

Uma das mulheres ouvidas para este livro, depois de denunciar o seu caso ao Ministério Público, desenvolveu problemas no sistema digestivo e uma fobia tão aguda que não consegue mais sair de casa. Vive confinada com seus remédios. Outra tenta levar uma vida "normal", mas largou tudo e se mudou com os dois filhos e o marido da capital para uma cidade de interior, onde considerou que sentiria menos medo. Há ainda casos — não são poucos — de familiares que ficaram sabendo pela imprensa dos abusos sofridos por suas mães, companheiras ou filhas. Essas mulheres nunca mais pararam de responder a perguntas sobre aquele dia — ou aqueles dias, meses, anos — em que foram tocadas, penetradas, cheiradas, intimidadas, ameaçadas e caladas por João Teixeira de Faria.

Não foi diferente para colher as histórias que constam nestas páginas. Para que esta obra fosse possível, eu tive de sentar com muitas delas e fazê-las repetir, mais uma vez, as violações sexuais a que foram submetidas. O que nos leva à regra número dois acordada por Helena Borges, eu e os outros jornalistas da nossa equipe n'*O Globo*: aquelas que quisessem falar sobre os abusos que haviam sofrido dariam entrevista preferencialmente a uma mulher. Isso faria com que se sentissem menos desconfortáveis ao reviver seus traumas.

Apliquei, mais uma vez, a mesma regra ao livro, para o qual contei com a contribuição de dois pesquisadores. Uma jornalista mulher, Heloísa Traiano, me ajudou a abordar as sobreviventes, para que se sentissem menos constrangidas ao descrever em detalhes os abusos cometidos por um homem. E um jornalista homem, Rafael de Pino, me acompanhou nas viagens a Goiás, aumentando minha segurança e diminuindo o meu próprio desconforto diante de situações nas quais fui vista como intrusa ou inconveniente. Não foram poucas.

Ao lado de Rafael, fui aconselhada algumas vezes a não aparecer novamente em Abadiânia, para que os aliados de João não me perseguissem. Ouvi da boca de um policial nomes de familiares meus que eu mesma não havia mencionado. Por precaução, a conselho de uma promotora de Justiça, não só não dormíamos na cidade como evitávamos aceitar comes e bebes que não fossem industrializados e lacrados — como saberíamos depois, o envenenamento não era um procedimento desconhecido por ali, e o próprio João fazia com que seus assessores provassem suas refeições antes de comê-las. Fomos percebendo, ao longo dos meses de 2019 e 2020 pelos quais se estendeu a apuração, que estávamos cutucando um vespeiro que ia muito além de uma rede de estupros. Sentimos na pele um pouco do medo que havia silenciado tantas daquelas sobreviventes.

Mesmo após a prisão de João, não foram poucas as pessoas que se recusaram a dar depoimentos para esta obra com medo de retaliações. Em Abadiânia, o nome do ex-líder ainda gera temor. Para reconstruir sua história e a da cidade que ele ajudou a erguer, um forte aliado da apuração foi a Igreja Católica, cujos padres ali instalados testemunharam o pavor da população abadianense e também a grande dependência financeira dessas pessoas em relação a toda a estrutura criada pela Casa de Dom Inácio de Loyola. Se ela caísse, suas rendas cairiam junto.

Um dos padres com quem conversei, sob condição de anonimato, me perguntou os motivos pelos quais eu havia decidido investigar esse assunto. Eu contei que tinha lido o depoimento de Zahira e pautado uma repórter para apurar os abusos cometidos por João, e detalhei um pouco do que havia acontecido dali até a prisão do ex-médium, em dezembro de 2018. Ele perguntou se podia me dar um abraço. Levantou-se e, às lágrimas, disse que tínhamos salvado muita gente de um grande sofrimento. A igreja local também vinha tentando, dentro dos limites da confidencialidade impostos às informações que chegavam ao confessionário, conter os abusos de João, mas a sua rede de proteção em Abadiânia era sustentada pelos resistentes pilares da economia.

A impressão que se tinha era de que, sem o respaldo e a atenção da imprensa, a voz das vítimas seria silenciada. E assim foi durante muitas décadas. A força de um movimento global como o *#MeToo* e a repercussão irrefreável das redes sociais, porém, impulsionaram uma mobilização conjunta em busca de justiça.

Primeiro, muitas das mulheres que sobreviveram a João tomaram consciência do abuso que haviam sofrido e descobriram que não estavam sozinhas. Depois, apoiando umas às outras, tiveram a coragem de denunciá-lo. Continuaram, no entanto, tendo de responder a perguntas como "Mas por que você voltou lá?"; "Você tentou empurrá-lo?"; "Por que não contou para ninguém?". E foram revitimizadas ao ter seus relatos escrutinados por homens — e às vezes também mulheres — descrentes de suas palavras.

Na obra *Mulheres e poder: um manifesto*, a acadêmica britânica Mary Beard procura demonstrar "até que ponto estão profundamente incorporados à cultura ocidental os mecanismos que silenciam as mulheres".[1] Ao comentar o *#MeToo* em entrevista ao *El País*, a intelectual reconheceu a importância da *hashtag* para contornar a questão, mas ponderou que ela de fato não muda nada. "Se quiser resolver o problema, não basta encontrar gente que o aponte no passado. Você deve mudar o equilíbrio de poder."[2]

Foi justamente o desequilíbrio na balança do poder — em que os homens têm muito mais peso há milhares de anos — um dos elementos-chave a permitir os estupros em série cometidos por João Teixeira de Faria no coração do Brasil, a pouco mais de 100 quilômetros da capital do país, por mais de quatro décadas.

Boa parte de Abadiânia sabia que aquela casa de "milagres" nada tinha de sagrada, e é bem possível que os homens da cidade nem vissem nisso um crime grave. Eles faziam vista grossa, e as mulheres, com vergonha e medo, culpavam a si próprias. João, por sua vez, parecia pensar que, de alguma forma, os seus superpoderes — apoiados em dinheiro e fama — o autorizavam a usar suas fiéis da maneira como desejasse, arrancando delas o último suspiro de fé e esperança.

A sensação de impunidade do então aclamado "João de Deus" era tanta que, mesmo depois de saber que jornalistas estavam apurando denúncias contra ele, seguiu cometendo os crimes. O primeiro contato feito por O Globo com a assessoria de imprensa de João para dar a ele o espaço de defesa devido foi feito em setembro de 2018. O caso de abuso que motivou sua prisão preventiva, em dezembro daquele ano, aconteceu em outubro, com uma vítima que jamais falou com a imprensa, mas procurou a Polícia Civil após ver os outros casos expostos na mídia. Ela teve, ainda, a coragem de entrar disfarçada na Casa de Dom Inácio, antes da prisão de seu algoz, para reconstituir o crime passo a passo, rodeada por homens, como você lerá no capítulo que abre este livro.

Só foi possível compreender o véu de silêncio que cobria Abadiânia e a dimensão do poderio de João Teixeira de Faria após uma investigação mais profunda. Aquele líder "espiritual" de olhos claros e mais de 1,80m de altura era também um coronel da cidade. Guardava armas em casa, no carro, no escritório. Era protegido por seguranças, muitos deles ligados à Polícia Militar. Mexia com dinheiro vivo, guardado em cofres, escondidos sob o piso, dentro dos armários, acima do teto. Não admitia divergências. Submetia mulheres e funcionários às suas vontades. E expelia quem tentasse protestar.

Não foram poucos os que tentaram. Durante as pesquisas, investigando o passado de João e da Casa de Dom Inácio de Loyola, descobri inúmeros processos que envolviam o seu nome, direta ou indiretamente, e estavam havia muito enterrados. Com autorização judicial, tive acesso a mais de mil páginas de inquéritos, depoimentos, laudos e sentenças que ajudam a explicar a rede de proteção que permitiu que ele seguisse impune por tantas décadas. Reconstruí nestas páginas os processos criminais que considerei mais importantes para o entendimento completo desse personagem, que, mesmo depois de condenado a mais de sessenta anos de prisão, ainda fascina fiéis que se consideram curados por ele.

# 1
## O sopro no castelo de cartas

Abadiânia, 19 de dezembro de 2018.

Fazia três dias que João Teixeira de Faria estava preso. Ele havia entrado pela última vez em sua Casa de Dom Inácio de Loyola, inaugurada em 1979, exatamente uma semana antes, em 12 de dezembro de 2018. Seus defensores insistiam: mais cedo ou mais tarde, ele voltaria. Enquanto isso, o local dos crimes, que os "filhos" da Casa chamam de templo de fé, seguia aberto aos fiéis, com retratos de João, Jesus Cristo, santos e entidades espirituais espalhados pelos salões. Lá dentro, entre as paredes azuis e brancas, em todo o terreno pontuado por mangueiras, o ex-líder religioso ainda era rei. Para muitos, João Teixeira era uma figura santa. Para outros, era como se fosse um pai.

As acusações de crimes sexuais contra ele, divulgadas pelo programa *Conversa com Bial* e pelo jornal *O Globo* no dia 8 de dezembro daquele ano, multiplicavam-se no mesmo ritmo em que seus aliados lutavam pela limpeza de sua imagem. Protestos foram organizados em frente ao centro espiritual, vídeos em sua defesa foram divulgados nas redes sociais e os advogados mais caros do país foram contratados para desmontar os relatos e desqualificar as vítimas. O réu garantia ser inocente.

As mulheres que o denunciaram tinham medo. Algumas já haviam tentado falar antes sobre os abusos que sofreram e foram ameaçadas. Uma tomou um tapa na cara da dona da pousada onde estava hospedada. Outra ouviu um "cala a boca" de uma funcionária da enfermaria da Casa. Duas denunciaram João e um de seus dez herdeiros, Sandro, por ameaça e coação — pai e filho, armados, visitaram uma delas em casa, em outra cidade, ordenando que retirassem a queixa de estupro feita na delegacia de Abadiânia. Não era verdade que todas elas haviam se calado por anos, mas era verdade que todas temiam João e seus aliados.

Nesse cenário, mesmo com o ex-médium preso, seus assessores mais antigos e mais próximos continuavam a tocar os trabalhos na Casa de Dom Inácio como se nada tivesse acontecido — ou como se aquilo tudo fosse dar em nada. As curas, garantiam, eram possíveis mesmo na ausência de seu líder, que atendia pessoalmente milhares de fiéis todas as quartas, quintas e sextas-feiras havia quatro décadas. As entidades trabalham sem precisar de um canal físico para chegar aos pacientes, eles argumentavam.

Era uma quarta-feira, a primeira sem João. As orações já tinham começado quando entrou no hospital espiritual uma equipe da Polícia Civil de Goiás. Em meio aos agentes — disso ninguém sabia —, estava uma vítima, disfarçada como uma policial. Toda de uniforme preto, o cabelo escondido por um boné oficial, Teresa[*] voltou ao local onde foi abusada e, cercada de homens, reconstituiu passo a passo, detalhada e graficamente, a violência que havia sofrido.

O crime aconteceu no dia 24 de outubro de 2018. O caso era considerado pelas autoridades o mais importante de todos até ali: diante de uma enxurrada de denúncias de crimes sexuais já prescritos ou fora do prazo para queixa, foi o abuso sofrido por aquela mulher que permitiu à polícia mandar à Justiça o primeiro pedido de prisão preventiva do ex-médium. Era Teresa a responsável por manter João Teixeira de Faria no Núcleo de Custódia de Aparecida de Goiânia. E, agora, ela estava ali, disfarçada como uma policial civil, para driblar a imprensa e despistar os seguidores e aliados do inimigo — eles tinham ódio, disso ela tinha certeza.

---

[*] O nome foi alterado para preservar sua identidade.

Seu maior medo era que o acusado fosse atrás de vingança. Medo não, pavor. Ainda que sob proteção da polícia naquele momento, Teresa sabia que seu nome constaria nos autos e que, depois daquilo, teria que cuidar de si. Rapidamente, João saberia de tudo o que ela dissera.

Teresa entrou pelos portões azuis da Casa de Dom Inácio, que seguiam escancarados, mas que já não viam tanto movimento — antes das denúncias, estima-se que entre mil e dois mil fiéis fossem ao centro espiritual por dia, de quarta a sexta-feira, quando o médium prestava atendimentos das oito da manhã até o sol cair. Era o fluxo de turistas religiosos que sustentava a pequena Abadiânia, um município com menos de 20 mil habitantes. Dez dias após o escândalo vir à tona, boa parte da cidade lamentava a prisão do acusado. Era melhor que tivessem todas ficado quietas, assim os ônibus continuariam chegando, os hotéis e cafés seguiriam cheios, as lojas de cristais e roupas brancas não estariam à beira da falência.

Cercada de policiais, a "Vítima de Outubro", como era chamada pelas autoridades, atravessou o estacionamento em direção ao salão onde um dia tinha sido preciso retirar senhas para ser atendido. Algumas dezenas de fiéis, vestidos de branco, meditavam, sentados. A imprensa ainda cercava o local, à espera de notícias. Os assessores de João vigiavam, atentos, qualquer movimento.

Teresa, de camiseta e boné pretos, passou pelo cofre cinza que fica à mostra, onde são depositadas as doações; pelos telões com imagens de João "incorporado", realizando cirurgias físicas e espirituais; pelo palco onde, diariamente, os "filhos" da Casa abrem os trabalhos, fazendo orações em português, inglês, francês e alemão. Ela entrou na "Sala da Corrente", ao lado da enfermaria, onde antes centenas de fiéis enfileirados em bancos de madeira meditavam por horas, de olhos e boca fechados, sem poder cruzar braços e pernas, para não "quebrar" a energia das entidades que fluía de uma pessoa para a outra. Ela atravessou a chamada "Sala do Equilíbrio", onde os bancos abrem espaço para um corredor que leva à poltrona do médium, a mais nobre de todas, colocada um pouco acima do nível do chão, rodeada de cristais, flores e imagens sacras.

Era ali que João atendia às intermináveis filas de seguidores, recebendo cada um por não mais do que vinte segundos, rabiscando um papel com a "receita" personalizada de passiflora, comprimido a ser comprado na farmácia da própria Casa por cinquenta reais cada frasco; às vezes era preciso levar três ou quatro. Era também ali que João dizia a alguns fiéis, em sua maioria mulheres: "Vá à sala do médium". Era a senha para o atendimento individual, considerado um privilégio. Teresa viu que, agora, sobre a confortável cadeira de João, repousava uma santa Rita de Cássia, que ele sempre dissera ser sua padroeira. Uma santa, mulher, tinha sido deixada ali para representá-lo durante sua ausência.

Teresa precisou atravessar a casa toda para chegar ao local do crime. Depois de ver a santa na poltrona, cruzou mais um espaço usado para limpeza espiritual, e ainda outro indicado para as intervenções coletivas. Esse, além dos bancos de madeira, tem macas encostadas nas paredes, para quem precisar se deitar depois das "cirurgias" feitas pelas entidades. Ao fundo desse último salão, uma porta de ferro e vidro, vazada, leva a um cômodo pequeno, com estantes e armários para mantimentos; do outro lado, uma pia e um espelho; na parede, um ventilador e, de novo, quadros de santos. Tudo é azul e branco, como no resto da Casa.

Nos atendimentos daquela manhã de 24 de outubro de 2018, também foi dito a Teresa que fosse à sala do médium João. E assim ela fez. Só que, dessa vez, a goiana estava acompanhada de seu namorado. Entraram juntos no aposento privativo do dono da Casa, onde ele ostentava retratos ao lado de celebridades, políticos e ministros. O ex-governador de Goiás Marconi Perillo estava lá. A atriz Juliana Paes também. Lula, de faixa presidencial, sorria ao lado de Marisa Letícia, em uma foto autografada, dedicada "ao meu amigo João". O médium fez algumas perguntas sobre que tratamento os dois buscavam, como ele poderia ajudar, e depois pediu que passassem para outro ambiente. Caminhou com o casal para aquela sala que mais parecia uma despensa, não fossem a pia, o espelho e os santos na parede.

Depois daquele dia de outubro, Teresa só voltaria ao quartinho em 19 de dezembro de 2018, vestida de policial, cercada de agentes da Civil, e ali repetiria com tantos detalhes quanto fosse capaz de se lembrar a violência que tinha sofrido:

"A gente saiu daquela sala, e viemos os dois, eu e meu namorado, junto com ele [para a sala anexa ao espaço das intervenções]. Entramos, e ele fechou a porta. Nesse momento, pediu pro meu namorado ir pro salão. Ele abriu a porta, saiu... O João veio e apagou a luz."

Nesse momento, o delegado intervém:

"Ele fechou essa porta?"

"Essa porta estava fechada", Teresa responde.

"Vamos então fechar a porta, por favor", o delegado decide.

"Aí ficou essa penumbra", Teresa continua. "Tinha uma cortina na porta, então as pessoas que estavam lá fora não viam nada do que acontecia aqui dentro. Nesse momento, eu tava posicionada aqui, perto da porta, e o João falou: 'Então, vamos fazer uma oração'. Como eu sempre faço orações com o meu namorado, a gente sempre dá as mãos e fica de frente um pro outro, orando, então eu vim para cá..."

Teresa se posiciona como se estivesse de frente para o médium:

"Quando eu me posicionei para poder dar as mãos para ele, ele já me virou de costas, nesse local aqui, perto da porta, na penumbra, e começou a pedir para eu fazer movimentos como se eu estivesse fazendo uma limpeza espiritual. 'Faça um passe, um autopasse',* ele me pedia. Eu fui fazendo um autopasse. Achei aquilo estranho, porque eu nunca fiz nenhum tipo de tratamento em que eu me posicionasse com o médium atrás de mim, isso nunca tinha acontecido. Ele foi falando, falando... E começou a massagear a minha barriga. Eu estava com uma calça um pouco mais baixa, uma calça branca. Ele começou a massagear a minha barriga e falou que aquilo era para poder disseminar as energias, para poder fazer a limpeza, para poder limpar os chacras, tudo aquilo."

Teresa respira fundo, a voz treme:

"Primeiro, eu comecei dando passe, depois ele veio fazendo essa massagem, aí ele passava as mãos, fazia como se estivesse fazendo uma limpeza mesmo, e depois voltava na barriga. Nisso, ele pediu para que eu mexesse o quadril. Ele mesmo ia posicionando a mão, encostando no meu quadril e pedindo para eu me mexer, só que eu ficava muito dura por causa da tensão daquela situação. E ele tentava sempre encostar em mim."

Teresa faz uma pausa, respira fundo mais uma vez.

---

* Ato de passar as mãos repetidas vezes, sem encostar, diante ou por cima da pessoa que se pretende magnetizar ou curar pela força mediúnica. O autopasse seria o passe aplicado pelo praticante em si mesmo.

"Com essas tentativas, eu comecei a perceber que aquilo não estava certo, comecei a pedir à espiritualidade, a Deus, a todos para me ajudar para que eu não me sentisse prejudicada naquela situação, porque eu não sabia o que estava acontecendo... Ao mesmo tempo eu ficava pensando: 'Por que isso?'."

A pergunta que Teresa sempre se fazia era por que aquilo estava acontecendo daquela forma. Ela tentava sentir se João estava tendo alguma ereção, porque, nesse caso, estava pronta para acabar imediatamente com aquele tratamento.

"Porque a gente fica na dúvida se está recebendo um tratamento ou não", ela diz. "Eu não percebi nenhuma ereção nele, então ele vinha, se aproximava, eu afastava, ele aproximava, eu afastava, e ele sempre fazendo esse movimento na minha barriga."

Em determinado momento, João parou e acendeu a luz. Teresa foi para perto da pia, onde havia deixado sua bolsa, e João começou a conversar sobre o tratamento. Ele também perguntava quantas vezes mais Teresa queria fazer aquilo, se uma vez mais, ou sete... Teresa ficou calada. Então, olhando para ela, João lhe perguntou o que achava que estava acontecendo ali. Ela, por fim, falou:

"Você está fazendo um tratamento no meu útero, porque eu tenho problema de endometriose e miomas no útero."

João, então, mais que depressa, apagou a luz novamente. Posicionando-se de frente para a mulher, pediu que ela massageasse a barriga dele. Ele afirmava que Teresa precisava daquela energia, que ele estava ali, que aquela energia era dele. Ele pedia que ela olhasse em seus olhos.

"Eu olhava, depois fechava os olhos", lembra Teresa. "E, quando fiz a massagem, eu percebi o pênis dele. Foi quando ele pediu pra eu baixar mais a mão. O pênis dele estava como se estivesse saindo da calça pela parte de cima. Ele não tava com a calça aberta."

Quando Teresa se deu conta do que estava acontecendo, falou:

"Mas o pênis do senhor está para fora."

João então colocou o pênis para dentro da calça, pediu que Teresa massageasse um pouco mais sua barriga e, depois, acendeu a luz.

Teresa olha em volta da sala e aponta para os quadros nas paredes:

"Esse estava aqui. Esse aqui eu não lembro, mas tinha mais vários quadros aqui neste local. Eu não lembro se tinha essa pia, porque minha cabeça não consegue se lembrar disso, mas decerto tinha. Aí, ele pediu para eu escolher qual daqueles quadros eu queria. Eu escolhi o mais simples, que é o quadro que tem o Sagrado Coração de Maria, feito de tricô, ou crochê, numa moldura simples. Depois ele voltou e me deu um quadro que é feito de cobre com pedras, esse já é... Não sei... Talvez seja Nossa Senhora do Perpétuo Socorro, alguma coisa assim. Era de cobre com as pedrinhas na parte de cima, na cabeça da santa. Um quadro bem mais sofisticado, bem mais caro."

E, então, tudo terminou. Teresa viu nitidamente quando João destrancou a porta. Quando entrou, ela não havia se dado conta de que ele a tinha trancado. João a conduziu pelos salões, até posicioná-la diante de várias pedras, ao lado das quais estava sentado seu namorado. Ali, ele pediu para que Teresa escolhesse uma. Havia cristais enormes, caríssimos, e ela escolheu o menor, uma pedra verde, pequena, que entregou à polícia, como parte do inquérito.

João se sentou e pediu que Teresa não contasse a ninguém sobre o tratamento. Mesmo depois do que acontecera, no fim do dia, quando terminaram todos os trabalhos, ela retornou à sala do médium porque, nas palavras da goiana, "uma condição que eu coloquei na minha cabeça é que eu só ia pensar no que estava acontecendo quando eu chegasse em casa, pra saber se eu ia contar ao meu namorado ou não, qual atitude eu ia tomar. Então decidi fazer todos os procedimentos que são normais de fazer aqui para que o meu namorado não percebesse nada".

Os agentes pedem que a vítima os leve à sala do médium, onde ela esteve ao fim daquele dia 24 de outubro.

Teresa conta que eles foram conduzidos pelo salão onde os médiuns fazem a corrente e voltaram aos aposentos privativos de João. Ela e o namorado foram posicionados do lado de fora, e foi o próprio João quem abriu a porta, coisa que normalmente não acontecia.

João pediu então que Teresa se sentasse e se colocou ao lado dela, deixando o namorado da jovem em pé. Logo em seguida, ele pediu que o rapaz fosse até a farmácia da Casa pegar as receitas dos remédios de Teresa. Quando estavam mais uma vez sozinhos, João perguntou:

"Você contou alguma coisa?" E lhe deu um aviso: "Não pode contar nada sobre o tratamento pra ele, pra ninguém. Não pode contar pra ninguém".

Teresa o tranquilizou, garantiu que não contaria nada. Ele ainda insistiu: "Quantas vezes mais você vai querer o tratamento? Uma vez, sete vezes?" "Só essa basta", ela respondeu.

Teresa chegou em casa e ficou pensando no que tinha acontecido, no que tinha escutado de João de Deus — era assim que ela o conhecia. De Deus. "Aí eu vi que aquilo não era real, que existia uma exaltação daquilo pra que eu pudesse ceder", a jovem relembra. Ela e o namorado tinham outra viagem marcada para Abadiânia, dali a pouco, no feriado de 2 de novembro. Mas ela não quis mais voltar. Ficou em silêncio, tentando entender o que tinha acontecido. Espiritualista, sentia medo até de pensar qualquer coisa ruim sobre aquele homem divino. Quando, 45 dias depois, ouviu outras mulheres contando na TV dos abusos que também haviam sofrido, percebeu que não estava sozinha e ganhou força para revelar o que tinha passado.

Na semana seguinte, enquanto a Polícia Civil e o Ministério Público de Goiás davam início à maior investigação de sua história e disputavam, nos bastidores, quem conseguiria os resultados mais rápidos e eficazes, Teresa procurou a Delegacia Especializada no Atendimento à Mulher (Deam), em Goiânia, e registrou sua denúncia. Era o caso que faltava para colocar João Teixeira atrás das grades.

Em 12 de dezembro de 2018, aquela mesma quarta-feira em que a Casa viu João pela última vez, o delegado responsável por comandar a força-tarefa da Polícia Civil, Valdemir Pereira da Silva, o Branco, titular da Delegacia Estadual de Investigações Criminais (Deic), começou a elaborar o primeiro pedido de prisão preventiva do homem mais poderoso de Abadiânia, quiçá de Goiás, com base na violação sexual mediante fraude cometida contra Teresa. Ela só pediu para não aparecer. Não queria imprensa, não queria holofotes.

Os jornalistas não souberam de sua história, mas o Brasil inteiro escutou que a "Vítima de Outubro" tinha colocado João Teixeira de Faria atrás das grades pela primeira vez.

# 2
## A CONSTRUÇÃO DO MITO

João Teixeira de Faria é um homem que gosta de controlar a narrativa sobre si mesmo. Talvez por isso não houvesse no mercado, até a sua condenação, uma biografia não autorizada que contasse a vida do poderoso médium de maneira imparcial. Existiam outras, alegadamente feitas sob as bênçãos das entidades por ele incorporadas, e em sua vasta maioria por autores que já mantinham relações pessoais e profissionais com o biografado.

Em alguns casos, como no de *João de Deus: vida e mediunidade*, assinado pelo advogado Ismar Estulano Garcia — que já defendeu o amigo em inúmeros processos e ainda hoje representa a companheira dele, Ana Keyla Teixeira Lourenço —, foi o próprio objeto do livro quem demandou que fosse escrito.

"Não ocorreu sugestão, e sim designação", escreve Estulano, na obra lançada em 2013, cujos direitos autorais pertencem integralmente à Casa de Dom Inácio. "A Entidade [como chamavam João de Deus quando estava incorporado por um espírito, neste caso o de José Valdivino, segundo o autor] disse que o objetivo era não acontecer com o médium João o que ocorreu com Zé Arigó [outro médium com supostos poderes de cura, morto em 1971]: não há uma biografia completa dele."[1]

Como é de se supor, os livros feitos por sugestão ou com anuência de João não tocam em temas considerados incômodos por ele. Escreve, ainda, o advogado:

> Respeitando a vontade do médium e a privacidade das pessoas, o autor não aprofundou as pesquisas sobre seus relacionamentos conjugais (...). De igual forma, preferiu o autor não entrar em maiores detalhes sobre a situação econômica do médium João.[2]

Em entrevista para esta obra, entretanto, Estulano explicou que "a vida do cidadão particular não importa, só importa o médium João".

A vida que João Teixeira de Faria gosta de contar começou em 24 de junho de 1942, em Cachoeira da Fumaça, povoado de algumas centenas de habitantes no sudoeste de Goiás. Décadas depois, seria essa a data escolhida para as grandes festas de aniversário em que Abadiânia, a 250 quilômetros dali, receberia governadores, prefeitos, vereadores, promotores, militares e ministros do Supremo Tribunal Federal para celebrar o médium, em abundantes festas juninas, já que 24 de junho é, também, dia de são João.

Seus documentos, no entanto, atestam que ele nasceu um ano antes, e em outra data, 16 de junho de 1941, filho da mineira Francisca Teixeira Damas, dona Iuca, e do baiano José Nunes de Farias, o Juca. A diferença no registro nem seus amigos ou advogados conseguem explicar. Na pia batismal, o menino, de berço católico, teria recebido o nome de João Batista.

Ainda criança, João se mudou, com o pai, a mãe e os cinco irmãos mais velhos — quatro homens e uma mulher —, para Itapaci, a 220 quilômetros ao norte de Goiânia. No pequeno povoado de ruas de terra, o caçula teria abandonado os estudos muito cedo e saído em busca de trabalho para ajudar a colocar comida na mesa da família.

Na versão de Estulano, João estudou por apenas três meses em uma escola particular. Em vez de dinheiro, o menino pagava a mensalidade enchendo a caixa d'água do colégio — já que não havia energia elétrica no vilarejo, usava-se uma bomba com alavanca manual. "Ele começava a bombear água às cinco horas da manhã, alternando o bombeamento com a mão esquerda e a mão direita, descansando quando necessário. Às sete horas, a caixa estava cheia e ele ia para a sala de aula."[3] Após uma mudança na direção da escola, o acordo foi desfeito, e João teria ficado de castigo na frente dos colegas por falta de pagamento, um trauma que o marcaria para sempre.

"O resultado final foi a proibição de Joãozinho de frequentar as aulas por não poder pagar. Deixando a escola, ele passou a trabalhar, tirando areia de rio com o filho do sr. Almeida, fundador da cidade. Na época, ele tinha dez anos",[4] relata a biografia *Vida e mediunidade*. Nessa e em outras versões de sua história, João Teixeira sempre se diz analfabeto, apesar da letra caprichada com que assina seu nome.

Outro amigo, guia e voluntário da Casa de Dom Inácio, explica de maneira bem diferente a sua não permanência na escola. Segundo o australiano Robert Pellegrino-Estrich, autor de *João de Deus: o curador e seus milagres*, a primeira biografia sobre o médium lançada em inglês, em 1997, e traduzida para italiano, francês e português:

> *Os pais sonhavam para o filho uma boa educação, mas a pobreza e a natureza rebelde do rapaz impediram que ele passasse da escola elementar. A situação tornou-se intolerável quando ele frequentou por um breve período a escola Santa Terezinha, onde mostrou pela primeira vez o seu caráter rebelde e uma independência desafiadora, que lhe valeram mais tarde para forjar o caráter que o fortaleceria no cumprimento de seu destino, desafiando os obstáculos que pareciam mais invencíveis. O seu comportamento valeu-lhe a expulsão da escola.*[5]

Sem dar detalhes sobre o comportamento de João, o autor diz que seus pais ainda o matricularam no Colégio Evangélico, onde ficou por seis meses, tendo estudado por um período total de dois anos. E se pergunta:

> *Qual teria sido a causa para esta irreverência contra a aprendizagem escolar? Poderia ser que ele, como tantas pessoas excepcionais, possuísse um saber interior? Um bom senso que vê além das restrições*

*e das visões limitadas que procuram mantê-las na linha do justo comportamento social? Qualquer que tenha sido a razão para esta sua rebelião, uma coisa é certa: João jamais teria se transformado num dos maiores curadores da nossa época se não tivesse despertado a independência de seu instinto de sobrevivência diante das opressivas dificuldades. Nesse aspecto, ele possuía um caráter tão desafiador como o da sua entidade principal, Dom Inácio, que, apesar de ter nascido em meio à grande riqueza e na alta nobreza espanhola, foi extremamente rebelde.*[6]

Fora da sala de aula, o menino de personalidade forte, que gostava de pregar peças, acabaria puxando um pouco da mãe, cartomante, a quem assistiu ler mãos, jogar baralho e fazer adivinhações em troca de dinheiro, e um pouco do pai, alfaiate, com quem aprendeu a fazer ternos e costurar — e de quem herdou o gosto pela política. Já aos catorze anos, João teria tido o seu primeiro envolvimento numa campanha eleitoral. Ele conta, na biografia de Estulano, que o partido de seu candidato precisava de gente para trabalhar como fiscal. Sem a idade mínima para isso, o menino tratou de produzir um falso registro de nascimento, alterando sua idade para dezoito anos.

"A falsa certidão de nascimento foi usada exclusivamente para fins políticos", garante o amigo advogado. "João de Deus sabe os nomes de todas as pessoas envolvidas, mas o autor prefere não dizer, porquanto o falso registro foi uma conduta ilícita." Nas palavras do médium: "Quando fui registrado pela segunda vez, aumentando minha idade para ser fiscal de um partido político, eu não tinha noção de que era uma conduta ilegal".

João também gostava de aplicar outro tipo de truque nos moradores da cidade. Segundo a biografia escrita por sua tradutora de inglês, guia da Casa e até hoje apoiadora, Heather Cumming, brasileira de origem escocesa, "esse clarividente natural e brilhante ganhava uns trocados fazendo previsões". Na versão do próprio médium, ele tinha "apagões" durante os quais era capaz de prever o futuro, mas tudo de que ele se lembra dessa experiência é voltar de um "voo". "Assim que recebia um trocado, corria de volta para o salão de sinuca [onde usava o dinheiro para jogar]. Desde essa época, ele é excelente jogador."

João também se lembra de andar pelos campos com os moradores da vila, indicando as raízes e plantas que curariam as suas enfermidades, segundo conta Cumming, em O *médium de cura brasileiro que transformou a vida de milhões*, escrito em parceria com a fotógrafa americana Karen Leffler.[7]

Há controvérsias também sobre a origem do talento de raizeiro de João. A Estulano ele afirmou ter aprendido tudo sozinho. Já a historiadora da USP Maria Helena P. T. Machado diz, na biografia *Um médium no coração do Brasil*[8] — lançada em 2016 e recolhida das livrarias em 2018, após a prisão dele —, que seu Juca era dado a fazer garrafadas. Viria do pai, portanto, a sabedoria de manipular plantas curativas, elaborando remédios naturais que prescrevia, produzia e vendia — as mesmas garrafadas que persistiriam nos trabalhos de João até os anos 1990. Elas eram fabricadas e comercializadas na Casa de Dom Inácio como parte dos tratamentos espirituais, até serem, por pressão da vigilância sanitária, substituídas pelas cápsulas de passiflora, manipuladas em uma farmácia.

Mas um amigo daqueles tempos nega que o conhecimento das ervas tenha vindo de seu Juca. Adedi José Santana, prefeito de Itapaci por duas vezes — entre 1983 e 1988 e 1997 e 2000, sempre apoiado por João —, conta que era dona Iuca a benzedeira da família, e que foi dela que o menino pegou a ideia de mexer com as plantas. Adedi relata que conheceu João quando os dois se banhavam no rio de Nova Ponte, povoado próximo de Itapaci, onde Iuca passava os dias a ler mãos por alguns cruzeiros, a moeda vigente na época.

Apesar de descrente quanto às cirurgias performadas ao longo de décadas por seu amigo de juventude, o evangélico Adedi conta, orgulhoso e impressionado, que dona Iuca adivinhou que ele seria prefeito. Em 1982, garantiu a Adedi que ele ganharia a eleição. Também avisou que ele havia despertado a ira de um policial militar ciumento, que, assegura o ex-prefeito, tentou matá-lo a tiros tempos depois.

Mas não era como cartomante ou benzedeira que dona Iuca ganhava a vida. O dinheiro para o sustento da família, diz o amigo, vinha dos partos que fazia. Além de vidente, a mãe de João era parteira em uma região que, na época, crescia de maneira um tanto desgovernada, com a transformação de Goiás em estado-sede da capital federal, e sem a devida assistência médica.

O ex-prefeito conheceu João em 1960, quando tinham vinte e dezenove anos, respectivamente. Pela memória de Adedi, o amigo não havia, até ali, descoberto a sua mediunidade. Os dois viviam a se banhar no rio; a jogar futebol — ele gostava de ficar no gol, João preferia o ataque, mas ambos eram francamente ruins —; a papear nas rodas de violão — Adedi tocava, João só fazia escutar —; e a flertar com as moças da cidade. "Ele era sempre pra frente (dando em cima das meninas), mas muito assediado também... Fazia sucesso, bonitão, olhos verdes, né?", define o amigo.

João dedicava-se, também, a aprender um ofício. "Antes de nos conhecermos, eu morava na fazenda e ele, em Itapaci", continua Adedi. "Depois, eu fui para o povoado [de Nova Ponte] aprender o trabalho de dentista, e ele foi para lá aprender alfaiataria com um irmão, o Caninho [apelido de Americano Nunes de Faria]. Ficamos amigos lá." Antes de virar prefeito e compositor, Adedi vivia da arte de fazer próteses de ouro e dentaduras, repassada a ele por um tio.

Mas, se pelas lembranças do ex-prefeito o seu amigo de juventude só descobriu a mediunidade depois dos vinte anos, a versão oficial adianta bastante o exercício do dom. A construção do médium, segundo o próprio, começou a se dar quando ele contava nove anos de idade e teve a visão de uma tempestade. O menino caminhava com a mãe de Itapaci para Nova Ponte por uma estrada de terra de cerca de oito quilômetros. Era um dia ensolarado e não havia nuvens no céu. Mesmo assim, de repente, o menino teria pedido que apressassem o passo.

O filho de dona Iuca teria garantido que uma grande tempestade estava por vir, apontando inclusive quais casas seriam derrubadas pelo fenômeno natural. Mais de quarenta construções teriam ido abaixo devido à enxurrada, que acabou com quase metade da comunidade de Nova Ponte. Apesar de Adedi, com idade próxima à de João, morar no povoado àquela época, ele não se lembra da tempestade, só dos relatos.

Mesmo o protagonista da história se contradiz. Na maior parte dos registros oficiais, João crava que a visão da tempestade aconteceu em 1950. Mas, em uma entrevista televisionada na década de 1980, ele conta com bastante certeza que o fenômeno aconteceu sete anos depois. Em conversa com o médium e apresentador Luiz Antonio Gasparetto — filho da também médium e escritora Zibia Gasparetto, ambos mortos em 2018 —, gravada em 1987, ele afirma que morava em Itapaci e estava com dezesseis anos, e não com nove.

"Saí de Itapaci para Nova Ponte e, na estrada, eu falei para a mamãe que vinha chuva. Tinha uma bola, um negócio escuro que vinha pelo céu." Nesse momento, João faz um gesto com as mãos que simula uma grande bola rolando. "Eu falei que ia chover. Chegamos a Nova Ponte e eu mostrei para a minha mãe: 'Olha, vai cair essa casa, e essa', até a casa do meu irmão eu mostrei. Meu irmão era alfaiate. E nesse negócio caíram umas quarenta e tantas casas, depois de três ou quatro horas", relata, no programa da TV Bandeirantes *Terceira visão*, idealizado pelo produtor Augusto César Vannucci (1934–1992), que dedicou ao médium de Goiás ao menos três episódios entre 1987 e 1988.

No programa, João conta ainda que, depois dessa visão, voltou a Itapaci, trabalhou normalmente por alguns meses e depois teve vontade de ir a Campo Grande, abrir uma alfaiataria. Diz ele que já tinha exercido o ofício aos dez anos, em Goiânia, prestando serviços também como alfaiate militar. "Fiz muita farda para a polícia", ele contou. Então, aos dezesseis anos, tendo aprendido a cortar tecidos, decidiu se mudar para o que hoje é o Mato Grosso do Sul, à época ainda uma parte do Mato Grosso, estado que faz fronteira com Goiás.

Na versão de Estulano, porém, a vontade de sair de sua terra natal não surgiu do nada:

> *Consta que João teve que sair "corrido" de Goiás porque, como fiscal de partido político, se desentendeu com um juiz eleitoral, o que resultou em agressão ao magistrado. Em razão da ocorrência, teve que fugir para não ser preso.*[9]

A ideia de levar o talento de alfaiate à nova cidade não prosperaria, de acordo com a história que João contou pela televisão: "Lá é um lugar muito quente, e eu falei 'vou fazer terno nesse tempo'... Montei uma alfaiataria e ninguém dava serviço pra fazer, nem calça, nem paletó, nem camisa". A situação em Campo Grande teria ficado tão ruim que o jovem foi em busca de trabalho em uma olaria. "Eu era pipeiro, pegava o barro para pôr na carroça e fazer os tijolos. Trabalhei num dia de manhã cedo até o meio-dia, e o homem me deu as contas, mandou que eu fosse embora. Eu não era daquele serviço."

Frustrado pela segunda vez, saiu para caminhar e, chegando a uma ponte, viu uma mulher debaixo dela. "Comecei a conversar com essa mulher, não lembro o horário que eu saí de lá. Fui embora, e no outro dia lembrei da mulher bonita — para mim até hoje ela é a 'mulher bonita'." Gasparetto o interrompe para perguntar se ele sabia que se tratava de algum espírito ou entidade. João diz que naquele momento não tinha esse tipo de conhecimento, que voltou lá "... pela boniteza, né?". Os dois riem. O entrevistador conclui: "Para ver se dava uma cantada, não é?". Os dois riem.

"Na hora em que cheguei, só vi focos de luz, e uma voz, dizendo que eu saísse", ele continua. "Eu saí, virava uma esquina, outra esquina, seguindo a voz. Cheguei a uma casa, era o Centro Espírita Cristo Redentor. Os médiuns estavam sentados na mesa, e o presidente era um português. Ele disse: 'Senhor João Teixeira de Faria, faz favor de vir para a mesa'. Ninguém me conhecia, eu estava ali na porta, fiquei parado. Ele veio e pegou no meu braço. Na hora em que ele pegou no meu braço, eu desmaiei."

Quando acordou, o português foi mostrando a João os trabalhos que tinha feito enquanto estava apagado. "Fulano foi operado com o seu guia, esse também..." João afirma ter retrucado que eles estavam enganados, que havia desmaiado era de fome. O homem insistiu que sua entidade havia marcado um atendimento para o outro dia, às duas da tarde. Ele falou então de sua situação financeira desesperadora e foi convidado para ir até a casa do presidente, onde encontrou um jantar à sua espera. João teria, naquele momento, incorporado o rei Salomão e, por meio dele, curado mais de cinquenta pessoas em poucas horas. Já a "moça bonita" que o guiou seria santa Rita de Cássia.

Depois de trabalhar por três meses no primeiro centro espírita que o acolheu, o rapaz deixou Campo Grande e saiu a andar pelo país, segundo seu relato, peregrinando e curando necessitados pelo caminho. Estulano conta que "ocorreu um natural desenvolvimento de sua mediunidade. Ele não entendia bem do assunto e continuava resistindo aos conselhos dados por médiuns experientes".

Uma das paradas de João naquela época foi Palmelo, cidade ao sul de Goiás conhecida por ter sido criada em torno de um centro espírita e por abrigar, durante 45 anos, o líder religioso Jerônimo Candinho (1889–1981). Lá, onde, segundo o advogado, João fez uma espécie de "estágio", o jovem acabou tomando uma bronca do mentor. Durante sua estadia em Palmelo, João fez muitas de suas "peraltices", como coloca Estulano. Uma delas foi em uma quermesse da igreja, realizada na cidade de Santa Cruz. Ele e um amigo se aproximavam de alguém que usava muletas e diziam: "Me dá essa muleta aí e vai embora andando", e a pessoa jogava a muleta longe e saía caminhando. Em seguida, paravam outra pessoa que usava óculos e ordenavam: "Você não precisa de óculos, não", e o sujeito largava o acessório e ia embora como se estivesse com a visão perfeita. A brincadeira na quermesse católica acabou em bronca. O líder teria repreendido João: "Você acha que espiritismo é brincadeira? Se você tem um dom, isso não é para ser usado assim. Você pode fazer isso, mas nas casas espíritas".[10]

Candinho ficou conhecido por difundir a doutrina espírita no Brasil Central e pelas curas que alcançou, consideradas impossíveis e um chamariz para fiéis do país inteiro. E não era o único líder espírita celebrado em Goiás naquela época. O menino João tinha outras inspirações.

Uma delas era o Mestre Yokaanam, criador da Cidade Eclética, comunidade que se pretendia berço de todas as etnias, crenças e credos. Nascido em Maceió, Alagoas, em 1911, e registrado com o nome Oceano de Sá, Yokaanam, ex-piloto da Força Aérea Brasileira, jornalista, radioamador, professor, entre outras profissões, fundou, em 1946, a Fraternidade Eclética Espiritualista Universal, no Rio de Janeiro.

Uma década depois, teria tido uma orientação divina para largar a cidade e se mudar para o Planalto Central, no mesmo ano em que a nova capital federal começou a ser construída. Com uma caravana de algumas centenas de fiéis, viajou por quatro dias e parou a sessenta quilômetros de Brasília, em Santo Antônio do Descoberto, onde estabeleceu sua fraternidade, comandada por ele até sua morte, em 1985, em Anápolis, após um AVC.

A cidade de Yokaanam tinha suas próprias regras: não existia dinheiro nem vínculo empregatício, e os "obreiros" pagavam por tudo com o próprio trabalho. Com estrutura administrativa semelhante à de um município, tinha hospital, creche, escola rural, aeroporto, cemitério e até concessão para uma rádio. Os passes ou tratamentos espirituais eram abertos a qualquer pessoa, desde que fosse até lá acompanhada de um cicerone da comunidade e — no caso das mulheres — com os trajes corretos. No portão, lia-se o aviso: "É expressamente proibido o ingresso em nossa cidade e em nosso Templo Universal de mulheres em trajes indecorosos, masculinos, colo nu, vestidos curtos e modas incompatíveis com o decoro público e a moral cristã". As mulheres, na Fraternidade Eclética Espiritualista Universal, tinham de ter decoro. Não havia nenhuma regra para homens escrita na porta.

Diz Ismar Estulano que o moralista Yokaanam, de alguma forma, influenciou João, com quem conversou várias vezes, a fundar "um local que servisse de ponto de encontro para pessoas de diferentes religiões, sempre com o objetivo de praticar o bem"[11] — semente do que seria, mais tarde, a Casa de Dom Inácio de Loyola.

Mas a mais óbvia inspiração de João Teixeira de Faria foi José Arigó, justamente o nome mencionado ao advogado Ismar Estulano quando foi determinado a ele que escrevesse *Vida e mediunidade*.

Arigó, nascido em 1921 em Minas Gerais — estado de Candinho e Chico Xavier —, fazia cirurgias espirituais físicas parecidas com as que tornaram João mundialmente conhecido. Sem assepsia, com instrumentos rústicos e não esterilizados, cortes aparentemente indolores e pouco derramamento de sangue.

"Nessa área do espiritismo, o médium mais famoso foi Zé Arigó, que atendia em Congonhas do Campo, Minas Gerais. Dizia-se que ele recebia o dr. Fritz [médico alemão falecido na Primeira Guerra], o que estava incorreto. Arigó, na verdade, incorporava a Legião do dr. Fritz — um grupo de entidades especialistas na área médica",[12] escreve o jornalista e pesquisador pernambucano Dioclécio Luz, em *Roteiro mágico de Brasília*, publicado em 1986 reunindo artigos do semanário brasiliense *JOSÉ – Jornal da Semana Inteira*.

A coluna, intitulada "José, muito curioso", abordava o "mundo mágico" em torno da jovem capital do país, como explica o editor Luiz Gutemberg, no prefácio do *Roteiro*...: "O que tem em Brasília de paranormal, parapsicológico, teologias, espíritos, incorporações, materializações, energias inesperadamente reveladas, contatos de primeiro, segundo, terceiro, quarto graus etc. é absolutamente impossível de se reduzir a números, tal sua incidência e heterogeneidade".[13] Por isso, afirma o editor, a coluna sobre as "incríveis e rotineiras manifestações da vida da capital federal"[14] era mantida no semanário.

Foi nesse contexto que Dioclécio Luz viajou, em 1985, à Casa de Dom Inácio, localizada a 120 quilômetros de Brasília, para conhecer o trabalho do já famoso João Curador. Especialista nos fantásticos fenômenos de Goiás, ele assim entendeu a criação do mito: "Pois bem, com o falecimento de Zé Arigó em 1971, o espaço ficou vazio. Até que surgiram Edson Queiroz, no Recife, e João Teixeira de Faria, aqui perto, em Abadiânia. Os dois fazem curas e operam nos mesmos moldes de Arigó".[15]

Arigó enfrentou diversas acusações de exercício ilegal da medicina, charlatanismo e curandeirismo — as mesmas que sofreria o seu pupilo, durante anos, nas peregrinações pelo Brasil. Sentindo-se perseguido, João entendeu rapidamente que precisaria de proteção política e policial.

"Por quase oito anos, João perambulou de modo errante. Deslocando-se de uma cidade a outra à procura de emprego, curando os doentes e instruindo os ignorantes das suas obrigações espirituais ao longo do caminho. Ele só podia demorar-se num local enquanto não fosse descoberto", escreve Pellegrino-Estrich. "Quando as notícias das suas surpreendentes curas se tornavam conhecidas, era inevitável que o médico, o dentista ou mesmo o padre da região se considerassem ofendidos e a pesada mão da lei desabasse sobre ele. Por fim, eram forjadas acusações e a prisão era, então, inevitável. Uma vez libertado, punha-se a caminho ou pedia carona para outra cidade, onde recomeçava a sua eterna via sacra."

Depois de viajar o país curando necessitados, o que teria acontecido entre os seus 16 e 23 anos — período no qual Adedi diz ter conhecido João —, o rapaz foi em busca de proteção militar.

Era 1964, início da ditadura militar que amigos de João chamam de revolução, e ele foi à jovem capital oferecer seus trabalhos de corte e costura.

Em depoimento para esta obra, Estulano explica que, antes disso, o médium tinha uma base em Anápolis e atendia esporadicamente em um lugar ou outro: "Aonde ele ia, tinha a perseguição de juiz, delegado, promotor etc. Aí um cidadão que tinha sido beneficiado por ele disse: 'João, eu vou te dar proteção, você vai lá para o Exército'. E ele foi para lá ser calceiro, fazer farda e calça. E o negócio foi crescendo, crescendo...". Segundo o advogado e escritor, em Brasília era o Exército que "afunilava" quem chegava até o curador, os protegidos. "Eram os militares que selecionavam, não era quem quisesse, não."

Nas palavras de João, em entrevista a Gasparetto, "devo agradecer àquelas autoridades que me acompanham até hoje, há vinte e tantos anos. Eu atendia só militares. As autoridades me deram todo o apoio". Ele conta que, depois daquele período, uma mulher chamada Elza Boa Sorte o pegou para atender à primeira família civil, no norte de Goiás, e aí sim começou a conhecer o Brasil "de ponta a ponta", viajando a lugares como Tocantinópolis, no Tocantins; Marabá e Belém, ambas no Pará, antes de se restabelecer em seu estado natal. Na versão que contou décadas depois a Estulano, João Teixeira saiu de Brasília depois de nove anos, incomodado com a orientação oficial de quem ele poderia ou não tratar. "Ao mesmo tempo em que estava protegido de perseguições, vivia uma espécie de reclusão", escreve Estulano, "pois atendia espiritualmente somente militares e as pessoas por eles indicadas. Por tal razão, apesar da proteção recebida, preferiu deixar o emprego no Exército e voltar à sua missão de atendimento ao público em geral, sem que houvesse qualquer forma de seleção."[16]

Mas essa missão voltou a enfrentar obstáculos. Diz o autor que, durante a década de 1970, o médium continuou sofrendo tentativas de acabar com o seu trabalho de cura, sendo constantemente perseguido e preso:

> *Falar sobre prisões e arbitrariedades sofridas por João de Deus chega a ser desagradável. O autor não se sente bem discorrendo sobre tal assunto, porquanto provoca revolta abordar os casos concretos. Em determinadas situações, não eram apenas prisões e arbitrariedades, mas verdadeiros espancamentos.*[17]

A verdade, afirma o amigo e advogado, é que o médium não era fácil:

> *Em razão de seu temperamento explosivo, nem sempre João era humilde. Muitas vezes reagia às agressões sofridas e, como consequência, as arbitrariedades aumentavam. Além de não citar no-*

*mes de pessoas, o autor prefere não citar as diversas cidades onde aconteceram tão desagradáveis ocorrências. A fim de evitar maiores problemas, o médium passou a procurar o chefe político local, o prefeito e o delegado de polícia, antes de iniciar o atendimento ao público.*[18]

João tentava se proteger do enquadramento em um dos artigos do Código Penal brasileiro que poderiam levá-lo à cadeia pelos tratamentos que fazia. O 284, que define "curandeirismo", diz que é contra a lei exercê-lo "prescrevendo, ministrando e aplicando, habitualmente, qualquer substância; usando gestos, palavras ou qualquer outro meio; e fazendo diagnósticos". A pena é de seis meses a dois anos de detenção. O médium também já foi denunciado por charlatanismo (artigo 283) — "inculcar ou anunciar cura por meio secreto ou infalível" —, que prevê pena menor, de até um ano, e multa; e exercício ilegal da medicina (artigo 282) — "exercer, ainda que a título gratuito, a profissão de médico, dentista ou farmacêutico, sem autorização legal ou excedendo-lhe os limites", crime passível de punição idêntica à do curandeirismo.

A cura exercida por João, porém, fica protegida pela Constituição Federal se exercida num contexto de fé — e, como passaria a recomendar o médium nas décadas seguintes e alguns processos depois, sem que os pacientes abandonassem os tratamentos médicos. Se a Constituição de 1967 já assegurava a liberdade de culto, embora com a ressalva de que não contrariasse "a ordem pública e os bons costumes", a de 1988 reafirmou o Estado laico e garantiu: "É inviolável a liberdade de consciência e de crença, sendo assegurado o livre exercício dos cultos religiosos e garantida, na forma da lei, a proteção aos locais de culto e a sua liturgia". Pode haver crime, porém, se a saúde do fiel for colocada em risco, por exemplo, por um curandeiro que recomende o abandono da orientação médica profissional.

Foi em Anápolis, a pouco menos de 200 quilômetros de Itapaci, que João sofreu "perseguições" mais intensamente. Depois de morar em Brasília, a cidade goiana passou a ser sua base. Por alguns anos, em endereços diferentes, ele chegou a atender de segunda a sexta, oferecendo gratuitamente o tratamento espiritual, mas também vendendo as garrafadas, que "passaram a ser o combustível que alimentava a insistência e a persistência dos reiterados pedidos de providências legais contra ele", nas palavras de Ismar Estulano.

O biógrafo menciona, ainda, um processo mais grave contra João, acusado "injustamente" de homicídio contra um motorista de táxi chamado Jardel, em 1977:

> *Duas testemunhas (mulheres) prestaram depoimento, incriminando-o. O médium foi processado criminalmente e, no final da instrução, o juiz (João Barbosa das Neves) disse que ele iria a júri em aproximadamente quatro meses. Nesse espaço de tempo foi preso um marginal usando um cordão de ouro no pescoço que, apurou a polícia, era da vítima do homicídio. Tudo foi esclarecido.*[19]

Na versão de Estulano, o juiz avisou a João que era seu direito processar a pessoa que o acusou e pagou as testemunhas para mentir. Mandaram chamar o suposto criminoso:

> *Na presença do juiz, o médium perguntou ao acusador se sabia que ele poderia entrar com uma ação de indenização pela acusação falsa. A resposta foi afirmativa. Então João disse que encerraria tudo se o acusador lhe desse um abraço. O abraço foi dado, e os dois se tornaram amigos.*[20]

A presença do curador em Anápolis, porém, já estava insustentável, não só pela "hostilização religiosa", mas também pela perseguição de lideranças da classe médica. "As providências legais contra João de Deus deixavam-no em permanente tensão emocional, correndo o risco de ser preso a qualquer momento. Neste cenário, havia aqueles que procuravam defendê-lo de acusações injustas", afirma Estulano, para em seguida citar nomes de delegados, promotores e advogados que protegiam o médium.

Foi nesse ambiente que João Teixeira de Faria, naquela época ainda conhecido como João Curador — apelido que repudiava —, saiu em busca de outra cidade para ser o lar da Casa de Dom Inácio de Loyola. Em Anápolis, não dava para ficar.

# 3
## Cidade partida

Foi um de seus "santos protetores" o responsável por eleger e preparar Abadiânia para ser o hospital espiritual de João Teixeira de Faria. Não Dom Inácio de Loyola. Nem santa Rita de Cássia. Nem Chico Xavier.

O nome do santo é Decil de Sá Abreu. Prefeito de Anápolis entre março de 1979 e março de 1980 pelo Arena — partido de apoio à ditadura militar — e procurador-geral do estado de Goiás de 1980 a 1983, o advogado articulou a solução para acabar com a "tensão emocional" sentida pelo perseguido João, encontrando para ele um refúgio onde poderia tratar os seus fiéis sem ser perturbado.

Diz o próprio João, na entrevista concedida em 1987 a Gasparetto: "Abadiânia foi um lugar escolhido não só por mim, como pelas entidades, e num tempo em que eu estava em provação em Anápolis. Ele era o prefeito da cidade. Decil de Sá foi um irmão que me deu apoio e me levou para lá".

Era 1979. A jovem Abadiânia, encravada na br-060, entre Goiânia e Brasília, era comandada por Hamilton Pereira — nome familiar aos frequentadores da Casa de Dom Inácio. Peça-chave na equipe de João, passou a administrar o centro espiritual em 2004 e lá permaneceria mesmo após a prisão do médium, em dezembro de 2018.

Os políticos ainda tentavam encontrar a vocação da cidade, plantada no mapa em 1963, na esteira da inauguração de Brasília e da mudança da capital do estado para Goiânia. O ponto escolhido para sediar o município era estratégico: Abadiânia cortava a estrada, ficando a 120 quilômetros da capital federal e a noventa da estadual. Mesmo assim, corria o risco de virar só um lugar de passagem.

Antes de subir para a beira da rodovia, Abadiânia ficava onde é hoje Posse D'Abadia, ou Abadiânia Velha, em um belo e silencioso vale, a vinte quilômetros dali, que ainda conserva construções coloniais em torno de uma imponente e bem preservada igreja. O povoado havia sido fundado em 1874 por habitantes de Corumbá de Goiás — cidade localizada a pouco mais de trinta quilômetros dali e famosa durante o Ciclo do Ouro, no século XVIII — que saíram em busca de terras férteis, e cresceu graças às romarias em louvor a Nossa Senhora da Abadia.

Em 1953, o lugarejo, na época com mais de 3 mil moradores, conquistou a independência de Corumbá e o status de município. Dez anos depois, uma decisão política tirou de lá a sede administrativa, subindo-a para a rodovia. A nova Abadiânia transformou a velha no distrito de Posse D'Abadia, local sob sua jurisdição onde restam, hoje, pouco mais de quinhentos moradores.

"Ali não tinha como desenvolver, é estilo Ouro Preto, em Minas Gerais, você desce a ladeira e terminou. O prefeito da época, Oribes Gontijo da Silva, teve a visão de transferir a cidade para cá", conta Mauro Hugo de Azevedo Lima, dono de uma hospedaria na beira da BR-060 e espécie de historiador local, nascido em Abadiânia em 1952.

A decisão não teve apoio unânime. Tentaram levar a santa para a nova sede do município, mas, dizem, Nossa Senhora não aguentou ficar lá. Devolveram para onde estava, no miolo da arborizada praça central, em frente à sua igreja, onde está até hoje. Quem topou morar longe da santa e se mudar para a beira da estrada recebeu lotes como doação para construir casas e começar seus negócios. Moradores resistiram, brigaram entre si e fizeram até uma revolta que durou um único dia — os mais antigos contam que os "rebeldes" foram até a recém-construída sede para levar a prefeitura de volta, à força, para a antiga Abadiânia, no melhor estilo "velho-oeste". Não conseguiram.

Assim, aos trancos e barrancos, nascia a nova Abadiânia, em 1963. Quinze anos depois, ainda se buscavam maneiras de desenvolver a cidade e sustentar seus habitantes, enquanto sua vizinha Anápolis, a menos de quarenta quilômetros dali, se tornava cada vez mais hostil a João Teixeira de Faria, que se dizia perseguido pela classe médica, acusado de curandeirismo, charlatanismo e exercício ilegal da medicina.

"Foi caluniado, denunciado e chegou a sofrer processos criminais, mas que logo foram arquivados por improcedência", relata a historiadora Maria Helena Machado na biografia autorizada *Um médium no coração do Brasil*. Ela relata que João só conseguia seguir com os tratamentos porque já naquela época recebia a proteção de pessoas importantes da sociedade local, que garantiam sua segurança e permitiam que ele continuasse em liberdade para realizar os atendimentos. As acusações contra o "perseguido" médium, nas poucas vezes em que chegavam à Justiça, nunca davam em nada.

João, diz a pesquisadora, já havia percebido que, para se manter resguardado, deveria obter a anuência do delegado de polícia e de outras figuras importantes, como juízes, promotores e políticos em exercício. Ainda assim, esse equilíbrio era muito precário, e ele temia ser preso a qualquer momento.

O médium apelou então para o prefeito de Anápolis, seu amigo Sá Abreu, que tinha como secretário administrativo o ex-gestor de Abadiânia Braz Gontijo da Silva, também promotor de Justiça e filho de Oribes, fundador da cidade nova. Apesar de na época morar fora de lá, Braz Gontijo tinha bastante prestígio e ainda era considerado um líder político local. Ele concordou em ajudar João, segundo relatos de seus biógrafos.

Um dia, os dois políticos-promotores foram à casa de Hamilton Pereira, levando consigo João Teixeira de Faria. Católico, Pereira era primo de Braz Gontijo e o sucedeu na prefeitura. Em 2011, durante entrevista para uma tese de mestrado em Antropologia Social sobre as curas realizadas na Casa de Dom Inácio, ele relembrou esse primeiro encontro:

> Eu não conhecia o João, não sabia nada de espiritismo, da casa, nem nada. Sei porque eles me narraram que o João fazia esse trabalho lá em Anápolis e naquela época tinha uma perseguição muito grande, não só da parte das religiões, católica, evangélica, todas, mas da polícia e principalmente da medicina. Então eles pediram para que eu arrumasse algum lugar para que o João viesse.[1]

Assim, o administrador ofereceu todas as condições necessárias para que o médium atendesse em seu território, ainda que continuasse morando em Anápolis:

> Eu pensei que o João realmente ia ajudar Abadiânia em alguma coisa, não na quantidade que aconteceu depois. Pensei: o João vai ser uma pequena indústria para Abadiânia. Na verdade, é uma indústria tão grande hoje [2011], que a Casa emprega direta e indiretamente mais gente que a prefeitura e tem mais rendimento. Por sorte nossa, o presidente do Conselho Regional de Medicina da época tinha comprado uma chácara em Abadiânia. Falei com ele: "Doutor Luiz Mengati, eu precisava que o senhor me ajudasse em uma coisa, vai vir o João para Abadiânia, ele trabalha com curas, não sei até onde é verdade sobre isso ou não é, ele está sendo muito perseguido em Anápolis e eu vim pedir ao senhor que ajude o João a ficar em Abadiânia". Ele me falou: "O que você quer com isso?" Eu respondi que só queria que deixasse o João em paz em Abadiânia. Ele disse que, enquanto fosse presidente da associação médica, ninguém mexeria com o João e me perguntou se ele iria parar de fazer os trabalhos em Anápolis. Eu garanti que sim e que ele não ia atrás de ninguém, vinha quem queria.

Abadiânia, à época, era uma cidade-dormitório com cerca de 8 mil habitantes, que trabalhavam, essencialmente, em Anápolis e Brasília, explicou Pereira à guia de turismo Dicléia Guterres, em outro estudo, realizado na Universidade Federal de Santa Maria e publicado em formato de livro em 2013: "Naquele tempo, o comércio era pequeno. Havia apenas dois táxis, duas pequenas pensões, poucas escolas, e não havia bancos nem supermercados",[2] descreve o ex-prefeito. Um município pacato típico do interior, que veria sua tranquilidade quebrada com a chegada de pessoas dos mais diversos lugares do Brasil e do mundo, como define a pesquisadora, que trabalhava conduzindo excursões de fiéis em Abadiânia.

Quebrar a monotonia da cidadezinha, para os políticos que levaram João Teixeira para lá, era sinônimo de oportunidade de negócio.

Mas, décadas depois, o médium, já celebridade mundial, contaria uma versão bem diferente para a eleição de Abadiânia como berço de seu megaempreendimento curativo. Apesar de assumir a gratidão a Sá Abreu e Braz Gontijo e de acolher Hamilton Pereira, mais tarde, como administrador da Casa — e seu braço direito —, João gosta de atribuir a responsabilidade da escolha a Chico Xavier. Teria sido transmitida pelo "papa do espiritismo", uma das figuras mais respeitadas e veneradas pelos fiéis que buscam o tipo de trabalho oferecido pela Casa de Dom Inácio de Loyola, a orientação para estabelecer na pequena cidade goiana o seu hospital espiritual. Na história repetida várias vezes por João Teixeira, em 1978 ele recebeu uma mensagem psicografada pelo espírito de Bezerra de Menezes designando exatamente Abadiânia como o local certo para a instalação de seu centro de cura. A mensagem era tão específica que mencionava, até, que o hospital espiritual deveria ficar num terreno próximo a uma cachoeira, como aquele onde fica até hoje a Casa.

Quinze anos depois, João teria recebido nova mensagem e, nesse caso, ele gostava inclusive de exibir a prova — um papel com os dizeres: "Prezado João, caro amigo, Abadiânia é o abençoado recinto da sua iluminada missão e de sua paz". Assinado por Chico Xavier e datado de 18 de setembro de 1993, o bilhete seria a corroboração da mensagem anterior, a garantia de que ali era o seu lugar.

Apesar de ter aquele pedaço de papel como "prova", a história, registrada em todas as biografias oficiais de João Teixeira, não poderia ter acontecido em 1993, data que aparece escrita na carta, supostamente com a letra de Chico Xavier. Isso porque, seis anos antes, ainda na década de 1980, João apresentou o mesmo conto na entrevista que concedeu a Luiz Gasparetto. Já ao *Correio Braziliense*, precisou outra data em que o "reforço" de Chico Xavier teria vindo: 1983.

No programa de Gaspareto, sem mostrar o bilhete, João contou:

> *Depois de me estabelecer em Abadiânia, eu fui a Uberaba, até tenho essa carta... Eu fui no Chico e falei que eu ia mudar de Abadiânia. Ele andou por ali e escreveu. Eu tenho essa carta, assinada pelo Bezerra de Menezes, pedindo que eu ficasse em Abadiânia. E o Chico é uma pessoa que eu admiro, gosto muito do Chico, e gosto do Jerônimo Candinho também, mas ele é o papa do espiritismo, a gente tem que respeitar. O que ele pede, eu estou pronto para obedecer.*

Um familiar de João conta que Chico Xavier, morto em 2002, até chegou a conhecer o trabalho feito na Casa de Dom Inácio, mas fechava a cara quando o colega goiano se aproximava.

O fato é que, como buscava, João Teixeira encontrou a paz em Abadiânia. Lá, ficaria protegido por algumas décadas, ao longo das quais foi denunciado, processado — e inocentado — algumas vezes.

Hamilton Pereira primeiro arranjou um galpão pequeno, perto da delegacia e do movimento da estrada. O presidente do Conselho Regional de Medicina foi reeleito, e durante quatro anos, como ele havia prometido, ninguém mexeu com João. Quando uma nova administração assumiu o conselho, já tinham se esquecido de João e, até hoje, nenhum membro do Conselho de Medicina da região o importunou, como garantiu o amigo e assessor Pereira em 2011 — ano em que o médium já enfrentava um julgamento por violação sexual mediante fraude, do qual também seria inocentado.

No início, era uma casinha, e ele atendia o pessoal bem discretamente, conta Mauro Hugo. O crescimento da fama do local começou a se espalhar devagar e só tomaria impulso nos anos 1980. Quando se espalhou a notícia de que curas impossíveis estavam acontecendo ali, a situação ficou mais uma vez insustentável, com centenas de pessoas fazendo fila para receber o tratamento espiritual. Pereira detalhou à historiadora Maria Helena Machado que João atendia na varanda minúscula de uma casa em uma rua de terra. O lugar tinha poucos móveis e nenhuma comodidade. Os maiores problemas enfrentados pela Casa em seus primeiros dias eram a falta de banheiros e de uma sala de repouso para os fiéis que passavam por operações físicas.

Apesar das precárias condições e da absoluta falta de espaço, "excelentes" resultados eram obtidos, garante, no livro de Ismar Estulano, o advogado e professor universitário Expedito de Miranda, testemunha do trabalho de João desde aquela fase:

> *Como se não bastassem as dificuldades de ordem material, sobrepujavam as denúncias inquinando o médium como autor de crime de charlatanismo, curandeirismo e exercício ilegal da medicina. Por serem todas denúncias improcedentes, não surtiram o resultado desejado por seus autores. Ao contrário, provocaram eficaz divulgação da benéfica atividade da Casa de Dom Inácio, o que determinou considerável aumento de frequentadores.*[3]

Uma família poderosa na cidade olhou aquele cenário e arrumou rapidamente uma solução. Domary José Jacinto, que tinha sido prefeito de Abadiânia entre 1966 e 1970, estendeu-lhe a mão. Ou melhor, um terreno. Foi dele, logo no início dos anos 1980, a doação da área onde fica até hoje o centro espiritual de João Teixeira.

A ideia foi de Eli Jacinto, filho do ex-prefeito. A família tinha um terreno na periferia da cidade, em uma área conhecida como Pau Torto, nome dado a uma árvore muito comum na região, onde os moradores costumam dizer que "pau que nasce torto morre torto". É o símbolo da cidade. Aquela, entretanto, era uma área de pouco valor comercial, como conta Mauro Hugo em entrevista exclusiva para este livro: "Ninguém queria nada nem de graça ali. Tinha um campo de aviação, o pessoal passava, parava voo de emergência... e um cemitério [clandestino], do outro lado, já tampado — aqui acontece cada coisa... Tinha um espaço muito grande, o menino conversou com o João e ofereceu para ele. Deram uma parte do terreno, um alqueire, entregaram a casa com a estrutura montada e colocaram uma pensão. Tudo só na amizade".

De um terreno "que não valia nada", no meio do mato, os visionários Dona Rosinha e Domary José Jacinto montaram a Casa e uma pousada, primeiro empreendimento comercial a lucrar com os trabalhos do médium João. Jacinto era uma pessoa de visão comercial, conta Estulano, também em entrevista exclusiva, e acertou em sua aposta: "Ele tinha uma pensão pequenina, e aparecia gente em caravanas lá, não tinha onde hospedar, a pequena pensão dele ficava lotada. Era gente dormindo em ônibus (...). Jacinto alugava até o quarto dele. Ele teve visão comercial e cedeu uma área grande para o João. E o João foi ampliando, comprou mais que o dobro daquilo, a Casa de Dom Inácio é muito grande".

Naquele tempo, nem a rua tinha nome, muito menos asfalto ou instalações elétricas e sanitárias. Os fiéis iam atrás dele na "rua do curador", que depois passou a ser conhecida como Avenida Frontal, onde ele atendia inicialmente de segunda a sexta-feira. A área que um dia foi Pau Torto passou a ser chamada de Lindo Horizonte. Mais tarde, em 2005, a prefeitura de Abadiânia aprovou uma lei mudando o endereço para Avenida Francisca Teixeira Damas, a mãe do curador — apelido, aliás, que João detesta. O ex-líder espiritual goiano não gosta de ser comparado com ninguém, nem com Zé Arigó, nem com Edson Queiroz ou qualquer outro nome relacionado a curas mediúnicas. Ele não admitia a alcunha de curandeiro ou milagreiro, preferindo simplesmente ser chamado de "médium João".[4]

Conforme crescia o seu poder, o apelido "João de Deus" se espalharia, e os funcionários e voluntários, "filhos" da Casa, passariam a se referir a ele, respeitosamente, como "médium João". Para os nativos, porém, ele continuaria sendo para sempre o "curador". Fora de lá, ainda nos anos 1980, quando já era fenômeno em Goiás e Minas Gerais, ele virou "João de Abadiânia". E, embora diga que passou a se considerar um filho da cidade pela maneira como foi recebido, a verdade é que o médium rachou o território do município em dois.

Ao norte da BR-060, onde foi instalada a Casa de Dom Inácio após a doação dos Jacinto, foram erguidas, sem muito planejamento, casas, pousadas, lojas e todo o aparato turístico necessário para atender aos milhares de fiéis que passariam a procurá-lo. Ao sul da estrada, ficou o "resto"— negócios e escritórios oficiais que não tivessem, direta ou abertamente, ligação com o médium. Abaixo, era Abadiânia. Acima, a "Gringolândia", os "States", "Abadyork", "Além do Horizonte" e outros apelidos que deixavam clara a segregação entre os que ali já estavam e os que lá chegavam.

O maior sintoma da cidade partida era a paróquia: a Igreja Católica nunca apoiou os trabalhos espirituais de João na cidade. Nas missas, os padres passaram a orientar ativamente, sem citar nomes, que os fiéis não buscassem aquele tipo de cura, que não era "de Deus". A recomendação para tocar no assunto durante as celebrações religiosas veio da Diocese. Dom Manoel Pestana Filho, bispo designado pelo Papa João Paulo II para Anápolis em 1978, foi consultado por um dos padres à frente da paróquia de Abadiânia sobre como a Igreja deveria lidar com o problema do curador na cidade.

No confessionário, os padres ouviam barbaridades, relatos de crimes, mortes, cemitérios clandestinos e abusos. Pelo caráter confidencial intrínseco ao sacramento da confissão, não podiam denunciar João. Em vez disso, incentivavam os seus seguidores a procurar a Justiça. Por medo, ninguém o fazia.

Embora "dono" da cidade, na paróquia João não se metia. Mandou, via terceiros, algumas ofertas de doação em dinheiro — que foram prontamente rejeitadas. E vez ou outra um padre recebia um recado para tomar cuidado com o que dizia nas missas. Mesmo assim, eles não cediam às ameaças, que paravam por ali.

Em sua Casa de Dom Inácio, imagens católicas se misturam a símbolos do espiritismo, e preces como o pai-nosso e a ave-maria são repetidas, com algumas modificações — como trocar "morte" por "desencarne" —, várias vezes ao dia. A própria escolha do nome do centro reflete o verniz católico dado a ele. João diz não saber bem por quê, mas sempre teve Dom Inácio como seu guia e protetor. O santo, nascido em 1491, fundou a Companhia de Jesus em 1539, foi por mais de uma década um peregrino, pregando nas ruas, e chegou a ser preso e interrogado pela Inquisição. João o via, de acordo com a historiadora Maria Helena Machado, como "um exemplo de abdicação dos confortos materiais da vida terrena, resiliência na busca da revelação e vitória contra os perseguidores, além de uma espécie de guia para as provações que o médium atravessou durante muito tempo".[5]

Apesar de ter se declarado católico em diversas entrevistas, João Teixeira gosta de afirmar que não prega nem ensina nenhuma religião: "Nasci e me criei numa família católica. O espírita precisa saber ler e estudar muito, e eu não pude concluir os estudos porque a minha missão começou muito cedo.

(...) A minha crença é universal. Eu acredito no Criador. Acredito em Nossa Senhora. Acredito nos Apóstolos e na verdadeira Loja Maçônica",[6] explicou, em entrevista concedida em fevereiro de 2005 a Heather Cumming, uma de suas assessoras mais próximas. A maçonaria é historicamente condenada pela Igreja Católica, que não aceita que seus fiéis sejam da sociedade secreta.

O tipo de trabalho que João fazia tampouco era bem-visto. Para alguns católicos, curadores como o médium goiano fazem um "pacto com o demônio", promovendo aparentes milagres que, no fim, criam uma dependência em quem passa por ali. "Assim como uma pessoa que se entrega a Deus se torna o canal da graça, a pessoa que se entrega ao demônio se torna o canal da desgraça. Tudo o que ele fazia era pelo poder", define um religioso local. O que não significa pensar que ele não tivesse poderes mediúnicos.

Para um padre que ficou à frente da Paróquia de Abadiânia durante alguns anos, João passou por três etapas. A primeira é a do curandeiro, aquele tipicamente brasileiro, raizeiro, que pensava ter um dom. O padre acredita que João tinha dons naturais, apesar de ser um homem genioso, uma pessoa nervosa, estourada. A fama do "gênio ruim" de João é tão antiga quanto a de suas curas milagrosas.

A segunda fase começa quando seus poderes como um dito médium começam a se tornar conhecidos Brasil afora. Foi aí que as caravanas começaram a chegar em massa a Abadiânia, vindas em sua maioria da Região Sul. A chegada de cerca de setenta ônibus por dia na cidade criou uma revolução na até então pacata cidadezinha de interior. Abadiânia não tinha estrutura para isso, mas, com os visitantes, chegou também o dinheiro. A coisa cresceu tanto que João não conseguiu mais dar conta sozinho de todos os fiéis que batiam à sua porta. Assim, formou-se o que o padre chama de "gangue", sempre disponível, a serviço dele.

João não podia deixar ninguém ir embora insatisfeito. Começa, então, a terceira etapa, que, nas palavras do padre, apresentava características "um tanto mais nebulosas, de um certo charlatanismo". Nessa fase, moradores das redondezas teriam começado a se dar conta de que algo estranho acontecia na Casa. A impressão era que os envolvidos, em todas as esferas, encobriam algo. Hotéis e pousadas que abrigavam os fiéis não podiam relatar que pessoas morriam em suas dependências, porque tinham ido até a Casa em busca de tratamento para doenças graves e não receberam a cura que esperavam. "Abadiânia não tinha estrutura para se prevenir desse tipo de acontecimento, não tinha nem hospital. A cidade, de algum modo, começou a abafar casos de pessoas que não saíam curadas, ou até reclamavam... Você tinha que ter um sistema de cala a boca", lembra o pároco.

Esse "sistema", sustentado por pessoas ligadas de alguma maneira a João e à Casa de Dom Inácio, vigorou durante décadas, para a agonia dos padres. Até hoje, mencionar o nome de João de Deus em Abadiânia desperta olhares desconfiados e silêncio, já que a vida econômica da cidade girava em torno de sua presença ali. Sem o seu hospital espiritual, não existiriam as pousadas nem todo o lucrativo comércio voltado para os fiéis. Para manter o capital girando, foi erguida uma "muralha" ao redor do líder. "Quando alguém o denunciava, já tinha uma operação abafa, porque todo mundo iria perder se ele saísse", afirma um ex-funcionário.

Nos anos 1990, Abadiânia ganhou uma capela, do lado "nobre" da cidade, os "States". A ela o pároco deu o nome São Miguel — líder do exército de anjos que derrotou as forças satânicas na guerra do céu. O simbolismo do santo invocado nas proximidades da Casa de Dom Inácio virou uma lenda local, e há quem ache que foi o arcanjo quem conseguiu colocar o médium atrás das grades. João não chegava perto — nem da capela, ao norte da BR-060, nem da paróquia, ao sul da rodovia.

Um dia, já nos anos 2000, João bem que tentou. Foi chamado para ser padrinho de um casamento — a noiva trabalhava com ele e fez o convite. Seu futuro marido precisou retirar a oferta minutos antes da cerimônia. O padre avisou que, se o curador entrasse, não celebraria a união. João chegou a ir de carro até a igreja, mas ouviu que não era bem-vindo. Precisou da turma do deixa-disso para permitir que o casamento acontecesse sem maiores sobressaltos. O médium, que nunca foi calmo nem aceitou ordens, ficou do lado de fora do portão. Ali dentro, quem mandava era o padre.

Na cidade partida, abadianenses católicos e evangélicos chamavam o médium de João do Diabo, mas só entre si. Oficialmente e diante dos turistas, imperava a lei do silêncio. Por dependência econômica e medo de retaliação, os moradores mantinham em segredo os malfeitos que ouviam dizer que o líder cometia. E nem no desespero pisavam na Casa de Dom Inácio em busca de tratamento. O hospital espiritual foi virando uma armadilha para forasteiros. Lá dentro, João era endeusado, considerado uma figura mítica capaz das mais impossíveis curas. Do lado de fora, ele era um coronel que despertava pavor e submetia a cidade às suas regras, interferindo na política local e contando com a proteção da polícia. O pesquisador Nilauder Guimarães Alves passou dois meses na cidade, em 2011, e percebeu a divisão, registrada em sua tese de mestrado. O médium, a cidade e a Casa tinham duas faces:

> O homem João parece estar alheio ao quase santo João de Deus. Creio que sua mediunidade inconsciente, do tipo que não se lembra de nada após o transe, o ajuda a sustentar essa ruptura entre os dois personagens representados por um só homem. Divisão essa que se manifesta também na estrutura da Casa: no centro, fica o ambiente sagrado das salas da corrente; ao redor, o lado profano da administração, da burocracia, do comércio de comida, pedras, joias, lembranças etc.
>
> Essa dualidade de papéis gera reações diversas em relação à figura de João de Deus. Por parte de vários moradores, a desconfiança, o incômodo e por vezes a raiva. Entre os nativos, não encontrei quase ninguém que falasse bem ou defendesse João. Quando muito, falavam da importância que a Casa tem para a economia local. Curiosamente, também não encontrei entre os nativos alguém que tivesse se curado na Casa, embora não possa afirmar que não existam. Entre os membros da Casa, esse aspecto profano é minimizado e muitas vezes ignorado. A tendência é de exaltação à figura do grande médium que curou milhares de pessoas. Pelo que me parece, essa é a imagem que vigora, pois não deixam de chegar, toda semana, centenas de pacientes de todos os cantos do mundo em busca de alívio para sua aflição.[7]

Mesmo entre os que trabalhavam na Casa de Dom Inácio, havia uma divisão: funcionários de carteira assinada, cerca de trinta nos anos anteriores à prisão do médium, eram em sua maioria moradores de Abadiânia que não se metiam nos tratamentos espirituais. As orientações sobre os trabalhos mediúnicos vinham dos voluntários, e a maior parte deles era composta por gente de fora, agradecida por curas ou ainda em busca delas, e que lá permaneciam por orientação do líder. Era comum, aliás, que ele recomendasse aos fiéis que passassem longos períodos na cidade. Alugar uma casinha, abrir um comércio, voltar vinte vezes eram necessidades, dizia ele, fundamentais à cura, como observou Guimarães Alves em sua pesquisa:

> A grande maioria dos voluntários desenvolve atividades comerciais ligadas à Casa. São proprietários das pousadas, lanchonetes, lan-houses e lojas nas proximidades do centro de cura. Além disso, oferecem o serviço de guia, tradução e aulas de português, organizam excursões e, dessa forma, conseguem conciliar a parte prática e profana da vida com a convivência e o trabalho sagrado da Casa. É curioso notar que os estabelecimentos comerciais mais rentáveis estão nas mãos de gente que veio de fora, daqueles que têm condições de comprar um lote e montar uma pousada ou uma loja, por exemplo. Algo que acredito estar longe da realidade da maioria dos nativos de Abadiânia.

Assim, no lado norte da cidade foi se formando um povoado de "zumbis vestidos de branco", na visão de quem estava ao sul. E a pequena Abadiânia, que nos anos 1970 não contava 8 mil habitantes, viu dobrar o seu tamanho. Em 2010, já tinha quase 16 mil moradores — dos quais 11,3 mil se identificavam como católicos, 3,3 mil eram evangélicos, e só 289 se diziam espíritas, segundo censo do IBGE. Em 2019, 20 mil pessoas tinham domicílio fixo na cidade. O crescimento populacional não se refletiu em desenvolvimento econômico, a não ser pelo enriquecimento da Casa, do médium e de seus assessores mais próximos. Em 2017, a renda mensal média na cidade era de 1,8 salário-mínimo — ali do lado, em Goiânia, era de 3,2 salários; em São Paulo, 4,2. Naquele ano, de todos os domicílios, 35,9% tinham rendimentos abaixo de meio salário-mínimo.

O desenvolvimento urbano tampouco avançou no ritmo da Casa de Dom Inácio. Até 2017, só 0,9% das residências estavam instaladas em vias públicas com urbanização adequada, com bueiros, calçadas, pavimentação e meios-fios. Se os gringos não conseguiam ver os malfeitos do líder espiritual, o lixo espalhado pela cidade não passava despercebido, virando alvo de comentários em redes sociais e blogs que registravam a experiência espiritual.

"A produção de lixo triplicou e no município não há tratamento adequado para o mesmo", nota a pesquisadora Dicléia Guterres em *Tributo a João de Deus*, estudo sobre o turismo em Abadiânia. "O poder público jamais imaginou que o município alcançaria tal crescimento com a chegada de João de Deus. (...) O crescimento foi desordenado e não houve investimento na área ambiental."[8] O despreparo dos gestores públicos ligados ao turismo e à infraestrutura da cidade, diz, acabaram tornando Abadiânia um destino à margem de qualquer parâmetro de sustentabilidade. E completamente dependente de João Teixeira de Faria — o que ajuda a explicar as décadas de silêncio de uma cidade que sabia dos abusos cometidos por seu coronel.

Um morador e ex-funcionário da Casa conta que a população temia João, o principal responsável pelo desenvolvimento econômico da cidade. Por isso mesmo, ele se sentia "dono" de Abadiânia, "mandava e desmandava". Sua autorização era necessária até mesmo para a compra e venda de imóveis e instalação de novos comércios. Pedindo anonimato, ele diz, ainda, que muitos fiéis iam buscar a cura "no último suspiro". Enquanto os tratamentos milagrosos ganhavam publicidade, as mortes eram abafadas.

"Ele sempre teve os prefeitos na mão dele. Morria, ele mandava a pessoa de volta para a cidade dela. E abafava tudo. A polícia também, sempre do lado. E a família (do doente) ficava agradecida." Certa vez, em 2012, o Ministério Público local recebeu uma denúncia de um morador: todas as quatro viaturas da Polícia Militar disponíveis estavam a serviço de João, não sobrando nenhuma para patrulhar o resto da cidade. Nada foi feito.

"O médium patrocina muitos projetos nessa cidade, ligados principalmente à força policial e à segurança. Há apenas dois anos [em 2002], ele doou quatro motocicletas para a polícia civil", conta Hamilton Pereira no livro das "filhas" da Casa Heather Cumming e Karen Leffler. "Ele faz doações generosas a pessoas carentes, oferecendo cestas básicas a famílias de toda a região e contribuições em dinheiro para a educação e projetos habitacionais."

Na biografia oficial escrita pelo amigo e advogado Ismar Estulano, o autor afirma que se formou, em Abadiânia, de forma espontânea, sem qualquer pretensão de projeto organizado, uma corrente de proteção ao médium, que incluía autoridades e pessoas influentes da sociedade local, nas esferas municipais, estaduais e até mesmo no âmbito nacional. Segundo Estulano, essas pessoas queriam apenas "o bem-estar do médium, deixando-o exercer livremente suas atividades mediúnicas".

Há, porém, controvérsias sobre quão "espontaneamente" a rede de proteção e silêncio se armou. Moradores, religiosos e políticos atestam que João sempre escolheu seus candidatos à prefeitura de Abadiânia, apoiando-os financeiramente e recomendando votos a seguidores. Só em 2012 ele começou a perder as eleições, vendo seu candidato, o advogado e amigo Ronivan Peixoto (PTB), ser derrotado por Wilmar Arantes (PR), por uma diferença de 56 votos. O prefeito seguinte, José Diniz (PSD), com mandato até o fim de 2020, tampouco era aprovado pelo médium.

Na Câmara, João "gostava muito de impor", como define um ex-vereador. "Ele chegava quase mandando na gente: faz isso, quero que faça aquilo, não vai ter isso, faz isso..." Certa vez, o político comprou uma briga porque o médium queria a doação de um terreno da prefeitura para construir um asilo, que seria administrado pelo próprio João. O projeto não foi aprovado pelos vereadores.

Com os moradores, a estratégia era usar a caridade para aumentar sua influência "do lado de lá", onde ainda havia resistência ao seu comando. A Casa da Sopa, inaugurada em 2004 perto da prefeitura e da delegacia, já tinha esse objetivo. Além da distribuição da refeição a quem estivesse com fome, administrava doações de material de higiene e roupas e tinha até um salão de festas para quem precisasse do espaço para comemorar aniversários ou casamentos. Lá, também, eram realizadas as festas de Natal e de Dia das Crianças da cidade. Estulano afirma em seu livro que, sem a Casa de Alimentação, haveria uma grande lacuna na assistência social oferecida à comunidade de Abadiânia, que dificilmente seria preenchida por algum órgão público, nas palavras de um ex-prefeito. A Casa da Sopa foi fechada após a prisão do médium.

Se ao sul da rodovia João Teixeira ainda encontrava obstáculos ao seu poderio, ao norte não havia alternativa para driblar suas vontades. De acordo com a historiadora Maria Helena Machado, quase todos os que possuíam algum tipo de comércio na Avenida Francisca Teixeira Damas eram frequentadores ou trabalhadores voluntários da Casa:

> Muitos receberam anuência direta de João de Deus para abrir seu negócio, já que ninguém arriscaria iniciar uma loja sem antes consultar a entidade sobre a viabilidade do projeto. Além disso, o médium controla as atividades comerciais subsidiárias à Casa com mão de ferro, proibindo que negociantes, donos de pousadas ou taxistas pratiquem preços excessivos ou se comportem de maneira pouco ética.[9]

Além de ditar as "leis" da sua área, João cobrava de pousadas e taxistas uma taxa para que pudessem operar no entorno do centro espiritual. Segundo um contador que trabalhou na Casa nos anos 1990, os donos de pousada pagavam um salário-mínimo por mês. Se ficassem devendo, perdiam os clientes. Os taxistas, para ter direito ao adesivo com o rosto do médium que exibiam nos carros e que dava a eles "passe livre" para adentrar os territórios do líder, precisavam repassar mensalmente à Casa meio salário-mínimo. E ainda tinham de participar das correntes de oração se o chefe assim ordenasse.

Todo o dinheiro que entrava e saía da Casa era registrado à mão em um caderno. Às sextas-feiras, João recebia o contador e checava de perto se não havia desvios. Segundo o funcionário, que fez esse trabalho durante dois anos, o médium lia suas anotações e "tinha que estar tudo perfeito. Na época, eram uns 200 mil, 300 mil reais que entravam na Casa por mês, porque havia as doações, as garrafadas, a lanchonete, as lembranças — imagens de santos, cristais e tal —, então eram quatro fontes de renda. Tinha a parte legal, do dinheiro que cobria as despesas dos funcionários, com nota fiscal, e a parte que era sonegada, uns 70%. Eu pegava o dinheiro, botava num saco plástico e dava para o seu João no escritório dele".

João pegava o saco, se levantava da cadeira e, segurando um pedaço de madeira com um prego na ponta, abria um alçapão no teto, puxando-o por uma argola. Jogava o saco para o alto, o empurrava para dentro e em seguida fechava o esconderijo. "Uma coisa bem rústica, mas muito prática", lembra o contador.

# 4
## Dalva: uma vida em fuga

Paulo Henrique era um menino de catorze anos — o mais velho de três irmãos — quando desconfiou de que algo não ia bem com sua mãe, quase duas décadas mais velha que ele.

A vida da família até que andava boa, já tinha passado por fases piores. Os quatro moravam em Anápolis, num apartamento amplo e mobiliado, e não lhes faltava nada. Foi um tio de Paulo quem acendeu o alerta: "O preço que sua mãe paga por isso é muito alto". Como assim? "O preço que a sua mãe paga para vocês terem essa vida aí." Aquilo ficou martelando na cabeça do menino. Ele sabia que o avô pagava as contas. Sabia que o avô frequentava bastante a casa, entrava no quarto de sua mãe e custava a sair. E Dalva andava nervosa, seu temperamento já não era o mesmo. Um dia, ouviu-a atender o telefone: dali a pouco era a hora de o pai dela chegar.

Paulo pediu ajuda aos dois irmãos, João Paulo e Luana, e também ao filho da funcionária que trabalhava para a família. Os três ergueram a estrutura de madeira da cama, pesada, para que ele se enfiasse embaixo. Pensou que fosse ter de aguentar por umas duas horas. Passaram de doze. "Ele costumava chegar em casa às 17h e ir embora umas 19h, mas, nesse dia, dei azar", lembra Paulo. "Ele *varetou* de terça até quarta, umas 5h da manhã é que ele foi sair pra Abadiânia."

O menino Paulo, catorze anos, passou a noite ouvindo João, seu avô, abusando de Dalva, sua mãe. Doze horas escondido debaixo de uma cama, no chão gelado de cerâmica, ouvindo a mãe chorar. Eu mato seus filhos, ele dizia. Ela pedia pra parar. O estupro continuava.

O dia amanheceu, as crianças esperaram a mãe sair, às 8h, e ergueram a cama de novo. Paulo Henrique se levantou. O menino, agora, era outro: "Falei pra ela, mãe, não precisa passar por isso, não".

"Passar pelo quê, menino?", desviou Dalva, antes de tentar se explicar: "Tenho que ficar com o seu avô pra dar uma vida boa, um conforto pra gente". A mãe chorou. "Como faço, meu filho? Vamos sair daqui?" O menino implorou: "Vamos!".

E, assim, a família se mudou. Em segredo, Dalva ajeitou seus documentos e foi-se embora para Portugal.

Foi o começo do fim de um sofrimento que já contava anos. Dalva Teixeira Souza, nascida em 1969, tinha ainda menos idade que Paulo Henrique quando o seu trauma começou.

Fruto de um caso de João Teixeira com uma mulher chamada Maria das Dores, Dalva só conheceu o pai biológico aos nove anos. Analfabeta, levava uma vida simples na roça, em Trindade, cidade próxima a Goiânia, com a mãe e o padrasto, quando, certo dia, Maria a puxou e disse: "Venha conhecer seu pai". Acabou indo morar com ele, a pedido da mãe, para que pudesse frequentar a escola.

Naquela época, o curador preparava a inauguração de seu hospital espiritual em Abadiânia. Seu nome já era conhecido na região. Cheia de esperança de uma vida melhor, Dalva se separou da mãe e, junto de seu irmão mais velho, José Valdivino, o Zezinho — também filho de João e Maria das Dores — foi morar na casa do médium, em Anápolis, com a madrasta, Lígia Bueno, e outros irmãos, filhos de outras mulheres. Tinha ganhado uma família nova, estava se dando bem com a companheira de seu cada vez mais poderoso pai. Ela queria estudar e aprender a se virar na cidade.

A felicidade durou pouco. Um dia, João chegou de Abadiânia com uma vela branca, chamou-a no quarto e ordenou: "Filha, marca essa vela pra mim. Marca com a unha".

> *"Passei a unha na vela e perguntei pra quê. Ele respondeu que estava fazendo um trabalho espírita, comigo e Dom Inácio de Loyola", conta Dalva em uma entrevista registrada em vídeo em 2016. "Até então, tudo bem. Aí ele tirou minha roupa toda, tirou a dele, e ficou a noite inteira me molestando. Minha madrasta estava insatisfeita, na sala, e ele nem aí pra ela. A gente ficou fechado no quarto, fazendo o suposto trabalho. Me senti estranha, diferente, não sabia o que estava acontecendo direito. Senti nojo, mas ao mesmo tempo não entendia. Era meu pai."*

Aquela noite só chegaria ao fim quando a chama atingisse a marca feita pela unha da menina na cera. Mas, na vida de Dalva, era só o começo. Em entrevista à revista *Veja* publicada em 14 de dezembro de 2018, dias depois de virem a público denúncias de outras mulheres contra seu pai, ela detalha como os abusos continuaram:

> *No outro dia de manhã, acordei cedo para ir ao colégio. Eu e meus irmãos estávamos à mesa. Ele tomou uma xícara de café, olhou pra mim e fez assim... [sinal de silêncio]. Depois de um mês, minha madrasta morreu. Supostamente, suicidou-se com um filho bebê no colo. Aí, ele arrumou uma viagem para a Bahia. Fomos eu, ele e mais duas pessoas. Eu e meu pai fomos no banco de trás. Ele tirou minha calça e colocou o dedo na minha vagina. A gente chegou a Santa Maria da Vitória. Lá, na casa de uma amiga da família, havia duas camas de solteiro. Ele ficou na minha. No outro dia cedo, ele bagunçou a outra cama, para fazer de conta que tínhamos dormido separados.*

E assim foi até os seus catorze anos. "Dos dez aos catorze, ele me levava direto para o quarto dele, em casa, na fazenda, em viagens", relatou Dalva ao repórter Thiago Mendes, da TV Metrópole, de Goiânia, em uma conversa que só foi ao ar no fim de 2018, embora tenha sido gravada quase dois anos antes. O conteúdo não foi exibido em 2016 "a conselho de familiares" da entrevistada, segundo o apresentador, um dos jornalistas homens que viram Dalva reviver repetidamente o seu trauma, interrompendo-a com questionamentos como "Ali, naquele dia, houve penetração?".

Antes de fugir pela primeira vez, a menina ficou grávida. No primeiro depoimento, ela diz ser provável que o filho fosse de seu pai. Mais tarde, à *Veja*, Dalva nega e detalha: "Essa tortura durou até os catorze anos, quando meu pai descobriu que eu estava grávida de outra pessoa. Ele me bateu muito, com vara de ferrão, com aquele negócio de laçar boi que tem uma bola de cimento na ponta. Tenho a cicatriz até hoje. Ele disse que eu não ia casar. Pisou na minha barriga. Dizia: 'Eu vou te matar, eu vou te matar, você está grávida'".

Dalva não morreu, mas sofreu um aborto. "Fui para o hospital — onde disseram que eu havia sido atropelada. E, depois, fiquei um tempo na casa de uma tia, onde me recuperei. A relação com meu pai sempre foi uma coisa fora do normal. Parece uma coisa satânica. Depois de uma semana, me casei. Um mês depois, ele estava pressionando para que eu me divorciasse."

Dalva não cedeu nem cortou relações com seu pai. Não gostava, no entanto, que seu marido visitasse o sogro. À TV Metrópole, ela contou: "Meu esposo ficava sempre assim: por quê? Me perguntava, e eu ficava retraída. Era um tabu, mas no fundo ele sabia...". O casamento duraria seis anos. Quando se divorciou, com três crianças, sem ter para onde ir e sem renda, Dalva se viu obrigada a voltar para a casa do pai, que lhe ofereceu abrigo. João alugou um apartamento nos fundos de onde morava, em Anápolis, e instalou a família de sua filha. "E começou tudo de novo. Meus filhos pequenininhos... Ele subia para o quarto, mantinha relação sexual comigo e ia embora. Eu fazia aquilo para ter onde morar, para manter meus filhos", ela relatou à revista *Veja*. Paulo Henrique, àquela altura, não completara nem quatro anos; Dalva tinha vinte.

Certo dia, cansada dos abusos e decidida a confrontar o pai, Dalva foi procurá-lo no centro espiritual de Abadiânia. João a reconheceu no meio da multidão de fiéis e a levou para o mesmo quarto onde abusou de outras mulheres. Ela sentia uma forte dor de cabeça. Ele ofereceu ajuda, começou a fazer massagem na filha. Dalva conta que caiu no sono, como se tivesse sido hipnotizada. Seu pai tirou então toda a sua roupa e abusou dela mais uma vez.

Com os dois já nus, ela despertou com um senhor batendo à porta. "Meu pai saiu apavorado, vestiu a calça, a braguilha aberta, e nisso eu saí, nervosa, cantando o pneu do carro", diz Dalva à TV Metrópole. "Meu primo

Urubatan [sobrinho e assessor próximo de João até morrer, em 1996, em um acidente de avião] foi atrás de mim e me disse: 'Minha prima, meu tio está abusando de você? Porque, se ele estiver, eu vou matar ele'." Urubatan não estava brincando: ele já era, naquela época, investigado por encomendar a morte de um sargento, assassinado com dois tiros em 1988.*

Dalva negou, mas ainda voltou à Casa naquele mesmo dia para enfrentar o pai. João avisou: se a moça não fosse dele, perderia tudo. Filhos, casa, carro. Tudo.

> *Ele disse que em vidas passadas nós fomos um casal, marido e mulher. E eu não dei ouvidos, mas perdi — não tinha nem comida mais na minha casa, pros meus filhos. Cheguei a dar pão com açúcar e água pra eles. Meu esposo chegou lá e falou: "Enquanto você não resolve isso deixa eu cuidar das crianças". Dei meus filhos pra ele e fui pra Goiânia, morei um pouco com a minha mãe, com as minhas irmãs, fui trabalhando em restaurante...*

Dali pra frente, enfrentaria tempos ainda mais obscuros. Sem dinheiro, passou a usar drogas, "por desespero, mágoa, sofrimento, porque o pai que conheci com quase dez anos não foi um pai, foi minha destruição". "Ele é um monstro. Um pai que transa com a própria filha é um monstro", define, à Veja.

Dalva passou seis anos sem ver os filhos, sem perspectiva de melhorar de vida. Um dia, voltou a Abadiânia para encontrar seu irmão Zezinho. João mandou avisar: precisava falar com ela.

"Depois de muita insistência, eu fui lá. João me recebeu chorando e pediu pra eu esperar até o fim dos trabalhos, que ele iria me levar de volta pra Goiânia. Me levou a um shopping, comprou várias coisas, me levou até a casa da minha mãe e pediu pra ela ficar comigo duas semanas enquanto resolvia a situação", relata, na entrevista de 2016. Naquele dia, o pai pro-

---

* O assassinato do sargento da Polícia Militar Francisco Borges de Siqueira, ou Borjão, em 1988, é tema do capítulo 5, "Mataram meu pai!".

meteu a Dalva que arrumaria um novo apartamento para ela, dinheiro não seria mais problema. Em pouco tempo, sua vida confortável estaria de volta. "Ele ainda parou comigo num motel na saída de Abadiânia, fiquei assustada, mas ele falou que só queria passar a noite, e ficou me acariciando. Pensei: Senhor, será que vai voltar tudo de novo?"

Não se passaram nem duas semanas até que João mandasse buscá-la:

> Ele comprou um apartamento pra mim, mobiliou, parecia uma casa de princesa, de boneca. Me levou com os olhos vendados dentro do elevador até chegar ao apartamento. Tirou a venda dentro do quarto que ele tinha mobiliado pros meus filhos, o da Luana, rosa, o dos meninos, azul. A partir desse momento, eu pensei, vou ter meus filhos de volta. Ele me mostrou o apartamento todo, depois me levou pro nosso quarto, que ele falou ser o nosso quarto, e ali tivemos relação sexual.

Ato consumado, João levou Dalva para ver os filhos. O primeiro que ela encontrou, na rua, brincando, foi Paulo Henrique, o mais velho, então com nove anos. "Eu o vi e comecei a chorar", contou. O menino a abraçou e pediu: "Mamãe, não quero que a senhora vá embora mais. Não some mais de nós".

O pai dela explicou sem rodeios: se quisesse ter tudo de novo, os filhos, a vida boa, tudo, teria que ser mulher dele.

> Aí fui criando meus filhos, eles vendo brigas entre a gente, viajando junto, ficando em hotéis, até nas casas dos outros tinha que ser no mesmo quarto. Ele pagava pros funcionários levarem meus filhos pra gente poder estar junto, viajar. Na minha casa, a gente dormia na mesma cama, e meus filhos nos quartos deles. Minha vida toda foi uma vida de sofrimento, de tortura, porque eu não podia... Depois eu comecei a enfrentá-lo, arrumei um namorado de Anápolis, ele mandou bater nesse rapaz, e assim foi sempre.

Até Paulo Henrique se esconder embaixo da cama. Decidiram, juntos, que a mãe ia fugir. Ela foi pra Portugal, e ficou lá até João conseguir encontrá-la. Os filhos ficaram no Brasil com o pai, se virando, entre Goiânia e Anápolis. Ao ser descoberta na Europa, Dalva voltou ao Brasil. Mas, de uma hora pra outra, ela sumiu. Ficou nove anos desaparecida. Paulo Henrique conta que ficava "doido" atrás da mãe. Desconfiado, perguntava de seu paradeiro ao avô, que debochava: "Vocês mataram ela pra receber a herança".

Já era 2017. O menino, agora adulto, comprou uma caneta do tipo espiã, com uma câmera oculta, e saiu gravando, às escondidas, depoimentos de seus tios que comprovassem os abusos. O objetivo era entrar com um processo, pressionar o avô e reaver a mãe.

Poucos dias depois de ir à Justiça e expor a violência sofrida por Dalva, Paulo Henrique foi espancado diante do irmão na loja de pneus comandada por seu pai: "Eles me batiam e falavam: 'Isso aqui é pra vocês saberem com quem estão mexendo'." A ação, que pedia indenização por danos morais pelo que a mãe sofreu — já que os crimes de violência sexual estavam prescritos —, foi retirada.

Compadecido dos meninos, um irmão de Dalva acabou dando a dica: ela estava internada em uma clínica de reabilitação em Três Ranchos, na região sudeste de Goiás. Os irmãos foram até lá e ficaram observando, de longe. A mãe levou um susto. Depois de nove anos, os filhos tinham ido buscá-la. Mas a mãe não queria ir. Dizia que, se fosse, os meninos iriam presos. "Seu avô chegou aqui com um monte de papel escrito Paulo Henrique Souza Honda, falando que é ele quem não deixa você ir preso." O filho garantiu: os documentos que o avô mostrou, e que atestariam que o garoto havia cometido algum crime, eram falsos, não havia nenhum processo contra ele e o irmão em Anápolis, era tudo invenção. Mesmo assim, Dalva insistiu: "Ele ameaçou matar vocês, vão embora!".

Paulo Henrique e João Paulo não se conformaram. Quando a mãe disse que sim, tinha vontade de sair dali, a levaram pro carro. Procuraram um advogado e arrumaram um lugar seguro para Dalva. "Quando o João descobriu que ela tinha sumido da clínica, foi um alvoroço!", recorda Paulo. O advogado foi assassinado meses depois.

João já tinha, porém, uma arma a seu favor contra as acusações de abuso caso Dalva quisesse procurar a Justiça. Quando os netos entraram com o processo, o médium foi à clínica de Três Ranchos e fez com que a filha gravasse um vídeo garantindo que ele era um bom pai e nunca a agredira. Dalva o fez, porém, sob coação — a vida de seus filhos estava em risco, e ela precisava agir para conter o escândalo. Em um minuto e meio, Dalva, de cabelos escovados e com o rosto sereno, acaricia os cabelos de João — todo vestido de branco, como se pronto para os atendimentos espirituais — e pede desculpas ao pai, sentado a seu lado. O médium publicou as imagens em suas redes sociais após o escândalo vir à tona, em dezembro de 2018.

"Quero declarar a todos que essa pessoinha que está aqui do lado [ela dá tapinhas carinhosos na cabeça do pai] nunca, nunca me [gagueja] abusou sexualmente, nunca me deixou passar falta de nada, nem eu nem meus filhos e todos os meus irmãos, meus sobrinhos", diz Dalva, revezando o olhar entre a câmera e João, sem parar de acariciar seus cabelos. "O que se está fazendo com ele é injustiça. Tudo é por causa de dinheiro. Eu peço desculpas, viu, pai?"

Ao que João reponde: "Não tem nada não, minha filha".

"Peço desculpas ao senhor porque fico envergonhada pela atitude dos meus filhos", ela continua. "Mas o senhor sabe que não são eles, isso é o pai deles que está por trás. Toda a vida foi um homem ambicioso... Eu tenho a dizer é que estou muito envergonhada pelo meu pai, por mim, mas a verdade chega, vai vir à tona, e é só."

Olhando pra baixo, sem encará-la, João aceita o pedido de desculpas da filha e emenda, com voz branda e tom compreensivo:

"Mas eu quero que Deus te olhe, Deus te proteja. Do jeito que eu olhei você, eu olhei todos. Não foi só você, hoje eu tenho orgulho, você vê, formei os meus filhos. Era pra *mim* formar só você e o Zezinho (os primogênitos), né? Mas *tudo* tem curso superior. E agora graças a Deus que os filhos do Zezinho... Já formei um, formei a outra, e agora tô formando a caçula. É isso que eu quero para os seus filhos... Deus vai ajudar."

Dalva ainda finaliza, meio indignada, passeando os olhos pela sala: "Fico admirada, tanto que aquele Paulo Henrique falava desse vô, sabe?". Corta a cena.

Paulo nunca negou que defendia o avô. Mas isso foi antes de se esconder embaixo da cama e descobrir as agressões contra Dalva. O menino chegou a morar na Casa de Dom Inácio, em Abadiânia, enquanto a mãe resistia à oferta do apartamento mobiliado para a família em Anápolis. "Eu tinha uns dez anos. Minha mãe não quis ficar lá, falava: 'Não quero isso aí, não quero não'", Paulo relembra. "Ele comprou eu e meus irmãos. Ninguém sabia de nada, e a gente gostava de ficar perto dele... A gente falava com orgulho: Nossa Senhora, meu avô João! O povo provocava, me chamava de neto do João Macumba, e eu brigava, defendia meu avô com unhas e dentes."

Depois de se levantar daquele chão gelado de cerâmica, aos catorze anos, Paulo nunca mais protegeu João.

Dalva só tomou coragem de ir à Justiça quando as outras mulheres levaram as denúncias à imprensa, em 2018. Passou a acreditar que já não pareceria louca, o vídeo feito sob ameaça não a desqualificaria, e sua palavra teria força mesmo diante do poder de João de Deus. O processo iniciado pelos filhos foi reaberto e corre em sigilo.

Ainda assim, Dalva seria repetidas vezes questionada: por que não falou antes? Ela explica seus motivos na entrevista à *Veja* assinada pelos repórteres Thiago Bronzatto, Giulia Vidale e João Batista Jr:

> *Procurei vários advogados. Ninguém nunca quis encarar, por medo, porque ele é uma influência mundial. Eu, quem sou eu? Ninguém. A influência dele é muito grande. Ele é um homem muito poderoso, muito rico. E é uma pessoa que não tem escrúpulo. Eu tinha medo não por mim, mas pelos meus filhos. Não acho justo passar o que eu passei, vivendo na rua, passando fome. Levei para a Justiça porque quero me cuidar, quero me tratar, quero ter uma vida digna, junto aos meus filhos. Quero ter uma vida de conforto e poder receber meus filhos numa casa, num almoço no domingo, receber meus netos.*

Se o sonho de Dalva se concretizar, porém, a família não estará completamente unida. O poder de João causou um racha entre os seus filhos — alguns, a pedido dele, gravaram vídeos de apoio ao pai, desqualificando as denúncias da irmã. As imagens foram publicadas em dezembro de 2018, dias antes de o líder espiritual ir para a cadeia, na página oficial da Casa de

Dom Inácio de Loyola no Facebook — como traz a descrição, administrada "exclusivamente" por Chico Lobo (assessor de João morto em julho de 2019), Edna Gomes e Heather Cumming.

Na página, logo na sequência do depoimento de Dalva ao lado do pai, há outro vídeo dela. Nesse, a mulher está de pé, olhando para a câmera, balançando o corpo pra frente e pra trás e se referindo diretamente a seus filhos, de maneira irônica:

> *Oi, Paulo Henrique, João Paulo, Luana. Estou muito feliz com vocês, [com] as coisas que vocês estão fazendo, extorquindo dinheiro do meu pai, dizendo que conheci a droga através do meu pai. Estou feliz com vocês, muito feliz. [...] E eu tenho certeza que não é da vontade de vocês isso que estão fazendo com meu pai. Tem alguém por trás. Porque vocês não iriam mentir [gagueja], com o meu nome, que o meu pai já ficou comigo, que eu engravidei do meu pai, que ele já ficou com a Luana. Se isso tivesse acontecido, quem "tava" extorquindo ele era eu [levanta os ombros, em tom de questionamento], que sou a mais prejudicada, então. Fico envergonhada de vocês dizerem que meu pai estuprou minha mãe, minha avó..." [informações que não tinham vindo a público até ali].*
>
> *Por que vocês não deixam ele viver em paz? Isso tudo é por causa de dinheiro? Podiam chegar numa boa, vô, tô precisando de tanto. Tô precisando disso, daquilo, igual toda vida ele fez pra vocês. As melhores roupas, os melhores colégios, os melhores carros. Tudo o que vocês têm quem ofereceu foi ele. Não foi?*

Para alguns fiéis, a fala foi convincente. Entre os comentários na página da Casa, há observações como: "Essa mulher é doida, na TV fala uma coisa, na internet outra. Maluca mesmo!"; "Ela gosta, gente. Só vocês pra ficarem com pena"; "Fora da casinha"; "Papai deve ter dado a mesada"; "Doidinha, completamente"; "O que essa mulher quer afinal????"; "Tem cara de perturbada. O negócio dela é dinheiro"; "Essa é mais uma fingida e mentirosa como muitas que aparece [sic] por aqui"; "Não acredito nessa mulher, tem outros vídeos [em] que ela desmente tudo. No mínimo é muito estranho". Todos esses comentários foram feitos por mulheres.[1]

Na sequência, os aliados de João colocam outros familiares defendendo-o. A legenda é sempre igual: "Série de vídeos/relatos sobre Dalva Teixeira, filha do médium João de Deus e que tem saído nas mídias. A conclusão é de quem assiste".

Num deles, um vídeo sem data, é o próprio médium quem aparece para atestar que sua filha é louca e que os netos querem seu mal. Com música suave ao fundo e voz pausada, João deseja um feliz Dia das Mães a Dalva e pede que ela siga o tratamento de reabilitação:

> *Dalva, aqui é teu pai. Quero cumprimentar em primeiro lugar todos da clínica porque o que eles estavam fazendo não é por você, é por mim. Com minha ignorância, desejo a você a saúde, a felicidade... E aqui estou junto com seus irmãos no dia de hoje. Sei que você agora está feliz, o que eu quero é a sua felicidade. Quero te olhar até o fim, mas as pessoas dessa clínica estão todas de parabéns. Feliz pelo dia de hoje, e agradeço a você aceitar o tratamento que o seu pai está te oferecendo. Feliz pelo dia de hoje, o Dia das Mães. Você, fazendo esse tratamento certo, obedecendo e fazendo certo, você está sendo a minha mãe, porque você está me dando paz e tranquilidade.*[2]

José Valdivino, o Zezinho, também deixou seu relato. Em um vídeo de quase três minutos, ele diz que Dalva o procurou um ano antes, depois de oito sumida, após ele ter sido informado, por "um rapaz de São Paulo", que a irmã havia se viciado em drogas e estava se prostituindo. Ela estaria muito mal e precisando de tratamento. Segundo Zezinho, ele lhe ofereceu a internação na clínica e arcou com todas as despesas. Ela teria ficado internada por seis meses, onde se restabeleceu até receber alta. Depois disso, ele alega que só voltou a ter notícias de Dalva quando ela já estava reunida com os filhos e processando o pai por estupro. Ele continua:

> *A Dalva está precisando de ajuda. O que ela precisa é disso. Porque ela é doente, ela não tem família, não tem filho, ela não tem nin-*

*guém, ela é uma mulher sozinha. Aí os filhos dela que ficam colocando isso na cabeça dela pra tirar dinheiro do meu pai. É isso que está acontecendo aí nos dias atuais, é essa história aí de estupro. Porque a Dalva, ela é sozinha, doente, drogada. Ela está morando lá em Trindade atualmente. Magra, feia horrorosa, sem dente de novo... Porque ela chegou aqui e eu arrumei os dentes dela, arrumei o cabelo, ela ficou bonita. Tem um vídeo dela com o meu pai, foi quando ela saiu da clínica, olha o jeito que ela tá. E agora tá nessa situação aí... Agora é só ver o que vai fazer aí, mas isso aí não é verdade, não, isso aí é por causa dos filhos mesmo, eu não sei o que esses meninos quer [sic], os filhos da Dalva, não estudam, não trabalham, não faz nada [sic], e querem tirar dinheiro do avô, juntamente com o pai.*

Paulo Henrique e João Paulo trabalham e sujam as mãos de graxa, todos os dias, nas lojas de pneus de propriedade do pai deles, em Anápolis. Dalva não aparece sem dentes em nenhum dos vídeos em que acusa seu pai. Os depoimentos em defesa dele foram compartilhados por irmãs de Dalva como Nena e Cynthia de Faria, que falou também ao *Fantástico* dias após as denúncias virem a público: "Ele está sendo uma vítima. Tão fazendo um complô contra ele".

O advogado Ronivan Peixoto Júnior, que representava o amigo no início dos processos contra João, garante: é tudo mentira, "fruto da imaginação" e da "ganância" da filha de seu cliente.

Como outras tantas mulheres, Dalva ouviria muitas vezes que é mentirosa. Questionada pela *Veja* sobre o que achou das outras dezenas de acusações relacionadas ao médium, respondeu: "Nenhuma dessas mulheres mentiu. Eu sei que elas estão dizendo a verdade. E isso eu senti na pele. Eu sofri. Ele dizia que não existia Deus, que Deus era ele. Ele dizia: 'Eu sou Deus'".

Paulo Henrique mostra as cicatrizes que carrega, no pescoço e nos braços, das vezes em que tentou desaparecer. Agora, quer justiça: "Não é por ódio. Ele prejudicou a minha mãe, prejudicou a gente também. Me fez perder o convívio com ela. Perdi, praticamente, dezoito anos da minha convivência com a minha mãe".

# 5
## "Mataram meu pai!"

Goiânia, 25 de julho de 1988.

Sr. João Teixeira,
Bom dia.

Estou lhe escrevendo para dizer-lhe que o esperei este fim de semana para conversarmos, entretanto, como o senhor não compareceu, quero dizer-lhe que ainda estou esperando para termos a nossa conversa sobre o assunto que o senhor sabe bem qual é.

Caso o senhor não venha, ou por não querer falar comigo, ou por não querer vir mesmo, espero que o senhor me comunique, para que eu não fique perdendo tempo esperando pelo senhor, pois eu estou atravessando uma fase difícil, e o tempo para mim é precioso, sei que o senhor é muito ocupado, mas foi o senhor mesmo quem marcou o encontro comigo, tendo em vista que em Abadiânia fica difícil para conversarmos.

Desde já estou agradecido pela sua atenção.

Atenciosamente,
Borges.

Goiânia, 19 de setembro de 1988.

Prezado amigo Urubatan,

Bom dia.

Volto à sua presença para pedir-lhe que veja a questão do dinheiro semanal da Ângela até que eu fale com o sr. João.

O que ocorre é que uma passagem até Abadiânia e vice-versa já está custando Cz$ 750,00, e com Cz$ 4.000,00 semanal, o que restará para ela, quando ela vai e volta c/ você tudo bem, mas pelo contrário não dá.

Quanto ao sr. João, o mesmo acha que me vencerá pelo cansaço, engano dele, eu lhe darei uma canseira da qual ele jamais se esquecerá, e se arrependerá por toda a besteira que fez, eu estou me preparando pacientemente. Quanto ao sr. Caninho, ele não está com esse cano todo que pensa estar, procede com muita falsidade, aliás como a maioria das pessoas daí, com raríssimas exceções, caso seu, por exemplo.

Urubatan, eu boto muita fé em você e nas suas decisões, motivo pelo qual estou lhe escrevendo, eu sei que você tem condição de resolver o que lhe peço, que, em princípio, pode parecer difícil, mas que na realidade não é.

Urubatan, todos temos uma filosofia de vida, e de método para tudo que fazemos, ou que possamos fazer em nosso dia a dia. Conheço melhor que ninguém os meus defeitos e minhas virtudes, bem como de todos da minha família, somos pobres, porém, honrados, e nosso princípio sempre foi a humildade, até que surja um fato que nos leve a virar feras, nós sempre agimos como cordeiros leais e francos, prontos para dar tudo de nós a quem merece e nos respeita, respeito este que foi quebrado, deturpado e maculado não por nós, você sabe o que estou dizendo, e para quem serve.

Agradeço pela atenção, e não vou mais tomar seu tempo.

Atenciosamente,
Do amigo sincero,
Borges.

Provérbio chinês: "Se a vida lhe der um limão, faça dele uma limonada".

Abadiânia, 23 de setembro de 1988.

A última carta, escrita à mão, tinha sido enviada quatro dias antes quando Borges — o sargento da Polícia Militar Francisco Borges de Siqueira, ou Borjão — se encontrou com Urubatan Andrade da Mota na Casa de Dom Inácio de Loyola.

Sua filha Ângela escutou a conversa: Urubatan pediu ajuda ao sargento — ex-delegado de Abadiânia — para liberar um caminhão seu que estava apreendido, abandonado por um motorista que se envolveu num atropelamento. Sim, pode ser no sábado seguinte, ouviu. Emendou: "Olha, Borges, eu falei com o tio João a respeito dos negócios da Ângela. Nós iremos a Goiânia na terça-feira e acertaremos tudo".

Borges concordou, mas não estava ali para resolver isso. Ele havia ido a Abadiânia para fazer compras e ver a filha, que trabalhava na farmácia da Casa havia seis anos. Se o movimento estivesse tranquilo, a levaria embora. Mas o centro de João Curador estava muito cheio, eram quatro horas da tarde, e Ângela ainda não podia sair. Borges pediu, então, que o sobrinho de João Teixeira de Faria deixasse a moça de 24 anos em casa, em Goiânia, depois do serviço.

O sargento tinha que ir. Era sexta-feira, sua mulher o esperava, e ele ainda ia apanhar uma carne. Os dois se abraçaram, Urubatan entrou, Borges se despediu da filha e foi pegar o seu Opala bege, parado no estacionamento do centro espiritual. Ângela virou de costas, levou um esbarrão de um sujeito alto, não deu importância, tinha muita gente na Casa, era natural. Em seguida, ouviu dois estampidos.

Ângela olhou em volta, procurando o policial. Viu-o dentro de seu carro, escorado na porta, ferido. Saiu em disparada, aos gritos. "Mataram meu pai! Mataram meu pai!"

O homem que tinha esbarrado nela agora corria para fora do centro, empunhando uma arma apontada para o alto. Por impulso, ela foi atrás. Ao lado dele, um sujeito mais baixo, de bigode, avisou: "Não se aproxime mais, senão você vai para o inferno com seu pai, como mandaram". Os dois entraram num Opala cinza, sem placa, estacionado a uns trezentos metros dali, e fugiram em alta velocidade em direção a Anápolis.

Ângela foi ao socorro do pai, que agonizava. Borges, 48 anos, desarmado, tinha tomado dois tiros na cabeça. Ainda estava lúcido, o coração batia. Ela tentou entrar no carro, mas foi empurrada por Urubatan: "Você não vai, vá tomar uns calmantes para se tranquilizar e ajudar sua mãe", disse-lhe o rapaz, dois anos mais velho do que ela. Chamou a atenção de Ângela o volume da escopeta que ele trazia na cinta, que ia da altura das nádegas até a região dorsal, quase nos ombros. Urubatan tinha mostrado a arma a ela mais cedo, estava no interior de uma Parati branca, tinha acabado de comprá-la.

Foi o próprio sobrinho do curador, acompanhado de um taxista, quem levou a vítima para o Hospital Evangélico, em Anápolis. Borges chegou lá não no Opala bege, mas no táxi de um tal Guilherme. Chegou morto.

E, segundo testemunhou Ângela às autoridades, o sargento, quando foi velado, não tinha mais só os dois tiros no rosto, mas também um outro na nuca.

Os dois sujeitos em fuga foram capturados na estrada. O Opala cinza em que estavam, reconheceria Ângela mais tarde, era de Urubatan, com quem ela tinha tantas vezes pegado carona até Goiânia. Presos em flagrante, os dois motoristas admitiram a culpa, se disseram arrependidos e avisaram: fizeram o trabalho por encomenda do sobrinho e braço direito de João Teixeira de Faria.

O atirador, identificado como José Aldo Almeida Mota — nome falso de José Roberto dos Santos —, conhecido como o Gago, então com 21 anos, foi bastante claro. Seu sócio, Urubatan Andrade da Mota, o havia convocado para estar naquele 23 de setembro de 1988 em Abadiânia. E que trouxesse alguém para fazer o serviço — esse seria o papel do motorista Isaac, que na hora H foi comprar chicletes.

Na estrada rumo ao crime, na altura de Anápolis, o Opala que o sócio havia emprestado foi interceptado por uma Parati branca, que fez sinal para que parassem. Era Urubatan. O sargento Borges estava na cidade, era dia de "fazer o homem".

Os três chegaram a Abadiânia e foram ao Bar do Renato, na entrada do centro espiritual do curador, tomar um refrigerante. José Aldo, o Gago, viu quando Urubatan foi ter com Borges, em outro canto da Casa de Dom Inácio. Viu os dois abraçados. Ficou de olho, esperando o momento. Urubatan deu tchau, mandou um sinal e entrou. Quando o sargento se despediu da filha e foi até seu carro, Gago notou que Isaac tinha ido comprar chicletes. Apertou ele mesmo o passo, esbarrou em Ângela e se aproximou do Opala Luxo bege 1975. Borges já tinha ligado o motor. Disparou seu revólver 38 da marca Taurus, oxidado, tala de madeira, cano longo, parecido com o que tinha entregado ao parceiro no crime, a não ser pelo cano maior. Duas vezes. Bem de perto. Na cabeça. Região frontal, lado esquerdo.

Foi depois do refrigerante, na hora em que Urubatan saiu para conversar com um senhor branco de cabelos grisalhos no interior do centro espírita, que Isaac Jorge Vasconcelos, 33 anos, viu Gago tirar da cintura um revólver Taurus calibre .38 oxidado, cano médio, tala de madeira, para entregar a ele. Isaac observou que se passaram alguns instantes até Urubatan se retirar para os fundos da Casa. O senhor branco de cabelos grisalhos ainda ficou lá por alguns minutos, depois foi em direção a seu veículo, entrou, deu a partida. Gago saiu de onde estava, se aproximou do carro e sacou o revólver que trazia sob a camisa, disparando por duas vezes contra o senhor que ali estava, acertando-lhe mortalmente a cabeça. Depois de comprar chicletes, deu tempo de Isaac acompanhar José Aldo até a porta do bar, onde ficou parado e assistiu a tudo o que aconteceu.

Logo depois dos tiros, Isaac saiu correndo, alcançou Gago, que estava com a arma do crime na mão, apontada para cima, e os dois pegaram o Opala Comodoro cinza metálico, GM/Chevrolet, 1980, VN-0709-Goiânia, placa dentro do veículo, com defeitos no motor, emprestado por Urubatan, para voltar para a capital.

No meio do caminho, já na estrada, foram interceptados. Um dos taxistas que confraternizavam no Bar do Renato, depois de se esconder atrás de uma parede para se proteger dos tiros, tinha denunciado o crime — e a fuga.

Gago e Isaac já haviam passado de Anápolis e seguiam em direção a Goiânia quando viram a barreira policial. O assassino deu um cavalo de pau, pegou a rodovia no outro rumo, mas o carro não ajudou. Quebraram para uma estradinha e rodaram ainda uns trezentos metros. Era possível largar o carro numa casa e fugir a pé, mas tomaram uma fechada, receberam voz de prisão. Não esboçaram resistência.

Dentro do carro, foram apreendidos, além dos dois revólveres Taurus, nove cartuchos intactos, um relógio de pulso da marca Orient e 80.200 cruzados em espécie. Segundo declararam à polícia, o ganho mensal médio de José Aldo era de 100 mil cruzados, "mais ou menos"; o de Isaac, 40 mil. Urubatan, ajudante do tio na Casa de Dom Inácio e proprietário de dois caminhões, tinha renda mensal de 800 mil cruzados.

Isaac Jorge, José Aldo, na verdade José Roberto, e Urubatan Andrade foram acusados pela morte de Borjão. A denúncia da Promotoria de Justiça de Abadiânia pediu a condenação por homicídio qualificado — o assassinato agravado por "traição, emboscada, ou mediante dissimulação ou outro recurso que dificulte ou torne impossível a defesa do ofendido" —, usando também o artigo[1] que prevê punição a "quem, de qualquer modo, concorre para o crime".[2]

À polícia, os três se disseram arrependidos.

Em depoimento horas depois do crime, os acusados justificaram que Borjão tinha de morrer para não matar o chefe/sócio Urubatan. Isaac testemunhou que dois dias antes, no 21 — ou seja, dois dias depois de receber uma carta do "amigo sincero" dividindo com ele sua agonia —, o sobrinho de João apareceu um tanto apavorado porque tentaram lhe dar um tiro, errando-o e acertando no seu veículo Opala. O motivo seria um caso de Urubatan com Ângela, que tinha uma irmã, e Isaac disse ter ouvido comentários de Urubatan com Gago debochando que na casa do sargento "só faltava ele para ser comido".[3]

Gago acrescentou: foram dois ou três tiros que tentaram dar em seu sócio anteontem, errando-os e acertando uma bala no veículo GM/Chevrolet Opala Comodoro com defeitos no motor. Já era a segunda vez. Alguns dias antes, ele quase foi atingido por três tiros quando se dirigia a Abadiânia em sua motocicleta. O motivo seria o mesmo: as "relações sexuais" que havia mantido com as duas filhas do amigo sincero. Quando a Parati Volkswagen cor branca mandou parar, na estrada, seu sócio lhe disse que era dia de matá-lo e que não podia passar mais um minuto sequer, a vida dele estava em perigo a cada minuto. O sargento Borges não era de brincar, matava mesmo. O fato de Urubatan ter com Borges na Casa de Dom Inácio, mostrar a ele um papel e os dois saírem abraçados não mudava nada, Urubatan podia morrer a qualquer momento. Como Isaac foi comprar chicletes, Gago andou até o Opala Luxo, esbarrou em Ângela, sacou a arma que trazia consigo e disparou-a por duas vezes bem de perto, na cabeça, região frontal, lado esquerdo.

26 de setembro de 1988.

Três dias depois do crime. Três dias preso. Gago deu novo depoimento e agora ele queria enfatizar: quando foi alcançado naquela rodovia pela Parati branca, viu seu sócio muito apavorado, branco como uma folha de papel por medo de morrer assassinado. Ouviu que Borges o esperava para matá-lo assim que ele saísse, de forma que era melhor matá-lo antes que Borges matasse Urubatan. Aquilo não ia resolver, rebateu Gago. Ele se recusava a "fazer o homem", principalmente dentro do centro espírita do sr. João, pois isso iria complicá-lo. Mas não podia passar mais um minuto sequer, então acabou aceitando o encargo.

Ninguém tinha perguntado da outra vez, mas o Gago achou melhor esclarecer: o sr. João Teixeira, conhecido por João Curador, nada tinha a ver com o que aconteceu. Se o João Curador soubesse do plano, nada daquilo jamais teria acontecido, ele não deixaria, pois teria comunicado à polícia as ameaças de morte e as tentativas de assassinato sofridas pelo seu sobrinho Urubatan.

O sobrinho Urubatan, porém, via as coisas de maneira diferente: se avisasse ao tio João o que estava acontecendo, esse podia ir tirar satisfações com Borges e piorar as coisas. Não, não havia nenhuma inimizade do sargento com o tio, não que o sobrinho soubesse, fato que, segundo ele, poderia ser investigado em Abadiânia, com sua população. Ainda segundo Urubatan, ele jamais tivera um caso com Ângela. A verdade é que ele teve um romance com Eucilene, irmã de Ângela, motivo pelo qual se separou da esposa, fato que era de conhecimento de toda a família Borges, exceto do pai, o sargento. Mas, sim, Borjão queria extorqui-lo naquele dia 23 de setembro de 1988, na

Casa de Dom Inácio, e passou a exigir-lhe a importância de 350 mil cruzados sem nada alegar, queria era o dinheiro, Urubatan que se virasse, arrumasse emprestado, pegasse com o tio, desse um jeito. Diante da exigência de Borges de receber o dinheiro ou ser morto por ele, seu sócio José Aldo e Isaac tomaram a iniciativa de matar o sargento da Polícia Militar. Urubatan não presenciou os tiros, não podia jamais imaginar que poderiam matar Borges. Assim que se deu conta do que havia acontecido, procurou de imediato prestar socorro ao sargento, levando-o para a cidade de Anápolis, onde Borges veio a falecer. O sobrinho do curador também se dizia arrependido. Ele trabalhava na Casa de Dom Inácio desde 1981. Estava ciente de que respondia a outro inquérito policial na Delegacia da Mulher de Goiânia por problemas com sua ex-esposa. E nada mais disse nem lhe foi perguntado.

12 de dezembro de 1988.

Oitenta dias depois do crime, João Teixeira de Faria, brasileiro, divorciado, fazendeiro, testemunha advertida na forma da lei, prometeu dizer a verdade do que soubesse e lhe fosse perguntado. Inquirido, respondeu que estava trabalhando quando recebeu a notícia do ocorrido pela filha da vítima e em seguida foi à delegacia relatar o fato. O terceiro denunciado era seu sobrinho, que trabalhava como transportador com caminhões de carga e, além disso, fornecia as garrafas que o depoente usava em suas atividades, dando-lhe ainda assistência como membro de sua família. Segundo João, ele conhecia a vítima há cerca de oito anos, sendo inclusive seu amigo. A vítima sempre ia à Casa de Dom Inácio, tendo em vista que sua filha Ângela trabalhava naquela entidade com o depoente. Em juízo, ele afirmou não saber informar sobre possíveis desentendimentos entre seu sobrinho e a vítima, apenas ter conhecimento de um namoro que existiu entre Urubatan e outra filha da vítima, cujo nome não se recordava, mas tinha certeza de que não era Ângela. Afirmou, ainda, que nunca tivera qualquer desentendimento com Borges quando esse era delegado da cidade, tendo, no momento do depoimento, dificuldades de falar a seu respeito, considerando que ele era seu amigo. Ao promotor, declarou não saber informar a razão pela qual a vítima disparou anteriormente contra o carro de seu sobrinho, inclusive procurou ficar alheio a tal situação, já que um dos envolvidos era seu sobrinho e, o outro, seu amigo. Para finalizar, João afirmou que não tinha qualquer conhecimento se houve ameaça de morte por parte de Borges a Urubatan. Nada mais disse nem lhe foi perguntado.

E a carta da vítima endereçada ao sr. João Teixeira, naquele 25 de julho de 1988? O que a vítima quis dizer com "o mesmo acha que me vencerá pelo cansaço, engano dele, eu lhe darei uma canseira da qual ele jamais se esquecerá, e se arrependerá por toda a besteira que fez, eu estou me preparando pacientemente"? O que houve entre Borges e o João curador? Nada disso foi sequer mencionado.

22 de dezembro de 1988.

A Promotoria de Justiça de Abadiânia pede a condenação dos três denunciados e conclui: pelos autos demonstrado ficou tratar-se de um crime de encomenda, no qual o réu Urubatan teve participação intelectual e quiçá monetária. No inquérito constam cartas da vítima dirigidas ao terceiro denunciado demonstrando certa pendência entre ele e a vítima. O próprio réu afirma que existia uma desavença entre ambos. Assim pergunta-se por que os dois primeiros denunciados matariam a vítima gratuitamente enquanto o maior interessado nessa morte era Urubatan.

E, assim, o goiano Urubatan Andrade da Mota, filho de Abilio Andrade da Mota — irmão de João Teixeira de Faria — e Ari Jeronima da Mota, foi julgado por mandar matar seu "amigo sincero", o sargento da Polícia Militar Francisco Borges de Siqueira. O sobrinho de João Teixeira de Faria enfrentaria o Tribunal do Júri. Mas isso só aconteceria em 1993. Àquela altura, tio João era uma figura conhecida internacionalmente. Quando Borges levou dois tiros na cabeça no estacionamento de seu centro espiritual, o curador, com seus 47 anos, já tinha aparecido na TV contando que Chico Xavier escolhera Abadiânia para ser o seu lar e abençoara seu trabalho. As caravanas que antes chegavam de toda a Goiás e das Minas Gerais passaram a vir de outros estados, principalmente do Sul e do Sudeste. Quando Urubatan foi a júri popular, Shirley MacLaine já tinha descoberto seu tio João, a quem atribuía a cura de um câncer, alçando o nome do dito médium à celebridade mundial.

E, claro, titio era amigo dos promotores e ex-prefeitos que de verdade tinham escolhido Abadiânia como seu lar.

Era hora de voltarem à trama Decil de Sá Abreu e Braz Gontijo da Silva. O primeiro, prefeito de Anápolis entre março de 1979 e março de 1980 e procurador-geral do estado de Goiás de 1980 a 1983. O segundo, gestor de Abadiânia de 1973 a 1977, promotor de Justiça, filho do ex-prefeito Oribes Gontijo da Silva (1955-1959 e 1961-1966) — aquele que levou a sede da cidade à rodovia, primo do ex-prefeito Hamilton Pereira (que administraria a Casa de Dom Inácio a partir de 2004) e irmão do administrador municipal daquela época, Reinaldo Gontijo da Silva (1993-1996), também dono do cartório de registro de imóveis.

Na hora de encarar o júri popular, era preciso estar cercado dos melhores. Decil de Sá Abreu e Braz Gontijo da Silva foram, juntos, responsáveis pela defesa de Urubatan Andrade da Mota. Urubatan foi sozinho a júri porque, cinco anos depois do crime, o Gago, na verdade José Roberto, tinha escapado da prisão. Fugiu logo em 1989. Isaac Jorge ficou lá até 1991, quando a Justiça decidiu que ele poderia responder ao processo em liberdade. Passados dois anos, porém, estava um tanto difícil encontrá-lo.

A promotoria foi camarada: as testemunhas de acusação atestaram que o sobrinho do curador era uma pessoa muito trabalhadora, e a vítima, uma pessoa má. O motorista João Gomes da Fé, taxista que ouviu do Bar do Renato os estampidos dos tiros disparados contra o sargento, escondendo-se atrás da parede, quando alguém disse "parece que atiraram no Borges", afirmou em juízo que, depois de procurar proteção, em seguida viu que a vítima havia sido atingida e encontrava-se desfalecida em seu próprio veículo — coisa que não lembrou de mencionar no depoimento dado no próprio dia do crime. Ângela, que não foi chamada a testemunhar no Tribunal do Júri, havia sido bem enfática ao afirmar que o pai estava lúcido, com o coração batendo. O taxista, o mesmo que chamou a polícia naquele 23 de setembro de 1988, estava na sombra, de papo com um grupo de motoristas que faziam ponto na Casa, todos conversando alegremente, inclusive o sargento conhecido como Borjão, minutos antes de sua morte. Em juízo, cinco anos depois,

João Gomes da Fé já não se lembrava de ter falado com a vítima, tendo apenas ouvido dizer que era violenta. Conhecia Urubatan desde 1987, uma pessoa muito trabalhadora, só o vendo no serviço. Nada mais disse nem lhe foi perguntado.

Segunda testemunha de acusação, Divino de Fátima Lemes de Belém corroborou as impressões sobre vítima e mandante: o comentário corrente era de que o sargento era uma pessoa má, mas não sabia relatar nenhum fato de crueldade que o mesmo houvesse praticado. Afirmou conhecer Urubatan havia seis anos, o via sempre trabalhando no centro com garrafadas. Nada mais disse nem lhe foi perguntado.

As duas testemunhas de defesa não haviam aparecido antes no processo. A primeira, João Antonio de Souza, nem estava presente na ocasião do evento, dele tendo conhecimento por ouvir dizer. Declarou que conhecia o acusado havia cerca de quatro anos, já tendo inclusive realizado negócios com o mesmo, o qual dizia ser uma pessoa honesta e muito dedicada ao trabalho. Não soube informar se a vítima estava ameaçando o réu. Ele conhecia Borges havia mais de trinta anos e o comentário corrente na cidade era de que era uma pessoa muito má. A testemunha declarou, inclusive, ter conhecimento de que o sargento mandara executar uma pessoa cujo cadáver o depoente chegou a ver, que a própria vítima se declarava em conversa em bares como uma pessoa matadora, mencionava que seu apelido em Brasília era Chico Metralha; que ouviu dizer que a vítima assassinara uma pessoa nas proximidades do Autódromo de Goiânia. Nada mais disse nem lhe foi perguntado.

A segunda e última testemunha de defesa saiu da cartola dos políticos. Filha de Domary José Jacinto da Silva — aquele que foi prefeito de Abadiânia entre 1966 e 1970 e que doou o terreno onde foi erguida a Casa de Dom Inácio de Loyola —, Maria das Graças Jacinto vendeu chicletes aos outros réus, que garantiu jamais ter visto antes. Assim que recebeu o dinheiro dos chicletes e lhes entregou a mercadoria, os homens saíram e foram ao encontro da vítima, no interior de seu veículo. Viu quando um deles acertou dois tiros na cabeça de Borges, mas tão logo aconteceram os fatos a depoente foi embora para a casa de sua mãe e não viu quem prestou socorro à vítima. No dia do fato, viu ainda Borges e Urubatan juntos conversando e rindo. Ela concordava que o sargento era tido como pessoa violenta, como o próprio gostava de dizer. Certo dia, a vítima chegou de madrugada em casa dizendo que tinha matado um amigo seu em Goiânia, mostrando inclusive a roupa ensanguentada, a qual ele mesmo lavou, e depois lhe mostrou a arma, dizendo que ainda estava quente. Maria das Graças declarou, também, que a vítima dissera estar sendo perseguida e temer por sua vida, mas não revelara quem seriam seus perseguidores. Ele garantira que, antes de morrer, mataria muita gente. Com relação a Urubatan, Maria das Graças atestou que era uma pessoa sem vícios, trabalhadora e nada sabia dizer que lhe desabonasse a conduta.

3 de junho de 1993. Tribunal de Justiça do Estado de Goiás. Comarca de Abadiânia.

Estando os dois primeiros réus em lugar incerto, o julgamento foi desmembrado, realizando-se apenas o do réu Urubatan Andrade da Mota. O Tribunal do Júri admitiu por unanimidade a existência de crime e, por seis votos contra um, negou que o réu em julgamento tivesse qualquer participação no homicídio. Isto posto, o réu, Urubatan, sobrinho do João curador, foi declarado absolvido.
    Registre-se.

# 6
## Procure o médium João

Dona Shirley não queria saber de foto. Nem desceria do carro se os repórteres estivessem à espreita. Chegou num Landau preto, com mais quatro mulheres, e atrás dela veio um carro vermelho, com duas pessoas que nem colocaram o rosto para fora. Passavam das quatro e meia da tarde daquela sexta-feira, 1º de março de 1991. Os trabalhos iam acabar logo, mas João de Abadiânia, o Curador, agora João de Deus, daria um jeito de arrumar tempo para dona Shirley. Estava tudo combinado desde segunda-feira.

O médium gostava de dizer que ninguém era especial, todos os fiéis seriam recebidos da mesma forma na Casa de Dom Inácio de Loyola. Para atender aos milhares que o procuravam por semana, na maioria das vezes tinha que resolver o problema de um doente em menos de vinte segundos. Shirley MacLaine ficou quase duas horas.

A atriz americana, que àquela altura tinha 56 anos e um Oscar — pelo filme *Laços de ternura* (1983) —, estava com muitas dores por causa de um tumor maligno no estômago. Foi submetida a uma cirurgia espiritual feita pela entidade do dr. Augusto de Almeida, deitada numa mesa e coberta por um lençol branco, segundo relato do repórter Fernando Pinto na revista *Manchete*, com informações fornecidas não pela atriz, mas pelo centro espiritual.

Sebastião da Silva Lima, o Tiãozinho, secretário da Casa por mais de trinta anos, recebeu a estrela, mesmo sem falar uma palavra de inglês. O *public relations* Mário Rodrigues dos Reis, braço direito de João desde os primórdios da Casa e que costumava receber as celebridades nacionais e internacionais no local, estava ocupado.

"Ela chegou pelos fundos, com o rosto meio escondido. Dona Ruth (Escobar, atriz e ex-deputada estadual, cicerone da colega americana no Brasil) pediu pra tirar todas as máquinas fotográficas do salão, mesmo a da nossa fotógrafa aqui da Casa. Falei com seu João e ele mandou que eu obedecesse. Só depois disso dona Shirley entrou, sorrindo pra mim de uma forma tão bonita que parecia no cinema", contou Tiãozinho a Fernando Pinto. "Aí ela presenciou seu João fazer algumas operações e até ajudou, carregando a bandeja dos ferros. Só depois foi para a sala de cirurgia espiritual. Esperei lá fora. Quando dona Shirley voltou, notei que estava um pouco diferente."

Ao sair, segundo testemunhas, MacLaine estava "muito emocionada e disse que já não sentia as dores de que se queixava", registrou o jornal *O Globo*. "A operação foi toda realizada com as mãos, com as quais o médium teria retirado o tumor do corpo da atriz. Não foram usadas facas, canivetes ou outros instrumentos. A operação comoveu as pessoas que participaram da sessão espiritual na Casa da Bênção, onde João de Deus trabalha. A atriz saiu de Abadiânia de carro e veio direto para Brasília", diz o texto. Ao lado, outra reportagem mostra que a americana ficou impressionada também com o então presidente do Brasil, Fernando Collor, que sofreria impeachment no ano seguinte. Ao fim de um encontro de quarenta minutos, ela descreveu Collor como um homem "extremamente charmoso" e "sensível em relação às crianças, aos sentimentos ecológicos das crianças, às flores, às árvores, à Terra. Os seus olhos brilham e seu coração expande. Eu não acho que ele seja um ator. Ele estava sendo real", disse a atriz.

Três dias depois da visita a João de Deus, Shirley MacLaine desmentiu a operação em entrevista coletiva no Rio de Janeiro, onde esteve para inaugurar a casa de shows Imperator, no Méier. "Quem deve estar com problemas de saúde é o repórter do *Globo*", bradou, sem, no entanto, negar que tenha ido conhecer o médium.

À *Manchete*, Tiãozinho disse que jamais se esqueceria de três coisas que aconteceram naquele "histórico" 1º de março: o fato de ela ter tentado dialogar com ele em espanhol, "o cheiro da moça" e a despedida. "Antes de ela entrar no Landau, me abraçou e disse umas palavras que não entendi. Quando olhei, ela estava chorando de emoção. E aí eu também chorei."

Com ou sem cirurgia espiritual, a visita de Shirley MacLaine serviu para dar ainda mais publicidade à Casa de João, que, em 1991, já era "de Deus" e atraía centenas de pessoas por dia. Na revista *Manchete*, a ida da celebridade a Abadiânia rendeu matéria de quatro páginas, um "retrato sem retoques do guru das estrelas". O repórter Fernando Pinto passou um dia na Casa de Dom Inácio para testemunhar o que, afinal, havia atraído a estrela internacional. Naquele tempo, o médium ainda fazia muitas intervenções físicas para comprovar aos céticos seu poder mediúnico. Não era incomum convidar profissionais da medicina para ficar a seu lado, atestando a idoneidade de seu trabalho cirúrgico. Sem anestesia, sem assepsia e supostamente sem causar dor, sangramentos excessivos ou infecções posteriores. Uma das mais comuns delas era a raspagem do olho com uma rudimentar faca de cozinha. Naquele dia, a primeira cliente, atendida pontualmente às dez da manhã, tinha catarata. Fernando Pinto detalhou a cirurgia em sua reportagem:

> *No vaivém da raspagem, a faca faz um barulho característico, como se estivesse raspando madeira. Há um visível mal-estar no salão, com algumas pessoas ameaçando desmaiar. Há mesmo quem dê urros de medo, menos a paciente, que se submete docilmente às investidas da faca, agora umedecida de sangue e envolta por uma película esbranquiçada. O médium limpa a faca nas costas da mão e dá por terminada a cirurgia com uma ordem a dois homens fortes que se aproximam: "Carrega!".*

Para a senhora gorda que tem câncer no estômago, o médium escolhe uma pinça, a envolve num algodão, a molha num líquido branco e a coloca na cara do repórter. A médica ao lado explica o gesto ao jornalista: em outra ocasião, escreveram que se tratava de anestesia, por isso João quer provar que é água mesmo. Fernando Pinto continua o relato:

*O médium esboça qualquer coisa parecida com um sorriso. Em seguida, esfrega o algodão no ventre da senhora gorda, com a mão esquerda, segura o bisturi com a direita e dá um profundo golpe na carne branca. O sangue brota forte, sujando de vermelho a calça comprida também branca da paciente. O urro dos espectadores se transforma num coro de agonia geral. (...) O médium-cirurgião prossegue no seu show horripilante: enfia os dedos na incisão sangrenta e retira de lá um caroço de carne, sacudindo-o no chão. Ato contínuo, costura a ferida de uns oito centímetros. E prossegue o trabalho, como se estivesse costurando uma bola de futebol, sem que a mulher dê sequer um gemido. "Carrega!"*

Além da raspagem ocular e dos cortes a sangue frio, uma prática comum naquele tempo era o uso de uma pinça comprida, com um chumaço de algodão embebido em água enrolado na ponta, e que era enfiada sem dó narina adentro. Só o cabo ficava pra fora. Com a cabeça do paciente virada para cima, o instrumento era introduzido rapidamente e girava cerca de vinte vezes até ser arrancado de volta, terminando a operação. Alguns, ao final, desmaiavam. Desfaleciam em silêncio. "Carrega!"

Ao longo dos anos, depois de ser acusado diversas vezes de exercício ilegal da medicina, charlatanismo e curandeirismo, o médium primeiro proibiu o registro, pelos turistas, de imagens das operações. Depois, praticamente estancou a prática na Casa, explicando sempre que, para as entidades, não é necessário o uso de nenhum instrumento para fazer as cirurgias. Mas as manteve em exibição em televisões espalhadas pelo centro, com imagens gráficas que deveriam servir de garantia ao cliente: ali, lugar de "excelente reputação a nível mundial", havia uma falange de médicos em ação, e a cura era certa — desde que, como sempre se repete, o fiel a mereça. E faça silêncio.

Mesmo sem o uso de facas, pinças e bisturis, as mais de trinta entidades que o líder dizia incorporar faziam intervenções espirituais que deixavam pontos internos e demandavam seguir um pós-operatório rígido. Demandam, aliás – já que, segundo os assessores de João, os espíritos seguem trabalhando na Casa mesmo após sua prisão. Entre as regras para que o tratamento funcione, estão 24 horas de repouso absoluto, interrompido apenas para comer

— televisão, telefone e até livros estão proibidos —; quarenta dias de abstinência sexual após a primeira cirurgia, oito nas seguintes; retornar à Casa obrigatoriamente dali a no mínimo oito e no máximo quarenta dias — não valia marcar viagens turísticas fora de Abadiânia, João não as permitia, para o desgosto das cidades turísticas em seus arredores —; tomar água fluidificada e passiflora duas vezes ao dia. Até os anos 1990, os remédios eram garrafadas, infusões de plantas medicinais feitas sem seguir padrões nacionais de segurança sanitária, e por isso substituídas, após intervenção da vigilância, pelo comprimido produzido e comercializado pela farmácia da própria Casa.

O "Guia para Visitantes", vendido na livraria da Casa de Dom Inácio, traz outras regras rígidas para que a cura seja alcançada. A mais importante delas: o silêncio. A palavra, espalhada em placas pelo centro, aparece 21 vezes no livreto. De acordo com um dos trechos, "quanto mais silenciosos ficarmos, mais fácil será a sintonia com nosso próprio trabalho. (...) Queremos convidá-los a praticar o cultivo do silêncio quando estiver em Abadiânia".

A regra é a base também da corrente de meditação, prática adotada desde o início nos trabalhos do médium — os fiéis, sentados em fila, braços e pernas descruzados, bocas e olhos fechados, ajudariam assim a limpar a energia dos que passam em fila para ver a entidade. A posição tem de ser sustentada por ao menos duas horas. Quem não aguentar, deve levantar a mão, ainda de olhos fechados, e aguardar um voluntário se aproximar para retirá-lo da sala. Segundo os responsáveis pela Casa, abrir os olhos ou mexer muito o corpo corta o fluxo de energia dos espíritos.

O "Guia" pede ainda abertura total ao inesperado. "Tenha em mente que está aqui para APRENDER e esteja preparado(a) para fazer sua parte, seja qual for"; "Este é um hospital espiritual e as regras são estabelecidas de uma maneira bem diferente à qual possa estar acostumado"; e "Se alguma regra ou instrução o perturbar, aproveite a oportunidade para rever suas expectativas". Não fale, não grite, não questione: enquadre-se.

A "jornada curativa" é de responsabilidade de quem busca a Casa, que "não pode, em hipótese alguma, ser tida como responsável pela degradação do seu estado de saúde ocasionada durante a viagem". O importante é: permaneça calmo, saia tranquilamente, não interpele os monitores das salas, fique calado e de olhos cerrados, "simplesmente permita que o trabalho se faça e confie: o que está acontecendo é exatamente o que deve acontecer". Segundo a organização da Casa, ali só acontece exatamente o que as entidades querem. Adapte-se ou não alcance a cura. "As entidades fazem o que você precisa, e não necessariamente o que você quer", explica o guia.

Ao longo dos anos e alguns processos depois, João passou a enfatizar que os fiéis doentes não deveriam, em hipótese alguma, abandonar a medicina tradicional. Por isso mesmo, muitos dos que ficaram curados depois de passar por Abadiânia não sabem dizer com certeza qual tratamento foi bem-sucedido — o convencional ou o espiritual. A Casa recomenda ainda que pessoas muito doentes evitem ir até lá — a alternativa é mandar o nome e uma foto, para que a entidade faça uma intervenção a distância. "Se você está gravemente doente, não arrisque uma viagem longa. Se morrer, vai causar um problema na sua trajetória, na de João e na da Casa", explica o amigo, voluntário e fiel Roberto Pellegrino-Estrich em seu livro O *curador e seus milagres*.

A obra é uma das que foram publicadas ao longo dos anos com registros de curas impossíveis. Paralisias, tumores malignos, problemas de visão, psiquiátricos e reprodutivos teriam desaparecido após a intervenção espiritual e o tratamento — que fica completo com a sopa de legumes, distribuída gratuitamente, água fluidificada e passiflora, duas das principais fontes de receita da Casa de Dom Inácio. Para comprovar os milagres, uma das salas do centro ostenta muletas e cadeiras de rodas deixadas lá por pessoas que voltaram a caminhar depois de passar pela entidade. "Larga! Pode andar!"

"Não é possível estabelecer, de forma estatística, quantos por cento recebem os benefícios pretendidos", escreve Ismar Estulano. "Todavia, uma coisa é possível afirmar: se não for curado do mal físico, com certeza a pessoa receberá benefícios espirituais. Nada de negativo acontece com quem vai à Casa de Dom Inácio. Somente resultados positivos."

Daniela[*] não é da mesma opinião. Depois de ir à Casa de Dom Inácio aos dezoito anos, entrou em depressão, viu seu casamento acabar, desenvolveu um problema intestinal, passou por mais de dez cirurgias, precisou abandonar a carreira de modelo, engordou trinta quilos e hoje não consegue

---

[*] O nome foi alterado para preservar sua identidade.

mais sair de casa, com dores insuportáveis e uma diarreia que os médicos não conseguem curar.

Sua vida mudou naquele mesmo 1991 da visita de Shirley MacLaine. Bem ali, no centro espiritual de João de Deus. Daniela estava de luto. Seu pai havia morrido de pancreatite, de uma hora pra outra, aos 49 anos. O diagnóstico veio na segunda, e na sexta seguinte a família perdeu seu alicerce. A mãe tinha tentado buscar ajuda em Abadiânia quando o marido estava na UTI. Nesse dia, João lhe disse: "Na sexta-feira, vocês se reúnem em casa, cada um acende uma vela. Se ele sobreviver na madrugada, vai viver. Se ele não sobreviver, infelizmente, eu não posso fazer nada". Assim foi feito.

João não pôde fazer nada. Daniela ficou sem chão. Começou a brigar com o marido, a ver vultos, sentir medo, palpitações, perdeu o sono e o ar. Os avós maternos, que trabalharam na Casa de Dom Inácio de Loyola por duas décadas, acharam que seu problema era espiritual. A menina foi, então, pela primeira vez, ver o médium João, acompanhada da mãe, da tia e dos avós. Nas palavras dela:

> Assim que entrei no campo de visão do João, bem de longe, ele já parou os olhos em mim. Não falava com mais ninguém, dizia para as pessoas na fila: "Passa, passa, passa", e os olhos vidrados em mim. Quando chegou minha vez, ele pediu para que eu me ajoelhasse. Fiz o que mandou, e ele disse: "Fala, filha, o que te angustia", segurando a minha mão perto do pênis dele. Na hora achei que era coisa da minha cabeça, até que ele começou a intensificar o aperto da minha mão contra seu órgão, isso na frente de todo mundo, depois abriu minha blusa e apertou meu mamilo, dizendo: "Pode chamar, chama os espíritos que estão querendo te fazer mal... não vão conseguir". Fiquei assustadíssima e constrangida, a minha blusa estava aberta. Nisso, minha avó passou mal, meu avô e minha mãe viam tudo. Ele tirou a mão do meu seio e falou: "Ela precisa ficar aqui, precisa desenvolver essa mediunidade, senão vai ter o mesmo destino do pai dela".
>
> Eu disse que não ficaria, eu era casada e não tinha condições de pagar. Ele insistiu que era preciso que eu ficasse, que ele mesmo iria pagar as minhas despesas. E pagou dois meses de hotel pra eu

*ficar lá, internada. A maneira que ele usou pra me chantagear... Ele disse que eu estava com problemas espirituais por causa da morte do meu pai. Mas, além disso, tinham feito um "trabalho" pra mim, pra me separar do meu marido, e tinha sido a ex-mulher dele. O meu marido vinha de outro casamento, eu não entendia nada do mundo espiritual, então acreditei. Em tudo o que ele falou, eu acreditei. O João falou que eu precisava ficar lá, internada com ele lá, e foi assim que começou.*

*Por duas semanas eu fui abusada de manhã, de tarde e de noite. Todos os dias. Todas as pessoas sabiam.*

*No início, de manhã cedinho eu passava pela fila, ele me entregava um bilhete rabiscado e falava: "Vai pra corrente". Eu passava a parte da manhã na corrente, até o meio-dia, que era a hora de ir pro quartinho procurar o médium João.*

*Quando você recebia o papelzinho, ele tinha um código que dizia o que fazer, cada papel era escrito de uma maneira, uns eram a receita da passiflora. No meu caso, era só uma letra R, que queria dizer: "Procure o médium João no horário do almoço". Ficava sempre um homem ou uma mulher do lado dele. Quando viam "Procure o médium João" escrito no papel, ficavam ali pra fazer com que a gente não fosse embora, que a gente realmente procurasse ele. Pra mim, esses homens, essas mulheres que trabalhavam ali do lado dele eram coniventes com isso.*

*Nas primeiras vezes, um assistente ou uma assistente me levava até o quartinho. Tinha que dar a volta todinha pelo pátio, ficava atrás. Era uma portinha, um quartinho superpequenininho, só uma poltrona, um sofá, uma mesinha e o banheirinho dele, nem ar-condicionado tinha. Depois que ele me internou lá, eu descobri que tinha um acesso por dentro da Casa. Eu ficava a manhã todinha sentada na cadeira do lado dele, depois, ele pegava na minha mão, passava por dentro do lugar onde ele operava, e a gente chegava no quartinho. Sem dar a volta pelo pátio, tudo por dentro.*

*Enquanto eu fiquei internada lá, ele abusava de mim desse jeito: de manhã cedinho, às sete, na hora do café da manhã, assim que eu chegava. Aí eu ficava sentada no atendimento com ele, eu na cadeira de Dom Inácio, ele numa cadeira simples. Eu ficava lá até meio-dia, ele me pegava na mão, me levava para o quartinho, abusava de mim de novo. Às duas horas da tarde, a gente saía, ele me levava para ficar até às cinco e meia, mais ou menos, no atendimento de novo, e me levava pro quartinho às seis da tarde.*

*Na hora do almoço, sempre entrava alguém, uma mulher bem-vestida, que perguntava: "O que o senhor quer comer hoje?". E ele sempre falava: "O que tem? Quero peixe". Ele gostava muito de peixe. E aí, se virara para mim e dizia: "O que você quer, filha?". Eu não queria nada. Eu não aceitava nem comida nem bebida. Elas olhavam para mim ali e não indagavam nada. Me olhavam, eu sempre com a cara vermelha de chorar. Eu estava transtornada, definhando. Na segunda semana o meu olho estava preto, eu não dormia. Eu tremia, eu chorava.*

*Teve um dia que eu não apareci na Casa, eu estava muito cansada, exaltada, chorando, não fui. Ele foi me buscar no hotel. Deu uma multidão de gente, todo mundo seguindo ele, ele chegou lá e perguntou: "Cadê a Daniela?". O homem do hotel, que ficava lá em frente na época, já sabia até qual era o meu quarto, bateu na porta e falou: "O seu João tá te chamando lá fora". O cara sabia de tudo o que se passava. E minha avó e todo mundo na maior alegria, comentando: "Nossa, o seu João te procurando!".*

*E eu, idiota, fui acreditando, acreditando em tudo. Ele fazia todo um ritual antes pra receber a entidade e a gente acreditar que ele estava com o espírito, que aquilo ali não era o homem, o médium. Era como se tivesse entrando nele um vento, uma coisa assim. Ele fechava os olhos, mudava a voz, falava meio americanizado. E me fazia masturbar ele todos os dias. As pessoas me julgam, perguntam por que fazia isso e eu explico que, gente, o pinto do homem não endurecia, eu achava que aquilo era um espírito. Eu não tenho culpa, eu era idiota... Não sei explicar. Juro por Deus que eu acreditava naquilo ali. Saía uma gosma do pênis dele sem parar, como se fosse uma ejaculação sem fim, mais de uma hora ficava desse jeito. Ele falava que aquilo estava saindo de mim, e eu acreditava. Ele falava que essa era a prova de que não era o homem, e eu acreditava. Porque não endurecia o trem de jeito nenhum, era mole igual a uma bexiga. Hoje, na minha cabeça mais velha, eu sei que ele era impotente, ele não tinha ereção nenhuma. Aí ele pegava as mulheres que achava bonitas, que poderiam despertar nele... Ele é doente, disso eu tenho certeza. Mas, na época, eu não entendia que era isso, então ele fazia eu masturbar ele, pra ver se a coisa se revertia, se é que ele sentia prazer com o pinto mole dele, mas que saía uma meleca o tempo todo, que nojo! Eu não sei o que poderia ser aquilo, mas ele falava assim: "Tá vendo? Isso tá saindo de você". E eu achava estranho: "De mim?". Mas ele insistia: "Você tá vendo? Você tá desconfiando que o médium João sabe de alguma coisa, ele não sabe, porque o homem, se fosse o homem mesmo, ele tava com o pênis duro. Eu não tô com o pênis duro, quem tá aqui é o espírito". E eu acreditava, né? Fazer o quê? Eu era uma menina.*

*Um dia ele esqueceu de fazer o ritual antes, e aí eu comecei a perceber a falcatrua. Foi aí que eu vi que estava tudo errado, era tudo mentira. Foram duas semanas sem me alimentar, sem dormir, e aí comecei a ver que aquilo era errado, que ele estava abusando de mim. Demorou até eu cair em mim. Fui pra cima dele, falei: "Vou contar tudo o que você fez aqui dentro, seu vagabundo! Você acabou com a minha vida, não tenho coragem nem de olhar na cara do meu marido com tudo o que você me fez fazer. Quem fez foi você, não tem nada de entidade. Você é um grande malandro, um safado". Explodi. Foi quando ele me ameaçou: "Conta! Experimenta contar pra alguém, pra você ver o que eu faço com a sua vida!". E eu peitei: "O que você vai fazer com a minha vida? Vai me matar? Já matou, você já me matou. Eu tô morta com tudo o que você fez comigo".*

*Fui embora fugida. Mas não contei, porque ele conhece minha família inteira, fiquei com medo. Ele falou: "Sempre te deixo por último pra ver teu sofrimento". Minha vó sempre falava "não mexe com esse homem...". Por isso, eu quis denunciar, mas fiquei com medo de ele matar os meus avós, a minha família. E eu ser culpada disso.*

> *Hoje eu fico com muita raiva de mim por não ter feito alguma coisa. Poderia ter feito... Se eu tivesse denunciado, se eu tivesse feito alguma coisa, muitas pessoas não iriam sofrer tanto. Acaba que, de alguma maneira, a gente se culpa por isso.*

Quando o Ministério Público começou a investigar os crimes sexuais do médium, 27 anos depois das duas semanas em que Daniela foi abusada três vezes ao dia — à exceção daquele em que o ator Marcos Frota visitou a Casa, quando o médium, muito ocupado, a levou pro quartinho uma única vez —, ela foi prestar depoimento.

> *Não ganho nada com isso, mas achei que pudesse ajudar. Depois me arrependi muito, nunca imaginei que não fossem me dar sossego. Toda semana recebo ligações, já repeti o que aconteceu mais de dez vezes, tenho que reviver, passa um filme na cabeça. Só topei falar para este livro porque quero que o que aconteceu fique para a história, quero ajudar com isso. Não sei por que essas coisas ainda mexem tanto com a minha saúde. Na semana passada dei duas entrevistas e me apareceu uma ferida de herpes no ânus, minha pressão fica oscilando... O Ministério Público me perguntou se eu queria ajuda, psicólogo, psiquiatra. Eu aceitei. Não sei se é possível aprender a não transferir o trauma pra minha saúde. Mas todo mundo fica perguntando por que não denunciei, isso não ajuda. Não denunciei pra proteger meus avós. Acaba que as pessoas te cobram por isso.*

Depois de expor seu caso, a ex-modelo foi procurada por uma prima que também foi abusada: "Só que foi um dia só. Ele baixou a calcinha e pegou nas partes íntimas dela". Daniela fez à prima aquela mesma pergunta, para entender se a motivação do silêncio da menina era a mesma que a sua. A prima respondeu sentir vergonha. Ela tinha apenas treze anos quando aconteceu e tentou avisar à mãe. Só que a mãe não acreditou em suas palavras e, por isso, ela nunca mais quis contar nada para ninguém.

Isso não aconteceu apenas com a prima de Daniela. Outras mulheres tocadas e estupradas pelo médium relatam ter tentado, em vão, dividir o fardo com a mãe, o marido, o pai. Buscaram ajuda e foram desacreditadas. A aura divina em torno de João Teixeira de Faria era forte demais, não era possível duvidar daquele homem que operava curas milagrosas e se cercava de poderosos. A palavra da mulher, sozinha, valia pouco — ou nada. Muitas se calaram, como ele mandou. Biógrafos, apresentadores, cineastas e pesquisadores frequentaram a Casa de Dom Inácio para entender e divulgar os tratamentos espirituais, sempre reforçando o caráter extraordinário e a capacidade sobrenatural do médium.

Um estudo realizado no centro entre julho de 1993 — um mês após a absolvição de Urubatan pela morte de Borges — e março de 1994 tentou responder qual era a média de cura alcançada na Casa, e por que se daria. Após entrevistar quinhentos frequentadores, concluiu que 75% receberam "ajuda para seus males", sendo 36% de origem espiritual e 39% de ordem física; e 90% deles declararam ter fé que seriam curados.

"A fé é um dos aspectos relevantes que envolvem o médium e o entrevistado", escreve Alfredina Arlete Savaris, em sua monografia de pós-graduação em Estudos da Consciência pela Faculdade de Ciências Biopsíquicas do Paraná, Campus dr. Bezerra de Menezes. "A confiança, a sugestão dos doentes, o ambiente, a música, as orações, os remédios naturais, os alimentos, a água e o silêncio constituem circunstâncias importantes para se conseguir a cura." Savaris atesta que "João Teixeira de Faria desenvolveu um poder de cura especial, devido ao hiperdesenvolvimento de capacidades particulares, talvez desconhecidas ainda", mas coloca o sucesso na conta do paciente: "Por mais milagroso que seja o resultado, o curador, na realidade, induz o paciente a curar-se por intermédio de processos naturais. (...) O corpo e o sistema de energia movem-se naturalmente na direção da saúde".

Todo o ambiente do centro conspiraria para a autossugestão, e a crença de que a cura é possível é o que lhe dá base. "A peregrinação para ir até a Casa de Dom Inácio, a distância, a conduta, as credenciais pessoais do curador, bem como seu ar difuso de poder, mistério e até medo, o fato de receber uma atenção personalizada de uma pessoa tão importante são fatores de peso, que fomentam a esperança." João, observa Savaris, tem uma "habilidade para reforçar a autoestima, reduzir a ansiedade, ajudar o indivíduo a encontrar uma aceitação satisfatória da comunidade". A fama internacional das incontáveis curas ocorridas na Casa, diz ela, também colabora para a expectativa de alcançar o mesmo resultado: "A quantidade de carros e ônibus que se dirigem de diversas cidades do Brasil, além de impressionar, reforça a confiança dos que ali estão buscando a saúde fervorosamente", afirma a pesquisadora, registrando, já em 1993, que a Casa recebia "caravanas de enfermos do Peru, dos Estados Unidos e de vários países europeus, principalmente Portugal e Itália, e de países asiáticos".

Savaris afirma, ainda, que Abadiânia vivia em função da Casa, tendo sua tranquilidade quebrada por "levas sucessivas de pessoas que chegam das mais longínquas cidades do Brasil e do exterior", e que a fama de João "extravasou fronteiras", apesar de ele "fazer grande esforço para não ser endeusado por aqueles que foram beneficiados por alguma forma de cura". "O senhor João enquadra-se perfeitamente nas condições de médium de cura segundo a doutrina espírita", diz na monografia.

A antropóloga Cristina Rocha, que dedicou anos de estudo ao fenômeno de Abadiânia a partir de 2004, discorda. Para ela, João buscava reforçar que o seu templo era ecumênico e que ele era católico de batismo justamente para atrair fiéis de todas as crenças, já que "os próprios espíritas rejeitam suas cirurgias mediúnicas, associando-as ao misticismo, ao curandeirismo. Em artigo publicado em 2009, Rocha, presidente da Associação Australiana para o Estudo da Religião, ressalta que João integra um grupo relativamente pequeno de líderes espíritas que usam tesouras e outros instrumentos para realizar cortes nos pacientes. A pesquisadora vê ainda grande influência da umbanda no uso das roupas brancas, nos pés descalços, nos tratamentos com banhos de cachoeira e nas chamadas camas de cristal — que são, na verdade, macas sobre as quais ficam alinhadas lâmpadas coloridas e cristais, para uma espécie de cromoterapia que promete o alinhamento dos chacras. "Ainda que não seja aceito pelo espiritismo kardecista como tal, é a essa doutrina que seus seguidores imaginam pertencer", define Rocha.

O presidente da Federação Espírita de Goiás, Paulo César Ferreira dos Santos, afirma que a instituição, sempre que consultada, explica que o trabalho na Casa de Dom Inácio não é orientado pela instituição: "A federação não tem autoridade para interferir na ação de nenhum centro espírita, e muito menos nos trabalhos mediúnicos. Mas recomendamos, por exemplo, que, onde há situação de dinheiro, há problema ético e moral". Não é correta, na visão kardecista, a cobrança pelo tratamento — nem da água, nem da passiflora, nem dos banhos. Tampouco o recebimento de doações milionárias. Além disso, a orientação é que não existe trabalho individual ou personalizado. "Todo trabalho espírita é conjunto e coletivo, não existem seções individuais e fechadas", conclui Ferreira dos Santos.

A mediunidade de João Teixeira de Faria, porém, é inconteste, na opinião do presidente da federação: "Trata-se de uma predisposição orgânica, não é um favor, um carisma… Nada disso. O João de Deus tem essa predisposição. Só que, por ser um fator orgânico, a mediunidade independe da moral. Todo mundo pode ter. Ele não tem conhecimento espírita, não estudou espiritismo, mas tem a prática de contato espiritual. No caso dele, há milhares de pessoas beneficiadas".

Os crimes sexuais pelos quais foi condenado não abalam de maneira nenhuma a doutrina, defende a Federação Espírita de Goiás:

> *Quem conhece sabe da existência do fenômeno, e a ação do médium não desmoraliza a doutrina. João usou mal os recursos disponibilizados para ele. A mediunidade independe de moral. Existem espíritos que vêm com a tarefa de ajudar em algo. João veio provavelmente com a tarefa de utilizar esse recurso para ajudar pessoas. Com o passar do tempo, ele pode ter se desvirtuado dessa tarefa, pode ter perdido os espíritos bons. Quando eu começo a cometer erros, quando a tentação do poder e do dinheiro é mais alta pra mim, fico na mão de espíritos levianos e maldosos, que estão querendo aproveitar as coisas erradas que faço. É uma coisa que pode ter ocorrido, o que não tira dele qualquer responsabilidade.*

O médium sofre influência, mas é ele quem executa, diz Ferreira dos Santos. Nas palavras dele, a doutrina espírita não acredita que um médium possa agir exclusivamente por influência de um espírito: "É o médium quem faz e é responsável por suas atitudes, mesmo que guiado pelos espíritos. Ele pode até estar inconsciente e não ter percebido, mas é ele quem faz".

# 7
## O palco do crime

Coube a Aparecida Rosa Reis arrumar a cama em que um dos assassinos de seu marido dormiria. A ordem veio de Urubatan, sobrinho do curador.

Francisco de Assis dos Santos, vulgo Tatuzinho, estava chegando de Alagoas e ficaria hospedado na chácara de João Teixeira de Faria, onde eram feitas as garrafadas, bem pertinho da Casa de Dom Inácio. O rapaz iria trabalhar ali, disse o sobrinho. Era preciso buscar uma cama e umas outras coisas pra ajeitar o quartinho. Aparecida, responsável pela cozinha do centro espiritual, ficou incumbida também de alimentar o desconhecido visitante enquanto lá estivesse.

O que Aparecida não podia saber é que Tatuzinho executaria Mário Rodrigues dos Reis, acompanhado de Maurício Gomes de Novais Filho, o Mauricinho — cunhado de Gago, aquele que matou Borjão.

Aparecida só ficou cabreira com a cara de ódio de Tatuzinho quando ela o impediu de pisar na cozinha da Casa de Dom Inácio. Ela avisou que não era permitida a entrada de estranhos, ele ficou irritado. A cozinheira comentou com um funcionário da farmácia: "João Preto, quem será aquele rapaz que me olha com tanta raiva?".[1] E a resposta que recebeu foi "Dona Aparecida, aquele é mais um dos matadores de Urubatan, esse aí não tem jeito...". A mulher foi pra casa com aquilo na cabeça. Comentou com o marido, e ele pensou alto: "Quem será que vai dessa vez?".

Mas Aparecida ficou preocupada mesmo quando João Teixeira chamou seu assessor na primeira semana de dezembro daquele fatídico 1995: "Olha, seu Mário, nós temos de fazer muita oração, apareceu um espírito no meu quarto, ele é baixo, tem dente de ouro, dizendo que tinha uma dívida do passado, que alguém da sua família o havia assassinado e ele queria vingança". Seu Mário deveria ter muito cuidado, o espírito viria cobrar a dívida, deveria ficar vigilante, em oração. Na semana seguinte, quando Aparecida foi levar o jantar pro seu João, ele disse mais: "Dona Aparecida, se o seu Mário morrer primeiro do que eu, a senhora não vai ficar com filho nenhum, a senhora vai ficar na minha casa, fazendo biscoitinho". Isso tudo na frente do marido, o que deixou o casal meio sem jeito, achando muito estranha aquela conversa, primeiro a do espírito baixo com dente de ouro, depois a do biscoitinho.

Abadiânia, 18 de dezembro de 1995.

Foi José Guilherme dos Reis quem apareceu para dar a notícia. Chamou o farmacêutico para acompanhá-lo à casa de sua mãe, ela poderia precisar de uma injeção de calmante. Nem deu tempo. Aparecida, ao ouvir que tinham matado seu marido, saiu correndo, de camisola, em direção à Casa de Dom Inácio, onde dezessete anos antes tinha sido beneficiada por um milagre. Onde, por gratidão, passou todo aquele tempo trabalhando voluntariamente na limpeza, na alimentação, no preparo das garrafadas, no cuidado com os doentes, até auxiliando na parte administrativa e patrimonial, sob responsabilidade de Mário Reis. E onde ele, seu companheiro de quase quatro décadas, havia sido assassinado.

Quando se aproximou do corpo, perfurado por dez tiros dentro de um Fusca azul, Aparecida quase desmaiou. Foi amparada por Jânio Jasem Cordeiro Pereira, compadre de Urubatan e sócio dele na loja de suco de laranja que ficava dentro do templo do tio João. Jânio a abraçou, consolou e chorou lágrimas de crocodilo.

O que Aparecida não podia saber é que foi Jânio quem entregou a Tatuzinho e Mauricinho as armas que fizeram dela viúva aos 55 anos, a mando do sobrinho de João de Deus. Foi ele, também, quem tratou de esconder os assassinos e dar um jeito nas pistolas, logo depois de amparar a mulher. "Você precisava me ver chorando perto do corpo, ainda quando o seu Mário estava dentro do carro, e toda hora eu querendo desmaiar, isso perto da viúva", Jânio contou a um amigo, e caiu na risada.

José Guilherme estranhou Jânio chegar tão rápido. Eram umas oito e meia da noite quando o vigia noturno do centro espiritual procurou o filho de Mário em casa, levando a má notícia. O Fusca azul cravado de balas ainda estava ligado, os faróis acesos, e o pai morto no banco do motorista, o maço de cigarro numa mão, o isqueiro na outra, a cabeça jogada pra trás, a boca aberta. Ao lado dele um pintor das redondezas, Vicente, conhecido como Vivi, gritava por socorro, ferido na perna e no ombro. Foi o tempo de chamar a polícia, pedir a alguém que acudisse o operário e ir ligeiro avisar à mãe — ela ia estranhar, ele tinha saído de casa sem dar explicação.

De repente, lá estava Aparecida correndo de camisola, o filho atrás dela, o corpo no Fusca, as autoridades, a perícia. Guilherme bateu na janela da Pousada do Gaúcho, ali perto, precisava dar uns telefonemas. Claudio, o Gaúcho, o dono da pensão, ficou muito surpreso. Tinha visto mais cedo o carro do seu Mário estacionado na Casa de Dom Inácio, nunca imaginou que algo assim pudesse acontecer. Ouviu uns estampidos, contou ao menos uns oito, mas estava acabando o *Jornal Nacional*, mostraram o Botafogo campeão brasileiro, jogo apertado, um ponto só a mais que o Santos em todo o campeonato, podiam ser fogos de artifício. Era segunda-feira à noite, e a pequena Abadiânia comemorava a vitória do time carioca, no dia anterior.

Não, não eram fogos. Só podiam ser os tiros disparados contra o seu pai, Guilherme concluiu. Ele pediu pra ligar para Santo Ângelo, no Rio Grande do Sul, onde João de Deus havia ido atender a milhares de fiéis, acompanhado de seu sobrinho Urubatan. Bem que Urubatan falou, aciona o Jânio, ele vai ajudar a pegar os assassinos. Guilherme não o fez e, mesmo assim, o sujeito apareceu, o corpo de seu pai ainda quente, a boca aberta. Jânio usava um crachá da Polícia Federal e afirmava que o atentado havia sido contra o centro espírita. Certeza, ele disse, porque alguém tinha deixado um recado na secretária eletrônica da dona Miriam, em Anápolis, avisando que "o velhinho já foi, agora vai ser João Curador". Estava gravado. Como podia Jânio saber disso, pensou Aparecida, se seu marido só estava morto havia quinze minutos?

Claudio, o Gaúcho, depois contou à polícia coisa parecida: por volta da uma e vinte daquela madrugada de 19 de dezembro, ligaram a cobrar para dizer: "O velho Mário já foi. O curador safado será o próximo, e se tu abrires a boca também vai", e a voz lembrava a de Jânio, o fornecedor de suco de laranja que de policial federal não tinha nada. Os telefonemas continuaram por algum tempo, em dias e horários alternados, com vozes que mudavam também. Curioso, foi checar na conta: estavam ligando de um orelhão em Anápolis. Era a cidade de Jânio, mas também a de seu sócio, o sobrinho de João de Deus.

Foi para Anápolis que o vendedor de sucos levou os assassinos depois do crime. Jânio contou tudo para o amigo Valmir, um policial militar que Urubatan tinha trazido de Alagoas para ser seu motorista particular e faz-tudo, porque o patrão viajava muito. Como Urubatan tinha que acompanhar o tio pelo país, era Valmir quem ficava encarregado de pagar os peões toda semana, às sextas-feiras. Quando o sobrinho de João de Deus estava em Goiás, Valmir e Jânio pegavam a estrada juntos. Isso durante quase um ano, porque Valmir estava de licença, ganhando metade do salário do governo alagoano, e Urubatan comercializava gado, tinha a fazenda e atividades várias, que faziam com que eles fossem a Luziânia, Caldas Novas, Alexânia, Abadiânia e outras cidades, sempre cuidando dos negócios.

Naquele dia 18 de dezembro de 1995, o sobrinho estava com João de Deus em Santo Ângelo, no Rio Grande do Sul, e Valmir em Goiânia, no supermercado de seu chefe. Eram umas 20h45 quando Ubiratan, o Bira, irmão de Urubatan, atendeu a um telefonema do Gaúcho avisando da morte de Mário e pedindo ajuda para comunicar aos viajantes. Foi assim que Valmir soube. Bira ainda pediu para usar a Saveiro vinho do irmão, pois precisava ir a Trindade ver a namorada. Valmir concordou, mas ficou sem meio de locomoção até depois da meia-noite, quando Bira voltou com a Saveiro vinho. Nesse meio-tempo, Urubatan lhe telefonou cinco vezes, mandando que fosse imediatamente a Abadiânia. Valmir apareceu na casa da viúva só de madrugada, mas o corpo ainda nem tinha chegado. Aparecida estava lá com o filho, alguns funcionários da Casa de Dom Inácio, e Antão, assessor de João que atuava como taxista, prestando serviços de transporte para o Centro, segurança e o que mais o patrão precisasse.

O que todo mundo comentava é que os assassinos eram dois, estavam numa moto vermelha e fugiram. Ninguém sabia quem eram. Uns quinze dias depois, Jânio contou tudo a Valmir: Tatuzinho e Mauricinho deram os tiros a mando de Urubatan. Quando Valmir perguntou o motivo, Jânio começou a rir. O vendedor de sucos cuidou de buscar os pistoleiros na chácara de seu sócio em Abadiânia, logo depois do crime, pra escondê-los em sua própria casa, em Anápolis, por uns dias, até as coisas se acalmarem. No caminho, pararam num posto de gasolina, Jânio disse que era policial militar, mandou o frentista ser rápido, pois tinha de seguir viagem pra verificar um homicídio. Ele, que de policial militar tampouco tinha nada, mostrou uma carteira de informante da PM. Em juízo, explicou: foi o coronel, comandante geral da Polícia Militar de Goiás, quem lhe deu o documento. Mas não, Jânio não levou assassino nenhum, Valmir estava mentindo. Ele realmente foi à chácara de Urubatan, mas só pra ver se nada de errado havia ocorrido naquela noite, e não viu nem Tatuzinho nem Mauricinho. As armas, sim, das armas ele sabia. Uma delas chegou a ser sua, seu sócio lhe deu como pagamento por uma televisão. Depois do assassinato de Mário, o compadre mandou passá-la à frente, para sanar a dívida da compra de um celular.

Jânio, então com 26 anos, tinha mania de dizer que era policial. Quando foi entregar o revólver da marca Rossi, calibre .38, com tala de madeira e mira especial, a Ronaldo, o vendedor do telefone, se apresentou como policial civil, e por isso Ronaldo não pediu a documentação da arma. Aceitou e pronto, já estava cansado das tantas vezes que tinha ido cobrar Urubatan pelas dívidas. Não, Jânio não era policial nem precisava daquela arma, seu negócio de sucos ia muito bem, e ele, tão jovem, já tinha conseguido comprar dois aviões da marca Aero Comando. Urubatan também tinha um avião; era curioso como, mesmo assim, estava sempre endividado.

Pelo serviço de matar seu Mário, Urubatan deu a Tatuzinho uma casa, embora não tivessem combinado com antecedência qual seria o valor do pagamento. Já a remuneração de Mauricinho havia ficado acertada: 5 mil reais era o preço da vida do administrador do centro espiritual, *public relations* e braço direito de João Teixeira por quinze anos. Tatuzinho nem perguntou o que ganharia. Aceitou a incumbência de pronto. "Seu Mário tem que morrer, não tem jeito, ele tem que morrer", dizia Urubatan, e Tatuzinho devia a ele certo favor, por estar morando em uma propriedade sua. Acabou ficando com ela. Depois do crime, seguiu ainda por uns quinze dias trabalhando com as garrafadas, mas depois João achou melhor que ele fosse embora da cidade e lhe deu dinheiro para comprar outra casa, fora dali. Tatuzinho pegou o dinheiro e foi-se para Anápolis.

Nos depoimentos, porém, todos afirmaram que não, seu João não tinha nada a ver com aquilo, não possuía nenhum envolvimento na trama da morte de seu Mário. Inclusive, estava viajando naquela noite, tratando milhares de doentes em Santo Ângelo. Foi Urubatan quem ordenou que executassem o crime enquanto estivesse fora com o tio, e assim foi feito.

Era uma segunda-feira, e a Casa de Dom Inácio de Loyola tinha sido deixada sob o comando de Mário Reis. Faltava uma semana para o Natal, os pedreiros estavam correndo pra acabar a reforma antes das Festas — as celebrações de fim de ano de João de Deus costumavam parar Abadiânia. Lá pelas cinco da tarde, o chefe da pintura pediu para o vigia diurno procurar seu Mário: o pessoal da obra ia fazer hora extra, era bom mandar um lanche. Enilson, recém-contratado para vigiar o centro durante o dia — o que Aparecida tinha achado estranho, que novidade era essa — foi atrás da vítima no boteco do seu Nicolino. Entre o recado chegar, seu Mário se despedir dos amigos, passar na panificadora, comprar pães, presunto, queijo e ir até a Casa, já eram quase oito da noite, e Vicente, o Vivi, tinha dispensado a equipe e estava sozinho finalizando o serviço.

Seu Mário ficou meio irritado quando viu que fez a viagem à toa. "Poxa, eu estava jogando sinuca", comentou com o guarda-noturno antes de deixar as coisas na lanchonete e oferecer uma carona ao pintor. Vivi foi se lavar, Mário ficou sentado por ali, esperando, e então os dois entraram no Fusca azul e saíram pelo portão do centro espiritual.

Tatuzinho e Mauricinho já estavam por ali havia mais de uma hora, de tocaia, numa motocicleta Honda CG 125 vermelha, com tudo pronto para a emboscada: um revólver Rossi .38 para um deles; uma pistola 9mm e um revólver Magnum 357 para o outro. Chegaram perto do Fusca. "Seu Mário!", gritou Mauricinho. Mário parou o carro com o cigarro numa mão, o isqueiro na outra, Mauricinho desceu, não deu tempo de ver quem era, estava tudo escuro e os capacetes tapavam os rostos dos motoqueiros. O Fusca azul ficou todo furado. Dez balas atingiram a vítima e duas sobraram para Vivi. Tatuzinho manobrou a moto para facilitar a fuga. O pintor se fingiu de morto, Mário já não respirava. Mauricinho pulou na garupa, disparou mais um tiro, que por acidente pegou de raspão a mão do parceiro, e os dois arrancaram rumo à chácara de Urubatan.

Naquele exato momento, em Santo Ângelo, João comandava uma corrente de energia no Lar São Francisco de Assis, no qual atendia duas vezes ao ano, havia uma década. A sala estava cheia de fiéis, e o dito médium, ou, como ele afirmava, a entidade pediu que lacrassem todas as janelas e portas e que fizessem orações firmes para ajudar a Casa de Dom Inácio, pois uma nuvem muito carregada estava passando por lá. Dali a pouco recebeu a ligação que informava que seu assessor tinha sido morto.

Dez dias depois, em depoimento ao delegado de Abadiânia Wiliam Martins da Silva, João Teixeira de Faria, brasileiro, casado, fazendeiro, alfabetizado, lembrou o que aconteceu nas horas que se seguiram àquele telefonema:

> *Fui avisado de que o seu Mário tinha morrido, aí liguei para o dr. Abdul Sebba [então delegado da Polícia Civil de Goiás] pedindo providências, fretei uma Besta pela importância de seiscentos reais, e, chegando a Porto Alegre, procurei a Polícia Federal. Me puseram no primeiro avião, para São Paulo e, de lá, a polícia me colocou também no primeiro avião para Brasília, em companhia de Urubatan e Gilberto [Martins Costa]. Aí, do aeroporto vim direto pra Abadiânia, para o cemitério e para a casa do seu Mário.*

De acordo com o depoimento do próprio João, graças à Polícia Federal ele e seu sobrinho, o mandante do crime, chegaram a tempo de enterrar o corpo.

Ao fim do funeral, Guilherme estava na casa da família quando João e Urubatan quiseram ter uma conversa. O filho de Mário não entendeu: queriam saber do envolvimento de seu pai com drogas, mulheres, agiotagem. Guilherme ficou irritado, não tinha o que dizer. A tensão entre ele e Urubatan podia ter acabado em briga, não fosse o fato de João e o sobrinho estarem acompanhados de Jânio e mais alguns homens que se disseram policiais civis da Deic, a delegacia especial de investigações criminais. Então, Guilherme, que tinha acabado de perder o pai, a uma semana do Natal, a cinco dias do seu aniversário de 34 anos, a 18 dias dos 60 anos de Mário, largou aquele povo falando sozinho no quintal e voltou para a sala.

Guilherme, o filho do meio de Aparecida e Mário Reis, sempre ajudava na lanchonete dos pais, na Casa de Dom Inácio, e sua relação com o sobrinho de João era boa, os dois tinham a mesma idade, com uma diferença de apenas quatro meses, e ficaram amigos. Poucos dias antes daquela tragédia, planejavam abrir juntos uma loja de sucos em Fortaleza. Guilherme até viajou pra fazer uma pesquisa de mercado, demorou um pouco a ir porque Urubatan não tinha o dinheiro da passagem. Foi no dia 7 de dezembro, voltou no dia 14, quatro dias antes de o pai ser assassinado. É verdade que Mário já não aprovava a empreitada. Primeiro ele havia concordado em ajudar, mas no dia da viagem apareceu declarando que não queria mais que o filho tivesse negócios com "aquele moleque". Guilherme quase cancelou tudo, mas Aparecida acalmou os dois, e ele foi. Voltou animado, fazendo planos de quem sabe ir de novo a Fortaleza no fim de semana seguinte. Não havia nada suspeito até ali. Exceto uma conversa de seu pai com João Teixeira, que Guilherme ouvira em outubro. O dito médium se disse assustado, achava estranho que todas as pessoas por quem sentia ódio morriam num prazo de trinta dias. "Papo bizarro", Guilherme pensou, mas logo esqueceu o assunto.

E tinha também aquela briga feia entre Urubatan e sua mãe, disso todo mundo sabia. Fazia muito tempo que Aparecida cuidava da lanchonete, e Mário, dos assuntos da administração, do almoxarifado, das compras em geral. Era assim praticamente desde o início da Casa de Dom Inácio. Foi o próprio João de Deus quem ofereceu a cantina para que ela administrasse, não cobrou nada por isso. Aparecida já fazia trabalhos voluntários no centro havia quatro anos, o marido morava em Brasília, ele queria ver a família junta de novo. Mário veio e passou a ajudar em tudo. Urubatan ainda era adolescente, mas, depois de adulto, começou a cuidar da parte financeira e a se meter na administração. Uns cinco anos antes daquele 18 de dezembro de 1995, o sobrinho passou a pedir folhas de cheque à família para cobrir seus compromissos. Urubatan não tinha controle e, por causa dele, Aparecida,

Mário e o filho caçula do casal chegaram a ter suas contas no banco encerradas. O pior era quando ele chegava no caixa da lanchonete e mandava que Aparecida entregasse todo o dinheiro. Fez isso várias vezes, retirando o "empréstimo" quando bem entendesse.

A certa altura o sobrinho implicou que as compras que Aparecida fazia na cidade de Abadiânia estavam muito caras — passou a exigir que ela adquirisse os mantimentos do supermercado de sua propriedade em Goiânia, que sairia bem mais barato. E o próprio Urubatan se ofereceu para cuidar de todos os trâmites. Só que ele era muito desorganizado e começou a faltar papel higiênico nos banheiros. Nas despensas, nem itens baratos, como extrato de tomate, havia mais. Aparecida chegou ao ponto de colocar ketchup na sopa dos fiéis, não era possível que as coisas continuassem assim. Ela foi reclamar com João. Marcaram uma reunião e ela levou testemunhas para comprovar que estavam faltando produtos. Urubatan ficou muito irritado, bradou que "enquanto a dona Aparecida e o esposo dela estivessem ali, continuaria aquela confusão, era um erro do tio pensar que eles cuidavam bem do centro. A dona Aparecida é muito autoritária". Mas João insistiu para que o casal permanecesse na Casa. Ele chegou a esmurrar a mesa e debochar do sobrinho: "É, dona Aparecida, o jeito é a gente sair daqui. O Urubatan quer administrar o centro sozinho".

E Aparecida sabia de muito mais sobre o sobrinho de João de Deus, ele deveria lhe agradecer por nunca ter levado outras coisas para o tio. Mas, quando seu marido morreu, seu trabalho na Casa de Dom Inácio chegou ao fim e sua família toda foi embora de Abadiânia. Dona Aparecida decidiu que contaria tudo o que sabia para a Justiça. A verdade é que Urubatan tinha um comportamento completamente irregular na administração do centro, participava de atividades ilícitas e costumava proteger pessoas que agiam na interceptação de caminhões de carga. Ela e o marido viam tudo isso e ficavam de bico calado. Aparecida era, de fato, uma mulher severa, mas seu Mário era mais brando, e Urubatan e ele sempre tiveram um relacionamento muito bom. A morte de Mário foi, na verdade, uma queima de arquivo, afirmou Aparecida em juízo. Nada mais disse nem lhe foi perguntado.

O divórcio da família Reis com a Casa, depois de mais de quinze anos, não foi nada amistoso. Primeiro, João tentou negociar. A família já tinha decidido que não podia seguir trabalhando na cena do crime, dentro da Casa espiritual onde o pai/marido tinha morrido. O médium disse sentir muito e ofereceu: "Nada disso faz sentido sem vocês, mas, se quiserem, coloco alguém pra acompanhar o levantamento das coisas que ficam, digam o preço que eu faço o cheque".

Mas a família de Mário e João nunca chegaram a um acordo sobre valores. Eles pediram cinquenta mil por tudo o que deixariam pra trás — a lanchonete, o depósito de mantimentos, o estúdio de vídeo e foto e os equipamentos da filha, uma década e meia de trabalho.

"Não tenho esse dinheiro", foi a resposta de João Teixeira. "Nem parcelado nem de forma nenhuma. Dou agora um cheque de R$ 15 mil e caso encerrado." Não houve jeito de negociar.

Não tinham se passado dez dias da morte de Mário quando os Reis receberam uma notificação judicial que ordenava que desocupassem o espaço em que trabalhavam no terreno da Casa de Dom Inácio. Antes de virar o ano, já estavam longe dali.

Tatuzinho, Mauricinho e Jânio seriam presos preventivamente em agosto do ano seguinte. Sete meses depois, Mauricinho pularia o muro da prisão onde estava, em Campina Grande, na Paraíba, na companhia do cunhado José Aldo, o Gago. Os dois estavam juntos no mesmo pavilhão, e "ignora-se por que os referidos apenados não foram trancafiados pelos agentes de serviço responsáveis por essa incumbência", relata o diretor da penitenciária, que viu omissão e possível conivência de funcionários na fuga.

Em 1998, preso novamente em Goiás, Mauricinho foi mandado a júri popular e negou o crime, declarando que nem presenciou a cena, já que estava na casa de Marilsa, ex-mulher de Urubatan, naquela noite de 1995. Para o Ministério Público e para a Justiça, porém, sua participação foi clara, confirmada pelas testemunhas e por todos os indícios recolhidos no inquérito policial.

Tanto no caso de Mauricinho quanto no de Tatuzinho, seus julgamentos foram transferidos para Goiânia, sob o argumento de que Abadiânia não seria um lugar seguro nem para as testemunhas, nem para os jurados, nem para os réus. Jânio não encarou o tribunal — já tinha "promovido uma fuga espetacular" de uma delegacia de Anápolis, "de onde se pode concluir que existem outras pessoas interessadas a não deixar que a verdadeira razão do crime seja descoberta", conforme relatou a juíza substituta de Abadiânia Edmée Aguiar de Farias Pereira, em documento de 24 de junho de 1997. A magistrada, ao pedir a mudança do tribunal do júri de Tatuzinho para a capital do estado, afirmou que "é notória a influência que o centro espírita Dom Inácio de Loyola exerce na cidade e na região, tanto que o crime se deu provavelmente em razão de fatos que ali se passaram ou de disputas ali existentes".

A promotora Fabíola Marquez Teixeira foi mais longe: lembrou a absolvição de Urubatan no caso Borjão e conversou informalmente com três possíveis jurados para saber se eles se sentiriam confortáveis em sentenciar Tatuzinho:

> *Um deles exerce profissão nesta cidade, a qual exige contato com toda a comunidade, tendo este informado que "João Curador" é quem mantém a amásia do réu [Tatuzinho], dando-lhe casa e comida. Por outro lado, acredita que "João Curador" tem envolvimento no delito, exercendo o mesmo muito poder perante as pessoas desta cidade [Abadiânia]. Que prefere não ser sorteado no dia do julgamento do "pistoleiro" porque "João Curador" vai estar presente, havendo constrangimento. Lembro-me das palavras desse jurado, que disse: "Se eu assinar um papel sobre isso, quem corre perigo de vida sou eu".*

Por ser João Teixeira uma figura temida, prossegue a promotora, no documento de 1997:

> *A realização do julgamento do réu nesta comarca ou em qualquer outra da região com certeza será permeada pela influência exercida por "João Curador". (...). Cerca de duas mil pessoas visitam esta cidade em busca de ajuda em seu centro espírita. Existem várias pousadas e pequenos hotéis que sobrevivem graças a este "turismo".*

No pedido feito em 1999 para a transferência do tribunal do júri que sentenciaria Mauricinho, a promotora Cejana Louza Veloso mencionou a grande dificuldade enfrentada nos sete meses de persecução penal, já que, com medo de represálias, as pessoas que viviam em Abadiânia só davam informações sobre quem haveria cometido os crimes após terem certeza de que os seus nomes seriam omitidos:

> *Desta forma, tendo sido o centro espírita de "João Curador" o palco do crime, envolvendo pessoas da sua própria administração e em razão desta, é indubitável que, por mais que não tenha sido aquele indiciado, sua pessoa aos olhos do leigo encontra-se envolvida. É cediço, até mesmo por aqueles que não residem nesta cidade, que o sr. João, pelas curas que realiza, possui grande popularidade e influência nesta região, sendo o seu centro espírita o ponto turístico que gera empregos e dinheiro nesta cidade.*

No mesmo material, Cejana Veloso ressalta ainda outra "coincidência" envolvendo o assassinato de Mário:

> *O mandante deste crime, Urubatan, sobrinho de "João Curador" e também seu braço direito, anteriormente já havia sido pronunciado por outro crime de homicídio que vitimou Francisco Borges da Siqueira, no mesmo centro espírita Dom Inácio de Loyola, do qual, todavia, foi facilmente absolvido pelo Conselho de Sentença. (...) Com esta reincidência de crimes envolvendo o citado centro, é evidente que os juntados ficarão inibidos de apreciar os fatos sem achar que nada poderá lhes acontecer.*

Nos dois casos, o Tribunal de Justiça acolheu o pedido, e os dois réus foram julgados — e condenados — em Goiânia. Jânio, ainda em local incerto e não sabido, acabou sentenciado à revelia — ou seja, sem que comparecesse ao tribunal —, em 2010, e pegou sete anos de prisão por oferecer as armas e facilitar a fuga dos executores do crime. Quinze anos depois, porém, o Estado já não poderia puni-lo, e Jânio nem chegou a ser preso pelo crime.

Urubatan Andrade da Mota, apontado pelas testemunhas e pelo Ministério Público como mandante do homicídio, jamais foi punido. Quarenta e dois dias depois do assassinato de Mário Rodrigues dos Reis, o sobrinho do curador morreu.

Anápolis, 29 de janeiro de 1996.

O mecânico avisou: o avião não estava pronto. Nem para funcionar no chão estava servindo. Fabricado em 1964, o bimotor modelo BE-65 já deveria ter tido as mangueiras trocadas cinco vezes, e elas ainda eram originais, estavam todas ressecadas. O estado geral dos motores era precário, o direito estava com cinco cilindros fora dos parâmetros de compressão, o esquerdo, com dois. A aeronave não estava em condições de voar. Insistir em levantar voo seria perigoso, garantiu o mecânico no aeródromo de Anápolis. Urubatan respondeu que não havia nada que pudesse fazer, pois não poderia gastar dinheiro com a aeronave até que fizesse um voo a Itaituba, no Pará. O sobrinho de João de Deus não só pressionou o operário a liberar o avião como pediu que ele embarcasse junto, coisa que o mecânico se recusou a fazer. Quando soube que Urubatan não iria ao Pará, mas só até Luziânia, no mesmo estado, estranhou: não é muito comum abastecer o avião com mil litros de combustível para voar por apenas 45 minutos.

Decolaram o piloto, o proprietário e um amigo alagoano de Urubatan. A aeronave Beechcraft PT-CCZ não atingiu a altura prevista para o trajeto. Segundo um relatório do Centro de Investigação e Prevenção de Acidentes Aeronáuticos (Cenipa):

> *[A aeronave] voou nivelada, procurando manter-se em voo através do aumento do ângulo de ataque, até a entrada em parafuso pela direita. Tal procedimento leva à hipótese mais provável da ocorrência: falha do motor direito, que encontrava-se com cinco cilindros fora da compressão prevista.*

O piloto não tinha experiência suficiente para contornar o problema. Ao contrário, suas habilitações estavam vencidas havia dois anos e sete meses e, apesar de ser qualificado para operar um bimotor como aquele, só o tinha feito uma vez, havia menos de trinta dias. Ainda de acordo com o laudo do Cenipa, sua experiência de voo se limitava a uma aeronave que usava em operações de garimpo, justamente a partir da cidade de Itaituba, no Pará.

Sem controle do piloto ou por falha dos dois motores, o avião deu um mergulho em espiral, cortou uma linha de transmissão de energia das Centrais Elétricas de Goiás e se chocou com o solo, no bairro de Lurdes, em Anápolis, causando um incêndio. Era uma e vinte da tarde. As três pessoas a bordo morreram carbonizadas. A aeronave Beechcraft BE-65 1964, matrícula PT-CCZ, foi completamente destruída. O corpo de Urubatan, de 34 anos, ficou irreconhecível. Ele foi identificado pela arcada dentária — e por uma placa de platina que tinha no fêmur.

Urubatan deixou quatro filhos, três mulheres, uma fazenda, sete veículos, 140 vacas e inúmeras dívidas.

Alguns dias depois do acidente, tio João tomou pra si as vacas e chamou alguns dos credores do sobrinho. Foi Tatuzinho quem contou, ele estava lá. O pistoleiro trazido de Alagoas para eliminar Mário Reis levou dez mil reais de João de Deus. Mauricinho, Jânio, Valmir e um tal de Farias, outro policial militar alagoano, também estavam lá. Na versão de Tatuzinho, João Teixeira deu aos outros o imóvel em que Urubatan mantinha seu supermercado em Goiânia. Da venda, cada credor tiraria a parte equivalente à sua dívida. Na versão de João Teixeira, o grupo invadiu sua casa, com Jânio, armado, no comando, e o obrigou a acertar as pendências do sobrinho.

Uma das três mulheres de Urubatan, Marilsa Dias Barbosa, mãe de dois de seus filhos, afirmou à Justiça suspeitar que sua morte tenha sido uma queima de arquivo. Mais detalhes não quis dar. E nada mais disse nem lhe foi perguntado.

# 8
## "Ele prometeu"

"Ele garantiu que vai me curar."
 Era verão de 1996 — o mesmo verão que deu fim às vidas de Mário Reis e Urubatan. Nancy,* 73 anos, quase 74, tinha acabado de descobrir um nódulo maligno na mama direita. Três centímetros. A cirurgia era urgentíssima, disse o médico, o câncer já estava ali havia seis meses. Um dos quatro filhos a esperava do lado de fora do consultório e perguntou se já tinham marcado a operação. "Não", a mãe disse. "Seu irmão já comprou passagens para Goiás. Vou conhecer o milagreiro, quem sabe não preciso passar por isso."[1]
 Pedro ficou em choque. Como assim, milagreiro? Em uma semana, Nancy viajou para conhecê-lo. Voltou animada: a cura era garantida. Precisava só tomar três vidros de um líquido feito de ervas, que custaram três reais cada um, e retornar ao centro de João de Deus em sessenta dias. "Você precisava ver", Nancy contava. "Ele chama as pessoas na sala e teve um que entrou de muletas, o homem disse alguma coisa, o sujeito largou a muleta e saiu andando! Em outra ele deu um corte e extirpou um câncer. Incrível."

---

* O nome da vítima e de seus familiares foi alterado para preservar suas identidades.

Os outros filhos de Nancy tornaram-se "fanáticos", acreditando na promessa daquele suposto curador — até a rádio tinha falado dele. Apenas Pedro entrou em desespero, mas ninguém o ouvia. A mãe simplesmente se recusava a fazer a cirurgia urgentíssima, confiando 100% nas palavras de João de Deus. Ele apelou ao médico, mas o profissional não podia obrigá-la. Tentou a Delegacia para o Idoso e o Ministério Público, mas ambos explicaram que a mãe estava lúcida e, por isso, não era possível forçá-la a ser operada.

Pedro registrou, então, uma denúncia. Ele já tinha inclusive entrado em contato com gente que frequentou o milagreiro. Uma amiga contou: todas as pessoas que viu passar por cirurgia em Abadiânia e que sofriam de doenças mais graves morreram. Ela testemunhou também quando João de Deus mandou fiéis tirarem os óculos, dizendo que estavam enxergando, e elas voltaram pras suas cidades com os mesmos problemas nas vistas. A amiga avisou, João já tinha sido preso várias vezes pela prática de curandeirismo, artigo 284 do Código Penal, para logo depois ser solto, isso lá em Goiás. "Por favor, façam alguma coisa", Pedro implorava às autoridades. A mãe não podia ficar mais sessenta dias sem a cirurgia.

O Ministério Público do Rio Grande do Sul foi atrás da tal amiga. É verdade, ela disse, o nome do dito milagreiro é João de Abadiânia, e ele promete: "Todos voltam curados". Nas vezes em que ela acompanhou, porém, os pacientes com doenças incuráveis haviam falecido. Ele não cobrava pelas consultas, apenas vendia uns chás e sempre prescrevia umas cinco ou seis garrafas. Porém, não é disso que ele vive, nem precisaria. Possuía boas condições financeiras porque trabalhava com mineração de pedras preciosas. Quem levava vantagem com as "curas" eram as empresas de turismo, que faziam excursões e cobravam pelos pacotes. A testemunha explicou tudo isso, mas já era junho de 1996. O tempo da Justiça era bem mais lento que o da doença da mãe de Pedro.

Nesse intervalo, Nancy já tinha ido duas vezes a Abadiânia e ainda iria uma terceira, a mando de João. Em novembro daquele 1996, definhava a olhos vistos, e foi ela mesma quem quis voltar ao médico para pedir a cirurgia. O tumor tinha aumentado, estava com mais de quatro centímetros, mas iam tentar. No dia anterior à operação, Nancy recebeu um telefonema em sua casa: era João. O curador desaconselhou o procedimento médico e lhe recomendou: "Vista-se de branco que vou te operar nesta noite, pelo espaço". Ela já estava desacreditada, mas não custava nada fazer o que o homem pedia, pensou. Dormiu com roupas brancas, acordou e foi ao hospital. O nódulo já tinha se espalhado, foi impossível eliminar tudo, não havia muito mais a fazer. Em agosto de 1997, Nancy morreu.

Em 1999, João Teixeira de Faria foi chamado a depor. Três anos depois da denúncia, afirmou não se lembrar de ter atendido Nancy. Explicou que eram tantas pessoas que o procuravam que não havia como saber se teve contato com ela ou parentes da mesma. Segundo ele, quem estava prestando declarações era o cidadão, mas quem atendia era a entidade. Não dava nenhuma esperança de cura das moléstias às pessoas que iam procurá-lo; somente receitava aos irmãos chás artesanais, realizava cirurgias espirituais, e nunca cobrou nenhuma importância em dinheiro — algumas pessoas faziam doações de livre e espontânea vontade.

A delegada de Abadiânia entendeu que a conduta de João estava tipificada no artigo 284, incisos I e II do Código Penal brasileiro, "sendo que o mesmo procura a cura das pessoas por processos não científicos, exercendo com habitualidade a 'arte de curar', além de prescrever medicamentos sem habilitação legal, caracterizando crime de perigo, cuja consumação independe do resultado lesivo". Assim, João se enquadrava no crime de curandeirismo, cuja pena é de seis meses a dois anos de reclusão. Era 30 de agosto de 2000, Nancy estava morta desde 1997, e os autos foram encaminhados ao Poder Judiciário. O Ministério Público de Goiás pediu mais investigações.

Devidamente aconselhado, em 2001 João Teixeira de Faria tinha suspendido as operações visíveis, conforme explicou à polícia:

> *Os cortes não constituem verdadeiras cirurgias, sendo sempre superficiais, e não coincidem com a real localização da causa da doença, servindo para reforçar a fé e ativar as energias que dela decorrem, facilitando o trabalho de cura, que é sempre feito espiritualmente.*

Cartazes espalhados pela Casa de Dom Inácio de Loyola passaram a avisar: operações com cortes não eram mais realizadas, os fiéis não deveriam pedir por elas quando o médium estivesse em estado inconsciente de incorporação. Quem insistisse deveria assinar um "termo de ciência e responsabilidade", no qual declarava saber que "todos os trabalhos de orientação, harmonização e cura são realizados por entidades e energias extrafísicas, canalizadas pelo médium João". O texto do documento dizia:

> *Por deliberação minha, consciente e livre, solicito que as entidades espirituais, em caráter excepcional, utilizem, através da ação mediúnica, meios físicos para realizar em mim uma cirurgia visível, assumindo eu inteira e exclusiva responsabilidade por tal ato.*

As garrafadas, descritas por Pedro aos promotores como "um líquido numa garrafa amarelada sem rótulo nenhum", foram substituídas pelas cápsulas de passiflora, que, segundo as palavras do médium, em depoimento de 27 de junho de 2001, eram:

> *Fitoterápicos idênticos para todas as pessoas, trabalhados espiritualmente para cada caso individual. Para isso, a entidade entrega um papel a cada pessoa onde é posto o nome da mesma para que o seu caso seja tratado individualmente. Tal papel não é uma receita, mas apenas um meio de ligação entre as entidades espirituais e o problema de cada um. Quem pode, deixa uma contribuição para as despesas de manutenção da Casa, e quem alega não ter condições para tanto recebe o remédio de graça.*

"Nos 22 anos em que exerce a mediunidade em Abadiânia, não foi comprovado nenhum caso prejudicial a qualquer pessoa. Ao contrário, há inúmeras comprovações de males tidos como incuráveis, com documentação arquivada, alguns publicados em diversos livros, como o de Alfredina Arlete Savares, *Curas paranormais realizadas por João Teixeira de Faria*, ou o do desembargador Liberato Póvoa, *João de Deus: Fenômeno de Abadiânia*", defendeu-se o curador, em juízo.

A Polícia Civil ouviu ainda algumas testemunhas que atestavam a mediunidade de João: dois donos de pousadas na área da cidade chamada pelos moradores de "States" (Irmão Sol, Irmã Lua e Catarinense), o vice-presidente da Casa de Dom Inácio, um voluntário do centro e uma paciente curada de câncer de mama. Todos deram declarações a favor do dito médium, confirmando a idoneidade do trabalho das entidades.

No dia 8 de maio de 2003, o Ministério Público propôs um acordo como punição para João:

> *Aplicação imediata de pena não privativa de liberdade com referência aos atos praticados em Abadiânia tipificados no artigo 284 do Código Penal, nos seguintes termos: prestação pecuniária [pagamento em dinheiro à vítima, a seus dependentes ou a entidade pública ou privada com destinação social] de 10 mil reais, em sessenta dias. A pena será destinada ao Conselho da Comunidade de Abadiânia.*

A proposta foi lida em voz alta e aceita pelo réu — 10 mil reais por fazer Nancy acreditar na cura, levando-a a adiar o início do tratamento médico, que depois disso seria inócuo. Dez mil reais para a cidade do "curador".

Juliana[*] também acreditou que João fosse capaz de curar seu pai. Diagnosticado com um tumor maligno no cérebro aos 52 anos, ele ouviu do oncologista que viveria mais três meses. "Meu pai não se conformava, ele não queria morrer. Não queria", conta ela. "Ele perguntou então quem era o João de Deus e quis conhecê-lo."

As filhas, uma com 18, outra com 23, foram as primeiras a ir a Abadiânia. Numa viagem, levaram uma camisa branca do pai; na seguinte, a foto dele. João pegou a imagem e riscou nela uma cruz. As meninas não entenderam, mas os voluntários traduziram: elas deveriam se dirigir à sala do médium. Quando chegaram lá, ouviram: "Vocês precisam trazer o seu pai aqui". Era agosto de 2006 quando chegaram à Casa de Dom Inácio com o paciente, já debilitado e numa cadeira de rodas. A irmã mais nova logo quis ir embora, não se sentiu bem, voltou para casa, no Rio de Janeiro. Juliana ficaria o quanto fosse preciso. Abadiânia era o único lugar onde o pai ainda sorria. Sozinha com ele na cidade, ouviu um conselho de um americano que

---

[*] O nome da vítima foi alterado para preservar sua identidade.

acabara de conhecer: "Eu queria te pedir para nunca ir à sala do médium sozinha. Você me promete? Nunca". "Ele foi o meu grande anjo, ele me alertou", lembra Juliana. Mas ela custou a entender o que aquele homem vindo de tão longe queria dizer.

No feriado de 7 de setembro, Juliana chegou cedinho para acompanhar a abertura dos trabalhos. Sentou na corrente ainda vazia, prendeu a foto do pai na cadeira da frente, tirou os chinelos e ficou ali, meditando, pedindo por ele, de olhos fechados.

> *Senti uma mão no ombro, e quando abri os olhos, ele fez um sinal para que eu fosse com ele, mas que eu fosse muda, calada, quieta. E eu fui. Não ia imaginar, né? Aquele senhor de olhos azuis... Para mim, era um querido, um fofo. Eu fui. Ele imediatamente trancou a porta, fiquei muito assustada. Senti alguma coisa estranha. Aí, ele deu a entender que me daria um passe, faria um trabalho espiritual. Iniciou com uma prece e, conforme encostava em mim, dizia: "Você tem muita energia". Lembro dele falando: "Sabe que o doutor Augusto toma conta de você". É uma entidade da Casa, o doutor Augusto de Almeida. Ele me virou e começou a fazer o que parecia ser uma massagem nas minhas costas. Aí, foi descendo a mão, eu já fiquei meio assim... Quando ele colocou a mão na minha bunda, foi indo, indo e indo... Comecei a tremer, a ficar gelada. Pensei: gente, isso não pode ser passe! E me virei. Quando eu fiz isso, ele já estava de calça aberta. Eu não sei em que momento ele abriu a calça. E eu me assustei. Era a última coisa que eu podia esperar na minha vida! Aquele homem pra mim não tinha nem sexo, sabe? Quando eu virei e vi aquele homem de calça aberta, eu tremi, fiquei gelada, tive uma sensação horrível! E ele tinha uma cadeira alta, uma poltrona meio amarelada, e ele se sentou bem assim, de pau duro, alto, e botou... Forçou a minha mão pra botar no órgão dele para que eu o masturbasse. Eu não sabia o que fazer. Eu tremia, tremia, tremia... Do nada, eu estava ficando fraca. A idiota aqui foi sentar no chão, ele me deu um sorriso e falou: "Era exatamente isso que eu ia te pedir". Eu tava desmontando! Não aguentava mais ficar em pé. Não lembro até hoje, não sei dizer se ele*

*chegou a ejacular. Mas eu lembro da gente indo ao banheiro, ele se lavando, depois eu me lavei, e mesmo assim fiquei com um cheiro muito forte dele em mim. A gente não teve muito agarramento, mas eu acho que ele chegou, sim, a ejacular. Eu acho. Eu lembro muito do cheiro dele em mim. E aí ele me levou novamente para o meu lugar. A foto do meu pai e o meu chinelo ficaram o tempo todo ali, na corrente, intocados, o tempo todo em que eu estive na sala dele. Ele me colocou no meu lugar e fez uma prece pra todo mundo, começou a fazer os trabalhos, as cirurgias, os atendimentos, e eu ali, com o cheiro dele em mim. E eu não conseguia mais me concentrar, não conseguia mais pensar em nada, só conseguia pensar: idiota, por que você foi sentar no chão? Eu chorava, tremia e não conseguia me concentrar, aquele trabalho não terminava, era tanta gente passando... Não tinha fim.*

*Quando acabou, saí correndo. Fui falar com uma senhora que era dona da pousada onde eu tinha ficado antes. E contei. Eu estava muito nervosa, berrava muito, chorava. Eu estava indignada. Acho que ela... Ela ficou meio assustada, me deu um tapa. Acho que ela me deu aquele tapa pra eu voltar ao normal, porque eu estava realmente muito nervosa. Mas ela disse que não acreditava em mim. E fiquei muito magoada com aquele tapa. Ela era uma mulher em quem eu confiava, uma senhora, e ela não acreditou em mim. Comecei a chorar muito e fui embora. Pensei: eu não posso ir para a casinha que a gente tinha alugado para encontrar o meu pai agora, porque não tenho condições de olhar para o rosto dele. Então, voltei para a Casa de Dom Inácio, pro pátio principal. Eu pensei: vou ficar aqui, porque aqui ele não vai poder fazer nada comigo. Só que eu estava chorando muito. Aí, um voluntário, o Antão, veio e me deu um abraço... O Antão sempre me tratou muito bem, ele era o meu taxista. Ele pensou que eu estivesse chorando por causa do meu pai e me levou pra enfermaria. Cheguei lá e contei para a enfermeira. E ela falava assim: "Perdoa, perdoa". Eu continuei contando, e ela: "Perdoa, perdoa", me abraçando... E eu, idiota, recém-formada em Direito, queria tocar o terror. "Para, fica quieta. É melhor você pa-*

*rar de falar"*, a enfermeira dizia. *"Cala a boca, Juzinha, fica quieta."* E explicou: *"Tem uma mulher, uma gringa, que sumiu. Ela estava contando exatamente o que você está contando para mim, então você fica quieta. Pode ser que aconteça alguma coisa pior com você e com o seu pai. Você não quer que o seu pai fique bom? Você não quer...? Então, fica quieta. Perdoa. A melhor coisa é perdoar".*

*E eu me calei. Saí de lá, fui para a casa que aluguei com o meu pai e falei: "A gente vai embora". Ele não entendeu nada e me perguntou: "Como que a gente vai embora?". Eu insisti: "A gente vai embora para o Rio". O meu pai ficou muito triste, porque ele acreditava que ia ficar curado, e falou: "Quero me despedir do médium, da entidade". Eu concordei com a condição de que a gente fosse no trabalho das duas horas, naquele mesmo dia, ele se despedisse e a gente fosse embora logo depois. Comecei a correr atrás de passagem, arrumar mala... Eu já não queria mais participar de nada lá da Casa, então tomei banho, tirei aquela roupa branca, vesti um jeans escuro, bem escuro, e uma camisa normal, até para deixar bem claro que eu já não estava mais no clima, não acreditava em mais nada. Meu Deus do céu, o João de Deus fez aquilo comigo! Aí, fui passar na fila com o meu pai. Antes da minha vez, o médium já estava assim, me olhando. Quando cheguei, ele falou: "Vai lá na sala do médium conversar com ele". Eu pensei: eu vou, o que mais pode acontecer comigo? Eu vou. Terminaram os trabalhos da tarde e fui para a filinha. Ele me atendeu e, logo de cara, perguntou: "Por que você está vestida assim?", e fechou a porta. Eu falei: "Só fico se você não trancar". Ele não trancou. "Estou vestida assim porque vou embora", expliquei. Sentei, cruzei as pernas — porque lá dentro da Casa não pode cruzar as pernas — e disse: "Você não podia ter feito aquilo comigo. Eu estou aqui pelo meu pai, você não podia ter feito isso comigo, não podia!". Aí, ele começou a falar: "Você não tá entendendo, isso é um trabalho de cura. Você está aqui pelo seu pai, por causa desse carma, esse câncer que ele traz de outra vida. E você foi o motivo desse carma, desse câncer". Ele deu a entender que meu pai e eu tínhamos vivido na época de Dom Inácio de Loyola. Teve uma briga entre um padre e uma freira, meu pai seria o padre, alguma coisa assim, e eu tinha sido o motivo dessa briga. Eu tinha sido o motivo de o meu pai ter aquela doença. E eu acreditei. Eu, burra, acreditei. Eu era uma menina e eu acreditei. Ele falava assim: "Isso é trabalho de cura, porque a energia sexual é a energia da vida, energia da cura", e eu acreditei. "Eu vou curar o seu pai, porque você representa o seu pai", ele continuou. "Não posso fazer esse trabalho nele, mas faço em você." Eu acreditei. Era uma idiota. Meu pai estava morrendo, sabe? Eu acreditei. Ele era a única pessoa que dizia que ia curar o meu pai. Meu pai tinha um câncer chamado multiforme IV, que é o mais agressivo, entendeu? E eu acreditei. Ele falava que eu tinha que ir lá na sala dele diversas vezes, porque meu pai seria curado. E eu acreditei.*

*E eu fui diversas vezes, mas aquilo me fazia muito mal. E o meu pai só piorando. Foi me dando uma depressão, uma tristeza... E eu perguntava: "Quantas vezes?", e ele falava que ainda seriam muitas, dizia um número qualquer, 21... Lembro que, da última vez que eu perguntei, ele falou 17. E eu queria ir pra casa, queria ver os meus gatos, meu marido, e ele não deixava. Meu marido foi me visitar uma vez, e o médium quis saber: "Você se deitou com ele?". Eu tinha que mentir, falei que não. Eu tinha que mentir. Tinha uma mulher na Casa, uma voluntária, que vinha com um lençol branco e me enrolava toda vez que eu ia passar pelo médium, pra ele não ter desejo por mim. Mas ele já estava fazendo aquilo comigo há muito tempo. Ela me abraçava e dizia assim: "Você vai comigo, você vai passar comigo". Ela me enrolava todinha no lençol e fazia questão de passar do meu lado, como se dissesse, "não olha pra ela, não faz nada com ela", pra ele não me procurar. Eu queria tanto encontrar essa mulher pra agradecer o cuidado, o zelo dela... Ela sabia.*

*Na semana em que meu pai entrou em coma, o médium me chamou na sala dele e falou assim: "Seu pai vai morrer". Eu fiquei sem entender: "Mas como morrer, fiz todos os trabalhos!". E ele só repetiu: "Seu pai vai morrer". Quando o médium encontrava o meu pai ele sempre falava assim: "Vou curar você, você será curado", o meu pai acreditava, chorava de alegria. E, naquele dia, eu quis que ele me ex-*

*plicasse: "Mas como?". E ele repetiu mais uma vez: "Seu pai vai morrer, mas fica tranquila que você não vai ficar desamparada, vou cuidar de você. Você vai morar em um apartamento meu em Anápolis, vou cuidar de você, mas você vai ter que ser só minha. Você vai começar a trabalhar aqui na Casa de Dom Inácio, vai fazer a prece de Cáritas, vai abrir e encerrar os trabalhos". Ele fez essa proposta, e eu não aceitei. Isso foi na semana em que meu pai faleceu, em fevereiro de 2007.*

*Quando eu fui embora de Abadiânia, o médium ligava para a minha casa. Meu marido, algumas vezes, atendia. Era uma situação muito complicada. Isso durou uns anos. Ele dizia que ia me visitar, que tinha um apartamento em Copacabana, que ia entrar no mar comigo, que a gente ia tomar banho de mar. Fiquei com muito medo. Foi aí, inclusive, que a gente acabou resolvendo a nossa vida pra mudar de cidade. E comecei a contar o que tinha acontecido para o meu marido. Aos poucos. Fui contando mais um pouco, mais um pouco, até uma hora em que contei tudo. Chegamos a nos separar por causa disso por um tempo. Na verdade, ele não sabe até hoje quantas vezes foram.*

*Só depois que o meu pai morreu comecei a entender que aqueles "trabalhos" eram estupros. Às vezes, eu saía daquela sala e não lembrava nem o que tinha acontecido. Aos poucos, comecei a lembrar de muitas coisas. Foi muito doloroso lidar com a perda do meu pai e entender que aqueles trabalhos, na verdade, eram estupros. Não foi fácil, não. Fui fazer terapia de vidas passadas, porque ele falou que era alguma coisa espiritual, que meu pai estava morrendo por minha causa, fiz regressão, não encontrei nada, absolutamente nada que sinalizasse isso. Aí procurei a minha médica, contei, e ela me passou todos os exames, HIV, hepatite... Depois comecei a ver um psiquiatra também, porque o médium não me deixava engordar, então comecei a comer muito. Percebi que, quando eu ficava gordinha, ele não me procurava. E até hoje é assim, é uma defesa minha. Era uma maneira de ele me esquecer. Alguma coisa dentro de mim dizia que aquilo estava errado, que não era normal um homem me beijar, me obrigar a fazer massagem nele, fazer... Aquilo ali não era normal... Não era mesmo. E eu vou dizer uma coisa que, assim, parece até cruel, mas às vezes eu dava graças a Deus quando se iniciava a semana e apareciam outras mulheres na Casa, porque ele me deixava um pouco em paz, sabe? Para que eu pudesse cuidar do meu pai. Mas, geralmente, na sexta-feira ele já me procurava, novamente.*

*Hoje lembro do choro de muitas mulheres ali. Lembro de uma menina que devia ter uns onze anos. O médium virou, deu de cara com ela... Ficou louco pela menina. Eu pensei em falar: "Não vai na sala dele sozinha", mas eu não sei por quê... Não falei nada. Tenho certeza que ele fez também com ela. Eu lembro dela, do cabelo liso, a pele branquinha... Uma menina da idade do meu filho, entende? Isso dói demais! Essa é a parte mais triste, saber que ele fez com crianças. Eu queria muito ter falado com ela, muito! Não falei porque eu ainda não tinha consciência de que aquilo ali... Eu sabia que era alguma coisa errada, mas eu não sabia... Não sabia como explicar.*

*Quando entendi que eram estupros, tentei até me matar. As pessoas não acreditavam em mim. Era difícil. E eu fiquei muito desesperada, estava me sentindo enganada, abusada... Um dia, entrei em contato com uma mulher que frequentou a Casa acompanhando uma pessoa que tinha o mesmo tipo de câncer que o meu pai. E contei pra ela. Nesse dia, eu ia dar um jeito, ia acabar com tudo. E ela foi a primeira pessoa que acreditou em mim. Naquele momento, eu tenho certeza, foi ali que voltei a acreditar em Deus. Ela foi essencial para que eu não fizesse uma besteira.*

*Em 2016, eu soube que o médium estava com câncer. Eu estava estudando muito sobre perdão e quis ir lá para perdoá-lo. Eu pensei: tenho que tirar isso de mim. Já tinha me feito muito mal. Então, voltei para Abadiânia em 2017. Cheguei na Casa, ele me passou uma cirurgia espiritual — ele nunca tinha me passado cirurgia espiritual, porque quem faz não pode transar, né? Segui o protocolo direitinho, fui na corrente... Aí, entrei na fila do bye-bye, que era organizada todas as sextas-feiras para os fiéis se despedirem do médium, e falei pra ele: "Eu tô aqui porque eu quero perdoar uma pessoa que me fez muito mal no passado. É o senhor". Ele olhou fixamente para os meus seios, deu uma risada tão nojenta, e me disse: "Vai na sala do médium". Nossa, eu me senti uma merda! Foi a mesma sensação daquele primeiro abuso, quando me ajoelhei tremendo, ele sorriu e falou: "Queria que você fizesse exatamente isso". Fui de coração aberto, e aquele sorriso era como se eu estivesse na sala dele, sendo estuprada. Saí chorando, queria sumir dali. E passei por aquela senhorinha que tinha me dado um tapa. Ela foi falar comigo. Eu a abracei e disse a ela: "Vim perdoar a senhora por aquele tapa. Lembra daquele tapa?". E ela começou a chorar. "O meu perdão vai para a senhora", eu me despedi e fui embora. Nunca mais voltei para Abadiânia.*

Juliana também nunca mais conseguiu dormir sem remédios. Reconstruiu seu casamento e teve dois filhos, mas ainda trata da depressão e nem todo dia consegue se levantar da cama. Anos depois, ela soube que a história de que falava a enfermeira, da "gringa que sumiu", não era uma lenda. A vítima tinha nome e sobrenome: Johanna Hannelore Bode.

Abadiânia, 27 de junho de 2006.

3º Comando Regional de Polícia Militar
18ª Companhia Independente de Polícia Militar

Boletim de Ocorrência nº 191/06
Hora da chamada: 22h10

Conforme o Copom (Centro de Operações Policiais Militares) deslocamos ao local citado (rua Frontal, chácara 10, Lindo Horizonte, próximo à Pousada Catarinense) onde foi observado que havia um cadáver do sexo masculino, de cor clara, estatura média, com aproximadamente uns 50 anos de idade, aparentemente seria uma morte natural, o corpo foi encaminhado ao IML pela viatura dos mesmos.

OBS: Cadáver do sexo feminino. Não portava objeto de valor nem documento de identificação.[2]

Assim, com as palavras do sargento de plantão, ficou registrada a ocorrência da morte de Johanna Hannelore Bode naquela noite de junho de 2006, três meses antes de Juliana chegar à Casa de Dom Inácio de Loyola para tratar o câncer de seu pai.

O Instituto Médico Legal discordou das impressões do PM. A conclusão do laudo, pedido pela Polícia Civil: "Homicídio bárbaro subjugando a vítima velha e disparando um tiro à queima-roupa na face".

Johanna Hannelore Bode não era do sexo masculino, não tinha uns cinquenta anos nem havia morrido de morte natural. Era alemã, não falava uma palavra de português, tinha cabelos grisalhos, 65 anos recém-completos e olhos azuis. Usava dentadura, encontrada fora da boca, ao lado de seu corpo. Morreu com um tiro no queixo, que perfurou o pescoço e atravessou o pulmão. Na pousada onde estava havia uma semana — e onde talvez ficasse dois meses —, a Hospedagem da Izaíra, deixou uma mala preta de roupas, dois nécessaires com cosméticos, dois livros, um par de óculos, uma pochete, dois pares de sandálias, um colar com amuleto, uma sacola de remédios e uma carteira marrom, com 390 reais e 55 euros.

Foi Izaíra, a dona da pousada e médium da Casa de Dom Inácio, quem deu por sua falta. Johanna tinha saído da hospedaria por volta das sete da noite daquele 27 de junho, não disse para onde ia e não voltou mais. A dona da pousada foi na manhã seguinte ao centro espiritual, frequentado assiduamente pela alemã, e disseram que uma estrangeira havia sido encontrada morta ali perto. O corpo já estava em Anápolis. Pelas roupas descritas pelos funcionários da funerária que o transportou, a blusa azul-clara, a calça curta bege, tratava-se de sua hóspede. Além disso, tinha sido encontrada a chave de um dos quartos da sua pousada em um bolso do cadáver. Só podia ser Johanna. Izaíra foi à Polícia Civil, fez outro boletim de ocorrência, e a Civil, responsável pela investigação, quis ouvir a Militar, que registrou a ocorrência de aparente "morte natural".

Francino Veríssimo da Silva, o PM de plantão na noite anterior, foi se explicar. Por volta das 20h30, recebera um comunicado via Copom informando a existência de um corpo caído na rua Frontal. Foi um vigilante particular quem o viu enquanto fazia sua rotineira ronda de moto. Chegando ao local, observou uma mulher "em óbito, caída de bruços, apresentando uma intensa hemorragia na base do queixo".

Como havia sangue num portão de madeira próximo de onde o corpo foi encontrado, Francino disse acreditar que a mulher tinha tentado saltar esse portão e sofreu uma queda mortal. Ele ainda declarou em juízo que virou o corpo da mulher e que algumas pessoas que moravam na vizinhança apareceram para ver o que estava acontecendo, mas ninguém conhecia a identidade do cadáver. Como não existiam evidências de que a mulher fora assassinada, o declarante registrou a morte como natural e acionou a ambulância do Posto Médico de Saúde. Logo, porém, o PM foi informado de que essa ambulância se encontrava em Anápolis, de forma que resolveu apelar para a funerária local, que transportou o corpo. Johanna foi levada ao Hospital de Urgência de Anápolis, onde chegou, evidentemente, morta.

O local onde seu corpo foi encontrado já tinha sido lavado quando a perícia chegou. No dia seguinte ao assassinato, a Polícia Técnico-Científica de Goiás constatou sinais recentes de que quantidades generosas de água haviam sido jogadas no solo, com o objetivo típico de "limpar" a área onde poderiam estar concentradas manchas de sangue semelhantes às da cerca. Os dois peritos que assinaram o documento referiam-se à porteira da chácara em frente ao ponto onde Johanna estava. Ali, na entrada da propriedade, foram encontrados vestígios semelhantes a sangue, segundo o laudo de 29 de junho de 2006, que ainda destaca que não havia sinais de luta corporal nem de disparo de arma de fogo.

Em setembro de 2007, ainda sem pistas do assassino, a Polícia Civil pediu outra perícia e uma reconstituição do crime. O objetivo era saber se o tiro que matou Johanna foi disparado na frente da residência em questão ou nos fundos. Uma única testemunha participou da reconstituição: o dono de uma pousada ao lado do local onde o corpo foi encontrado, que disse ter ouvido, de seu quarto, um estampido "por volta das 19h26 do dia 27 de junho" do ano anterior. Esse novo laudo, de 11 de abril de 2008, afirma que o sujeito não teve nenhuma dificuldade em identificar o disparo feito pela polícia nos fundos da residência como o mais próximo ao barulho que ouvira no dia do homicídio.

Não adiantou muito: o inquérito ouviu o proprietário e um homem que estava hospedado na chácara, além de outras 15 testemunhas, e não chegou a conclusão nenhuma. Em um parecer de abril de 2016, a promotora de

Justiça de Abadiânia Cristiane Marques de Souza se manifestou pelo arquivamento dos autos, já que "não foi possível precisar a autoria" do homicídio de Johanna, crime que "não foi presenciado por ninguém". Ainda segundo a promotora, "urge reconhecer que não restou caracterizada a autoria do suposto crime praticado, não existindo, diante dos vestígios existentes, outras diligências a serem realizadas". A juíza Letícia Silva Carneiro de Oliveira Ribeiro concordou e determinou o arquivamento dos autos quase uma década depois do assassinato.

No início de 2019, depois da prisão de João Teixeira de Faria, uma testemunha afirmou ao *Fantástico*, da TV Globo, que ninguém havia tido coragem de falar a verdade à polícia. Sem mostrar o rosto por medo de represálias, ela disse que, na verdade, a alemã estava ameaçando falar o que sabia sobre os abusos cometidos no centro espiritual, e por isso foi eliminada: "Ela foi até uma lan house para denunciar, publicar na internet que a Casa é uma farsa. (...) Todo mundo na cidade falava isso: que quem enfrentasse o homem corria o risco de ser eliminado. Todo mundo aconselhou a não denunciar, a não mexer com isso, que era muito perigoso".

Em ofício ao Tribunal de Justiça datado de 27 de março de 2019, a delegada da Polícia Civil Paula Meotti pediu o desarquivamento dos autos, "em razão da necessidade aparente de nova investigação", e a remessa dos documentos à força-tarefa responsável por apurar os crimes cometidos pelo líder da Casa de Dom Inácio de Loyola.

# 9
## "Ela é louca"

Quando voltou de Abadiânia, Camila juntou seu vestido branco, sua calcinha e os R$ 120,00 em passiflora que João Teixeira havia mandado comprar e fez uma fogueira. Ela queria queimar tudo o que lembrasse o que tinha acontecido no dia anterior.

Camila tinha dezesseis anos. Era 27 de agosto de 2008, e desde janeiro a menina vinha apresentando sintomas do que a médica disse ser síndrome do pânico. Ela tomava remédios e fazia terapia, mas sua família não considerava o problema resolvido. A conselho de um amigo, os pais levaram Camila de Belo Horizonte a Abadiânia para buscar a cura com João de Deus.

Ao vê-lo pela primeira vez, Camila chorou. No meio daquelas trezentas pessoas na fila, cada uma sendo atendida por uns vinte segundos, o líder da Casa de Dom Inácio a olhou e mandou que voltasse para a corrente das duas horas da tarde. Ela voltou, o viu e chorou outra vez. João se aproximou e ordenou: "Vá à sala do médium, seu caso é grave".[1] O pai de Camila quis ir junto. A sala privativa não tinha muita coisa: uma poltrona, uma cadeira, quadros de santos, fotos com celebridades.

"Como você se sente, faz algum tratamento, toma remédios, frequenta psicólogo, psiquiatra, já foi a algum centro espírita?" João foi perguntando, a menina foi respondendo: "É síndrome do pânico, tenho tido desmaios, crises nervosas, faço tudo isso, mas não sou espírita, nunca frequentei centro".

"Eu vou curar sua filha", prometeu o médium ao pai. "Ela está precisando de energia." Camila, de frente para João, chorava. Ele ordenou: "Pai, feche os olhos". De costas. Virado para a parede. Ajoelhado.

Camila ficou em pé diante do homem que prometeu curá-la. "Receba o espírito, peça ajuda de Deus, feche os olhos." Ela obedeceu. João Teixeira de Faria passou então as mãos pelos seios da menina, depois desceu até a barriga, alcançou a altura da virilha, na frente e atrás.

"Pai, feche os olhos", repetiu João.

A menina chorou mais forte.

De joelhos, de costas, a um metro dali, o pai ouvia: "Vou te curar. Para isso, vou colocar as mãos aqui". E ela orava de olhos fechados, sem imaginar onde as mãos estavam indo. João pegou uma das mãos de Camila e a colocou sobre o seu pênis, por cima da roupa. Ela puxou o braço de volta.

"Calma, faz parte do tratamento." João segurou firme a mão da menina, levou-a de volta a seu pênis, agora fazendo movimentos para cima e para baixo. O médium explicou: "Receba o espírito, ele vai te curar".

João se sentou e mandou Camila se ajoelhar. Continuou segurando sua mão, obrigando-a a mexer no seu pênis, para cima e para baixo. "Está sentindo alguma dor embaixo do umbigo?", perguntou. A menina disse que não, mas as pernas tremiam, o rosto formigava. "Você está recebendo o espírito", ele justificou.

O médium se levantou, mandou a paciente ficar de pé e permitiu que o pai abrisse os olhos. Ele se virou e viu João com os dedos nas axilas de sua filha. Ela chorava muito. O curador disse que precisava vê-la mais vezes. O pai concordou, claro, quantas fossem necessárias. A menina deixou a sala aos prantos, em silêncio. João mandou comprar os remédios, um pote de passiflora para cada membro da família, a mãe, o pai, a menina. Cento e vinte reais em comprimidos. O pai comprou.

No caminho para Belo Horizonte, Camila não parou de chorar. Não quis dizer por quê. Chegaram em casa na tarde do dia seguinte. O pai tomou um banho e saiu para trabalhar. A mãe, que viu a filha fazer a fogueira, telefonou para o marido: "Tem alguma coisa errada, a que horas você volta?

A Camila botou fogo nas roupas, nos remédios. E ela me contou que João tocou no seu corpo, nos seus seios, na sua vagina". O pai se desesperou. Ele ali do lado, aquele tempo todo, sem poder fazer nada. Decidiram ir à delegacia.

Era 29 de agosto de 2008 quando a menina e o pai registraram a ocorrência. No dia 3 de setembro, prestaram depoimento; em 13 de outubro, a Delegacia Especial de Combate à Violência Sexual de Minas Gerais remeteu a denúncia a Abadiânia, onde o suspeito deveria ser investigado. Era o início de um longo caminho.

A viagem dos papéis demorou seis meses. Em abril de 2009, o procedimento foi recebido e encaminhado ao então delegado de Abadiânia, Éder Ferreira Martins.

Em setembro de 2009, a Polícia Civil enviou a Belo Horizonte um pedido para que Camila fosse submetida a um exame de corpo de delito. Um ano depois do abuso, Éder Ferreira Martins queria que um médico legista examinasse a menina, então com dezessete anos, em busca de vestígios de violência sexual. Em crimes desse tipo, o perito olha o corpo inteiro da vítima, genitais inclusive, e colhe material como sêmen, pelos, suor e sangue, para constatar se houve sexo e se há marcas de agressão.

Éder Ferreira Martins não intimou João Teixeira de Faria a depor. Em janeiro de 2010, na ausência de Éder, outro delegado, Manoel Vanderic Correa Filho, mandou os autos à vizinha Anápolis, "tendo em vista a influência política e social que o suspeito exerce sobre a cidade de Abadiânia".

Camila e o pai deram novos depoimentos em janeiro de 2010. A menina ratificou o que já tinha dito; o pai acrescentou que sua filha não deveria ser submetida àquele exame, primeiro porque já havia se passado mais de um ano do crime e depois porque não houvera conjunção carnal. O corpo de delito só serviria para constrangê-la.

O suspeito só foi intimado em abril de 2010. Consta nos autos: João Teixeira de Faria, alcunha "João de Deus", à época com 66 anos, espiritualista, fazendeiro e garimpeiro, com renda mensal entre R$ 10 mil e R$ 15 mil, possuía fazendas e casas diversas, era divorciado, pai de oito filhos, residente em Anápolis, tinha sido processado apenas uma vez, havia mais de trinta anos, por homicídio simples, sendo inocentado sumariamente, e nunca fizera uso de bebida alcoólica.

Em maio de 2010 a Polícia Civil concluiu o inquérito em Anápolis, tendo ouvido três pessoas. Em agosto, o Ministério Público Estadual fez sua denúncia ao Poder Judiciário, na comarca de Abadiânia. Na certidão de antecedentes criminais levantada pela promotora, referente apenas a Goiás, constavam quatro processos, referentes a crimes assim descritos nos seguintes artigos do Código Penal:

- 284: exercer o curandeirismo; processo iniciado em 2 de janeiro de 2003; arquivado definitivamente em 20 de março de 2007.
- 217: seduzir mulher virgem, menor de dezoito anos e maior de catorze, e ter com ela conjunção carnal, aproveitando-se de sua inexperiência ou justificável confiança (artigo revogado por lei de 2005 que mudou o entendimento de sedução de menor para estupro de vulnerável); iniciado em 2 de setembro de 1980; pedido indeferido em 19 de maio de 1986; arquivado definitivamente em 30 de abril de 2007.
- 146: constranger alguém, mediante violência ou grave ameaça, ou depois de lhe haver reduzido, por qualquer outro meio, a capacidade de resistência, a não fazer o que a lei permite, ou a fazer o que ela não manda; iniciado em 17 de junho de 2008; remetido à delegacia de origem, Abadiânia, em 14 de janeiro de 2009.
- 216: induzir alguém, mediante fraude, a praticar ou submeter-se à prática de ato libidinoso diverso da conjunção carnal (artigo revogado em agosto de 2009, quando o entendimento da lei mudou de "atentado ao pudor mediante fraude" para "assédio sexual"); iniciado em 14 de janeiro de 2009; processo arquivado definitivamente em 4 de agosto de 2009, pela impossibilidade de punir o réu, dado o tempo transcorrido desde o crime.

Tudo isso, e João Teixeira de Faria, sempre inocentado, ainda era réu primário. Em agosto de 2010, dois anos depois do abuso contra Camila, a promotora de Abadiânia Cristiane Marques de Souza pedia sua condenação pelo artigo 215 do Código Penal brasileiro: violação sexual mediante fraude — ter conjunção carnal ou praticar outro ato libidinoso com alguém mediante fraude ou outro meio que impeça ou dificulte a livre manifestação de vontade da vítima. Pena: reclusão, de dois a seis anos.

Para o Ministério Público, João, "valendo-se da condição de médium e intentando ludibriar a vítima e seu responsável legal, determinou ao genitor da adolescente que ficasse de costas e de olhos fechados, pedindo para que Camila também fechasse os olhos e, (...) com o fito de satisfazer sua lascívia", abusou sexualmente da menina. "Assustada e acuada pelas circunstâncias, notadamente a condição do denunciado, a vítima não conseguiu pedir ajuda, limitando-se a chorar compulsivamente."

A defesa usou a síndrome do pânico que levou Camila a procurar tratamento na Casa de Dom Inácio como argumento a favor do réu. Em documento assinado por dois advogados, ambos homens, eles afirmam que a história, "fantasiosa", foi "produzida por uma pseudovítima com as características adversas de uma pessoa normal, em função do distúrbio que sofre".

Para explicar o quadro clínico da vítima, João José Elias e Cláudio Louzeiro Gonçalves de Oliveira citam a Wikipédia, de onde reproduzem onze parágrafos como "breves referências do que as pessoas que têm a doença podem sentir, imaginar, e o que pode ocorrer em seu dia a dia, com o intuito único e exclusivo de se evitarem pré-julgamentos e injustiças".

Em defesa preliminar datada de 25 de novembro de 2010, os advogados afirmam, ainda, que:

> *O denunciado sempre manteve, como vem mantendo, uma conduta lídima e pautada em respeito, principalmente dentro de seu ambiente de trabalho espiritual. Em momento algum iria desrespeitar sua honra, sua imagem, e principalmente àqueles que partilham de uma mesma crença com ele. Em verdade, todo o ocorrido não passou, não passa de um equívoco por parte da vítima e de seus responsáveis.*

Ademais, todo mundo sabe que a sala do médium é um local público, frisou a defesa, "podendo entrar as pessoas com seus acompanhantes, não havendo ali nada de obscuro".

> *Em uma análise das declarações prestadas pela vítima e seu representante legal, percebe-se que na sala do médium este estava fazendo o que todos os médiuns fazem, ou seja, confortam os que ali os procuram, tocando as pessoas, tendo em vista que na crença espírita o corpo do médium é utilizado pelos espíritos para transmitir bons fluidos e curas, sendo um dos toques mais comuns o que se chama de "passe".*

"Em momento algum o denunciado 'apalpou' a vítima", frisam os advogados de defesa. João Teixeira de Faria "agiu como age em todo atendimento que lhe é posto, ou seja, passou a fazer orações e proceder com os chamados 'passes'", e sua conduta "não traz enunciados de tentativa de violação sexual, quiçá de procedimentos que levassem a esse entendimento".

> *Pelo contrário, todo o atendimento ocorreu em uma sala onde estava presente o pai da vítima, à disposição para qualquer tipo de excesso. (...) Deve-se observar que essa sala ainda comporta uma janela de vidro, na qual os interlocutores de fora podem acompanhar o que se passa no lado de dentro. Então, Excelência, não há a menor possibilidade de o denunciado ter praticado quaisquer atos que levem ao entendimento desposado pelo Ministério Público Estadual.*

A defesa pediu, assim, a absolvição sumária do réu, já que os fatos narrados pela "pretensa vítima são confusos, fantasiosos". E, "se analisarmos com cautela, pelo simples fato de estar na referida sala, juntamente com seu pai, em um local físico de 2 m x 2,5 m, a alegação de dizer que isto ocorreu, que não teve forças, e ainda talvez por não saber dizer a palavra Pai, diante de seu desconforto psicológico pelo fato de ter síndrome do pânico".

O documento não deixa de lembrar o prestígio do cliente, "líder espiritualista em Abadiânia há mais de 30 anos" que, "como se vê, é uma pessoa conhecida tanto no Brasil quanto no exterior, tendo em vista que a imprensa nacional e estrangeira sempre noticia suas atividades".

Três homens foram convocados pela defesa para testemunhar.

Reginaldo Gomes do Nascimento, policial militar e chefe de segurança de João Teixeira de Faria, garantiu, em juízo, durante audiência em maio de

2012, que na Casa de Dom Inácio de Loyola o atendimento era "feito em um salão amplo, de forma coletiva. "Não há nenhum atendimento em sala separada; não há exceção a essa regra; o acusado não atende em sua sala de descanso." Ele disse não saber informar se o médium atendeu a vítima em sua suíte privativa e reforçou a tese da defesa de que qualquer um podia ver o que se passava ali dentro: "Na sala de descanso há uma porta de vidro e uma janela também de vidro, ambas transparentes. É utilizada pelo acusado para descanso e alimentação e nada mais".

Ely Gontijo Pereira, funcionário da Casa desde 2006, irmão de Hamilton Pereira, ex-prefeito e administrador do centro — e, portanto, sobrinho de Oribes Gontijo da Silva, o fundador de Abadiânia Nova —, também negou em juízo que João Teixeira fizesse atendimentos individuais: "O acusado atende em média 1.200 a 1.500 pessoas por dia; os atendimentos são feitos em grupos, em salas com 250 a 300 pessoas. O acusado não sabe sequer quem está na fila indiana que vai passando à sua frente no momento do atendimento, e nesse momento está 'incorporado' pela entidade espiritual". Gontijo Pereira negou que João desse "passes", afirmando que "o atendimento é feito visualmente, de forma que não há qualquer espécie de toque corporal. As pessoas vão passando na frente da 'entidade' e param a uma distância de dois metros, onde ficam cerca de dois a cinco minutos perante a 'entidade'." Numa conta conservadora, se num dia o médium atendesse 1.200 pessoas por dois minutos cada uma, o dia teria de ter quarenta horas. Questionado pelo Ministério Público, Gontijo Pereira declarou ainda que "nunca ouviu falar em relatos de abuso sexual por parte do acusado. É comum as pessoas sofrerem um abalo emocional na presença do médium e nessas ocasiões choram muito. Nada mais".

Francisco Lobo Sobrinho, o Chico Lobo, funcionário da Casa de Dom Inácio desde 2004, vice-prefeito de Abadiânia entre 1997 e 2004, corroborou os depoimentos dos colegas e acrescentou se lembrar, sim, da visita de Camila ao centro, quase quatro anos antes, embora não conseguisse apontar nenhum fato marcante para que memorizasse justamente aquele dia. Afirmou se recordar, também, que a menina recebeu o mesmo atendimento dado a todos os outros que visitavam a Casa, ou seja, "passando pela corrente em fila indiana". Chico Lobo garantiu que era muito raro que o médium atendesse alguém em particular: "Excepcionalmente, o médium atende a pessoa em separado, mas com a porta do salão aberta ao público; qualquer pessoa vê todo e qualquer atendimento".

Mais tarde, em dezembro de 2018, tanto Reginaldo quanto Chico Lobo tiveram seus sigilos bancários quebrados a pedido da força-tarefa que investiga João Teixeira de Faria, sob suspeita de fazerem parte de sua organização criminosa. Chico Lobo morreu em julho de 2019. Em dezembro de 2019, Reginaldo foi promovido de capitão a major pela Secretaria de Segurança Pública de Goiás, por contar mais de trinta anos de serviços prestados à Polícia Militar.

Camila e o pai prestaram novos depoimentos em julho de 2012, em Belo Horizonte. Ao ouvir a leitura da denúncia e de parte de seu relato anterior à polícia, a jovem, então com vinte anos e curada da síndrome do pânico, chorou. Diante de um juiz, um promotor e dois advogados de João Teixeira, todos homens, ela caiu em prantos ao reviver na audiência o abuso que havia sofrido em Abadiânia, quatro anos antes.

Questionada pela defesa, Camila disse não se lembrar com detalhes da sala onde foi apalpada, mas garantiu que não existia nela um vidro que permitisse a quem estava fora ver o que acontecia lá dentro, pois todas as janelas costumavam ficar cobertas por cortinas. Explicou também que não chamou o pai porque não teve condições, entrou em pânico e teve nojo da própria mão por ter tido que tocar no órgão genital do denunciado. A condição que a levou à Casa de Dom Inácio não foi superada graças à visita, e sim depois, com terapia, e ela nunca tomou os medicamentos indicados pelo acusado.

O pai acrescentou que sua filha não voltou a ser como antes da visita ao dito médium e que ela ainda tinha pesadelos com o que acontecera. Contou, também, que Camila teve medo de ir à audiência por não querer ficar frente a frente com seu abusador.

Em 7 de novembro de 2012, João Teixeira de Faria, dizendo-se à Justiça divorciado, pai de nove filhos com quem mantinha convivência harmônica, tendo cursado apenas quarenta dias de aula no ensino fundamental e nunca tendo sido preso ou processado, afirmou em juízo não fazer trabalhos da forma como estava descrito na denúncia. "Milhares de pessoas frequentam a Casa de Dom Inácio diariamente e por isso o interrogando não tem como se lembrar da vítima e de seu genitor, que segundo consta estiveram lá apenas uma vez; em nenhum momento o interrogando faz atendimento sem que esteja sendo visto por todos do lado de fora da sala, que é rodeada por janelas de vidro e por porta de vidro", registraram os autos. "Não são verdadeiros os fatos narrados", defendeu-se João.

Para o Ministério Público de Goiás, não restaram dúvidas, e o abuso do qual Camila foi vítima ficou "plenamente comprovado". Em relatório de 18 de dezembro de 2012, Cristiane Marques de Souza reforça que "os tribunais entendem de forma pacífica que, em crimes dessa espécie, deve ser conferido significativo valor às palavras da ofendida". A promotora cita uma jurisprudência de Santa Catarina:

> *Em tema de crimes contra os costumes, que geralmente ocorrem às escondidas, as declarações da vítima constituem prova de grande importância, bastando, por si só, para alicerçar o decreto condenatório, mormente se tais declarações mostram-se plausíveis, coerentes e equilibradas, e com o apoio em indícios e circunstâncias recolhidas no processo.*

Entendimento esse que o Tribunal do Rio Grande do Sul reforça:

> *Em delitos dessa natureza, cometidos na clandestinidade, não havendo qualquer indício de que a imputação seja criação mental movida por interesse escuso, a palavra da ofendida, coerente com outros elementos colhidos nos autos, autoriza a condenação, máxime quando o réu invocou álibis contraditórios e não provou nenhum.*

Mas a defesa, em documento de dez páginas assinado por dois homens em 14 de janeiro de 2013, nega que a violação sexual tenha ocorrido, menciona ausência de provas e desqualifica a palavra da vítima. Os advogados voltam a usar a síndrome do pânico como argumento para afirmar que Camila não estava em "condições normais" e usam ao menos nove maneiras diferentes de dizer que a jovem é louca:

- "A suposta vítima é uma pessoa que ainda detém problemas psíquicos, devendo suas declarações serem analisadas cuidadosamente";

- "O pai está sendo envolvido por uma história fantasiosa criada por sua própria filha";
- "A acusação deveria se atentar e se instruir um pouco mais sobre as consequências da síndrome do pânico à pessoa que carrega tal patologia";
- "Não é merecedora de tamanha confiança em suas palavras, dado seu estado psíquico e mental";
- "A parte que se diz ofendida é uma pessoa que foi em busca de ajuda espiritual, justamente por estar com problemas psíquicos e/ou psicológicos";
- "Apresenta um quadro emocional instável, reduzindo assim a credibilidade daquilo que fala, vê e/ou ouve";
- "É uma pseudovítima com as características diversas de uma pessoa normal, em função do distúrbio que sofre";
- "Apresenta em seu perfil psíquico vestígios de grau de debilidade em razão da patologia que lhe acomete";
- "É uma pessoa que realmente precisa de tratamento psiquiátrico, é o que se depreende dos autos".

"O que se conclui, em fria e desprendida análise, é que o denunciado não passou de mera vítima dos atos deliberados da vítima e de seu pai", resumem os advogados no pedido de absolvição do réu.

Poder Judiciário, Comarca de Abadiânia, 25 de fevereiro de 2013.

**Sentença:**
As declarações da vítima, que em crimes de natureza sexual assumem especial relevância, aponta excessos por parte do acusado no exercício do poder espiritual. (...) É certo que o acusado praticou atos libidinosos contra a vítima, que não viria em juízo relatar fatos tão constrangedores somente para prejudicar o acusado; pessoa esta que, segundo consta, não conhecia até a data do fato.

Com relação à elementar "fraude", não é qualquer tipo de engano que tipifica o crime, sendo indispensável o emprego de estratagemas que tornem insuperável o erro ao qual é levada a vítima, e as circunstâncias devem ser tais que conduzam o ofendido a se enganar. (...)

Como se vê, no que se refere ao agir mediante fraude, estão bem assentadas as possíveis hipóteses de incidência, de forma que o caso dos autos não se enquadra em nenhuma delas, tendo em vista que a vontade da vítima não se encontrava viciada no momento do fato, ainda que o acusado estivesse prometendo falsamente ou artificiosamente uma cura.

Pelos relatos, tem-se que a vítima chorava compulsivamente durante o período em que permaneceu na sala sendo atendida, o que significa dizer que não estava confortável com a situação, embora pudesse perfeitamente exprimir sua vontade, mesmo porque seu genitor ali esteve durante todo o tempo para ampará-la.

Embora se reconheça a fragilidade da vítima, que, na ocasião, estava acometida pela síndrome do pânico, este fato, por si só, não a impedia de manifestar seu inconformismo com a atitude nefasta do acusado, porque não estava a sós com ele.

Com efeito, a conduta do acusado, ao afastar-se dos princípios éticos e da caridade que norteiam os ensinamentos de Alan Kardec, foi imoral, mas não caracteriza a violação sexual mediante fraude, por ausência de suas principais elementares.

Ante o exposto, julgo improcedente a imputação contida na denúncia, para absolver João Teixeira de Faria, com amparo no art. 386, inciso III, do Código de Processo Penal, determinando o arquivamento dos autos, com baixa na distribuição, após o trânsito em julgado.

Rosângela Rodrigues Santos, juíza de direito.

O artigo mencionado no último parágrafo diz que "o juiz absolverá o réu, mencionando a causa na parte dispositiva, desde que reconheça: (inciso III) não constituir o fato infração penal". Ou seja, a juíza reconhece o fato, a violação sexual, mas não que tenha acontecido mediante fraude, já que a menina não estava "em erro".

Em sua primeira entrevista sobre o caso, exclusiva para esta obra, a juíza Rosângela Rodrigues Santos explica que em sua sentença deu credibilidade à palavra de Camila, reconhecendo que o abuso ocorreu. A magistrada não podia, no entanto, condenar João Teixeira de Faria por violação sexual mediante fraude, porque a fraude, em sua opinião, não ficou comprovada — na linguagem jurídica, não havia uma "elementar do tipo" para caracterizar o crime: "O artigo 215 diz: ter conjunção carnal ou praticar ato libidinoso com alguém mediante fraude. Se a prática de um ato libidinoso ou uma conjunção carnal com alguém não for mediante fraude, não caracteriza esse tipo. É necessário que a fraude exista. E o que é a fraude? É um artifício para induzir alguém ao erro. Qualquer artifício". Camila, afirma a juíza, teria de acreditar que estava passando pela cura — apesar de João ter dito isso a ela, a menina "percebeu de imediato que aquilo não era um tratamento". Para caracterizar a fraude, ela teria que "cair na conversa".

"A Camila não ficou em erro. Ele usou a fraude do tratamento, o artifício do tratamento, mas ela não caiu no erro, porque na hora em que ele levou a mão dela para trás, ela percebeu o que estava acontecendo e começou a chorar. Ou seja, ela estava em erro? A fraude tem que ser isso. É um artifício que te leva a uma percepção irreal do caso. E ela não teve essa percepção. De imediato, ela percebeu o abuso e caiu em prantos", explica a magistrada. A vítima, portanto, "percebeu que se tratava de um ato libidinoso e, em vez de reagir, chorou". "Reconheço que o fato ocorreu, só não ocorreu a fraude. Não ocorreu o erro dela. Por que ela não reagiu?", questiona Rosângela Santos.

A juíza afirma, ainda, que não tinha absoluta segurança para condenar o acusado: "O pai dela estava do lado e não viu. Como? O seu pai do lado, e acontece isso... Por mais fragilizada que ela estivesse, ela tinha a segurança do pai. Então, ficou essa dúvida. E, na dúvida, absolve-se o réu". Camila era ainda uma "voz isolada no mundo", sustenta a magistrada. "Ficou só a palavra dela, sozinha."

Rosângela Rodrigues Santos ficou especialmente incomodada quando, iniciada a força-tarefa que recolheu centenas de depoimentos de vítimas, o *Fantástico* exibiu uma reportagem sobre a absolvição do dito médium no caso de Camila. Logo na abertura, o apresentador diz que muitos dos abusos que vieram à tona em dezembro de 2018 poderiam ter sido evitados se dez anos antes a Justiça tivesse condenado João de Deus depois "da denúncia de uma jovem de Belo Horizonte".[2]

"Não tínhamos, naquela época, vítimas nesse montante, ninguém falava nisso. Era uma palavra isolada contra um homem de grande credibilidade, reconhecido no mundo inteiro", explica a juíza de Abadiânia. Hoje, ela defende que a prova é mais substancial, são "muitas mulheres contando a mesma história", com "o mesmo *modus operandi*". "Tentar imputar ao Judiciário a responsabilidade dos fatos é uma violência", ela continua. "Não é verdade, é *fake news*. Eu não estava lá dentro (da Casa de Dom Inácio). Mas governadores, presidentes, deputados, atores e atrizes estavam. Eles nunca tomaram conhecimento do que acontecia? Ou as vítimas foram omissas? Nenhuma chegou até aqui. Eu teria tomado por termo o depoimento se tivesse vindo uma vítima e teria encaminhado à delegacia e ao Ministério Público. Se tivesse vindo alguma denúncia ao Poder Judiciário, tudo bem, mas não veio. O Judiciário não tem bola de cristal. Quem permitiu que os abusos continuassem foram as vítimas que não denunciaram. Se tivesse um volume… A Camila era uma palavra isolada, o réu não tinha antecedentes criminais. Eu sou mulher, eu sinto muito, mas a responsabilidade é das vítimas."

A juíza reforça ainda que foi apoiada em sua decisão de absolver João Teixeira naquele caso pelo colegiado de segunda instância que avaliou o recurso do Ministério Público.

Em seu apelo, a promotora Cristiane Marques de Souza afirma que "se infere, da simples leitura da sentença, que dúvidas não há quanto à prática pelo apelado João Teixeira de Faria de atos libidinosos contra a vítima". Ela sustenta que, sim, Camila foi induzida a erro e, "durante toda a consumação do crime, mesmo ao lado do genitor, não esboçou reação e consentiu em ser tocada em suas partes pudendas e em acariciar o órgão genital do apelado porque pensava estar colaborando com o tratamento que fora buscar para seus males físicos e emocionais". Até mesmo o pai foi levado a erro, acusa Marques de Souza:

> *Obedecendo às ordens do médium, ele permaneceu o tempo todo ajoelhado, de costas, com os olhos fechados. Assim, clara e evidente é a fraude, isto é, o engodo, o ardil, engano utilizado pelo apelado para alterar a realidade, satisfazer sua concupiscência e praticar com a vítima ato libidinoso.*

A defesa de João, embora peça a manutenção da decisão, também faz reparos à sentença da juíza, que considera "equivocada" em dizer que o apelado tenha efetivamente praticado o abuso, ainda mais com o pai da menina ali do lado:

> *Seria muita ousadia de alguém que em tese "está a cometer um crime". Resta óbvio que tudo não passou de ilusão no pensamento da vítima, confundindo qualquer que tenham sido os atos, respaldados pela doutrina espírita, praticados pelo apelado. (...) Em mais de quarenta anos de trabalho desenvolvido na área espiritual em Abadiânia e também por todo o mundo, jamais se envolveu nesse tipo de situação, mantendo-se, assim, um constrangimento excessivo a um homem que tem a paz e a espiritualidade como premissas de vida. Que pratica o amor de Deus sobretudo, e que difunde a espiritualidade por onde passa.*

Na Segunda Câmara Criminal do Tribunal de Justiça de Goiás, o juiz Fábio Cristóvão de Campos Faria discordou da juíza de primeira instância, em voto publicado no dia 8 de agosto de 2013, quase cinco anos depois da ida de Camila à Casa de Dom Inácio. Na opinião do magistrado, houve a fraude: "Para estar caracterizada, deve o réu ter usado de subterfúgio capaz de convencer a prática dos atos que pretendia, o que se verifica no caso, já que a vítima acreditava estar buscando a cura".

O reconhecimento da fraude, porém, não foi suficiente para mudar a decisão. Isso porque, para o juiz, o depoimento de Camila não bastou como prova do crime:

> *Há que se atentar que a mesma, na época, era portadora do transtorno do pânico, gerando uma condição mental em que não é possível distinguir a fantasia e a realidade (...). A par da relevância emprestada à palavra da vítima em casos como o dos autos e embora seus depoimentos tenham se mantido uniformes desde o princípio da persecução penal, não há testemunhas presenciais, já que o pai disse estar com os olhos fechados e de costas. Recordo que a condenação reclama certeza fundada e, na dúvida, prevalece o estado da inocência.*

O relator manteve a absolvição de João Teixeira de Faria, dessa vez por falta de provas.

Não cabe mais recurso à absolvição de João no caso de Camila. Ao *Fantástico*, a jovem, hoje advogada formada, disse esperar que, agora, a Justiça ouça as mulheres abusadas por João. "Eu gritei por justiça lá atrás. Não me ouviram", afirmou. Questionada sobre a razão pela qual decidiu mostrar a cara e falar sobre um processo que até então estava sob sigilo, disse que não tinha mais medo: "Eu necessito mostrar para as pessoas que superei isso. Sou forte, escolhi o Direito por esse motivo. Luto pela justiça. Fui vítima há dez anos, não sou mais".[3]

Em janeiro de 2019, menos de um mês após a prisão de João Teixeira de Faria, Abadiânia tinha virado uma cidade fantasma, com lojas, pousadas e restaurantes fechados em sua principal avenida, a que dá acesso à Casa de Dom Inácio.

João de Deus em sua última visita à Casa de Dom Inácio, onde abusou de suas fiéis, dias após a denúncia ser publicada na imprensa e menos de uma semana antes de ser preso. Recebido por apoiadores, enfrentou tumulto e permaneceu menos de dez minutos no centro.

O então líder espiritual em sua principal poltrona de atendimentos na Casa de Dom Inácio, ainda em seu auge, em julho de 2018, seis meses antes da queda; sentado ali, ele recebia as fiéis, em fila, e recomendava a algumas delas o atendimento privado, na sala onde eram abusadas.

Biografias oficiais, o *Guia para Visitantes da Casa de Dom Inácio*, livros de autoajuda e fotos de santos conviviam com cristais, camisetas e ímãs nas lojas de souvenirs de Abadiânia.

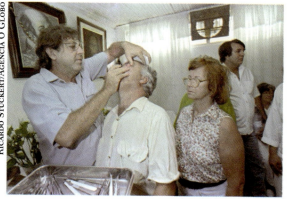

João Teixeira de Faria realiza cirurgia física em Abadiânia, na década de 1990. A raspagem do olho era uma das técnicas mais utilizadas. Anos depois, sob críticas de associações médicas, o ex-líder reduziu o número de exibições públicas das operações.

A Casa de Dom Inácio em seu auge: centenas de fiéis se aglomeravam nas filas de atendimento, em Abadiânia, para ver o dito médium por alguns segundos.

No coração da Casa de Dom Inácio, o triângulo simboliza os pilares que o centro dizia defender: fé, amor e caridade.

O centro espiritual visto do alto, antes da denúncia contra seu líder: carros estacionados, filas de fiéis e estacionamentos para ônibus do outro lado da avenida.

Em fila, fiéis aguardam atendimento, em 2016: em alguns segundos, João de Deus mirava o cliente e rabiscava a "receita do espírito" em um pedaço de papel. Em geral, a ordem era que comprassem cápsulas de passiflora e água fluidificada na loja da Casa de Dom Inácio. Noutras vezes, encaminhava a vítima para atendimento privado.

A Casa da Sopa, centro de caridade que leva oficialmente o nome da mãe do ex-governador Marconi Perillo, fechada após a prisão do dito médium.

As placas de "Silêncio" podem ser vistas por toda a Casa de Dom Inácio de Loyola, cercada por orientações aos fiéis escritas em vários idiomas, em geral alemão, francês, espanhol e inglês.

Durante as correntes de meditação na Casa de Dom Inácio, a ordem é: não abra os olhos jamais; em julho de 2018, um fiel vendado acompanha as orações.

Reunião de integrantes da força-tarefa instaurada pela Polícia Civil e pelo Ministério Público de Goiás após as denúncias veiculadas pelo jornal *O Globo* e pelo programa *Conversa com Bial*; João Teixeira havia sido preso no dia anterior.

João Teixeira de Faria deixa a Deic em Goiânia, após prestar depoimento, e é conduzido ao Complexo Prisional de Aparecida de Goiânia.

A imagem de Santa Rita de Cássia deixada por João Teixeira de Faria sobre sua poltrona de atendimentos dias antes de ser preso segue intacta, rodeada de flores e cristais, na Casa de Dom Inácio de Loyola.

Depois de intensa negociação, João Teixeira de Faria se entregou à Polícia Civil de Goiás, no dia 16 de dezembro de 2018, e foi encaminhado à Delegacia Estadual de Investigações Criminais (Deic), em Goiânia, onde deu depoimento de mais de quatro horas.

Em 2012, a apresentadora norte-americana Oprah Winfrey foi pessoalmente a Abadiânia entrevistar o então líder espiritual João de Deus; saiu de lá "maravilhada" e disse ter tido uma "experiência muito forte".

João Teixeira de Faria na sala privativa da Casa de Dom Inácio de Loyola, usada para abusar sexualmente de muitas de suas vítimas: a seu redor, fotos de celebridades, como o ex-governador de Goiás Marconi Perillo e o ex-presidente Lula com a primeira-dama Marisa Letícia.

# 10
## JOHN OF GOD: "TESOURO" INTERNACIONAL

"FOI UMA EXPERIÊNCIA muito forte. Eu ainda estou processando o que aconteceu. Estou maravilhada."

Em dezembro de 2010, a apresentadora, empresária e atriz norte-americana Oprah Winfrey dedicou um episódio inteiro de seu programa e um perfil de nove páginas em sua revista, O, a João Teixeira de Faria, ou *John of God*. Naquele ano, a americana havia retomado o título[1] de celebridade mais poderosa do mundo, segundo a revista *Forbes* — era a quarta vez que conquistava aquela posição. Em 2011, Oprah foi homenageada pela Academia de Artes e Ciências Cinematográficas dos EUA com um Oscar honorário por seu trabalho humanitário, ao contribuir para a "criação de uma consciência sobre os problemas que afetam as mulheres e as crianças, tanto nos Estados Unidos, quanto no mundo inteiro". Em 2012, Oprah foi pessoalmente conhecer João de Abadiânia, em Goiás, de onde saiu maravilhada e com material para divulgar mais uma vez o trabalho do médium na revista e na TV.

O processo de Camila contra João já estava na Justiça, mas corria em sigilo. Ex-funcionários da Casa de Dom Inácio costumam comentar: sempre que denúncias contra o médium ameaçavam vir a público, seus assessores procuravam reforçar sua boa imagem na mídia. Convidavam celebridades, ofereciam entrevistas, estimulavam o lançamento de filmes e livros, divulgavam fotos suas ao lado de gente famosa. Muitas vítimas também costumam apontar que o poder e a influência ostentados por João eram intimidadores. "Quem sou eu para enfrentá-lo?", elas pensavam.

Em 2010, quem esteve no Brasil para escrever para a O foi a então editora-chefe da revista, Susan Casey. No perfil, intitulado "Salto de fé: conheça João de Deus", a jornalista descreve o médium como alguém capaz de devolver a esperança a quem foi desenganado pelos médicos:

> *De alguma maneira, depois de fazer visitas à Casa, passar por atendimentos com ele e seguir as prescrições espirituais dadas ali, algumas dessas pessoas conseguiram o inesperado: elas viveram. Completamente curadas. Já há 52 anos milagres desse tipo vêm acontecendo em torno desse brasileiro despretensioso, que não leva crédito nenhum por eles: "Nunca curei ninguém, quem cura é Deus", João diz com frequência.*[2]

Susan cita ainda os "anos de perseguição e processos por praticar medicina sem licença", tão comentados nos livros sobre João:

> *Isso não interrompeu sua missão — curar quem precisasse, sem cobrar nada —, e conforme o tempo passou e ele conseguiu ajudar políticos de alto escalão, como o presidente do Peru [na época, Alberto Fujimori] e os prefeitos de várias cidades brasileiras, ele foi aceito e até protegido, tratado como um tesouro nacional.*[3]

A americana foi guiada durante toda a reportagem por Heather Cumming, voluntária, tradutora, biógrafa oficial e dona de uma pousada na região. Susan Casey viu a Abadiânia que Heather quis que conhecesse. Uma cidade "não apenas onde milagres acontecem, mas onde ninguém acha que isso é incomum". Na reportagem, a jornalista, que buscava, com a visita, superar o luto pela morte do pai, afirmou: "Se você não é aberto ao mistério, nunca o verá".[4]

Heather ensinou a ela que as entidades gostavam de ser obedecidas. Elas pediam aos fiéis, entre outras coisas, que escrevessem livros, tirassem licenças de piloto e parassem de fumar — em especial, maconha. "As entidades odeiam maconha", contou a brasileira à americana. "Eles dizem que as pessoas que fumam têm auras densas e vermelhas. Demora cerca de um ano para que seus sistemas se recuperem." Também são as entidades que mandam os fiéis voltarem várias vezes à Casa, explicou Heather: "Foi dito a um homem que permanecesse indefinidamente em Abadiânia. Foi o que ele fez".

De sua própria experiência, Susan conclui: voltou de lá nova. "A dor que pesava simplesmente desapareceu(...).[5] As pessoas comentavam que eu parecia mais leve. Eu me ouvia rir novamente." Publicado o artigo, Susan foi ao palco de Oprah falar dos "milagres" e levar a divulgação de *John of God* ao maior pico de sua história — na verdade, segundo maior, porque a visita da própria apresentadora a Abadiânia ainda seria exibida, em 2013, catapultando de vez a projeção internacional do médium, para a alegria dos "filhos" da Casa.

A própria Oprah descreveu, em seu programa, o que motivou sua visita:

> *Eu queria ver com meus próprios olhos. Então fui à cidade brasileira aonde pessoas do mundo inteiro vão numa jornada em busca de consolo, cura e ajuda para tudo, de vícios a tumores malignos. Fui ao Brasil pronta para não acreditar no que visse. Mas o corpo não mente. Quando João de Deus entrou no salão e fez sua primeira cirurgia, numa mulher com o braço paralisado, ele me chamou para ver mais de perto.*[6]

Quando a paciente foi cortada logo acima do peito, o sangue pingando na calça branca, Oprah sentiu seus dedos esquentarem, o calor subir pelos braços, uma sensação de que poderia implodir. "Estou desmaiando?" Pediu pra se sentar. Heather Cumming trouxe um copo d'água. A apresentadora fechou os olhos, em silêncio, seguindo o ritmo de sua respiração, e chorou lágrimas de gratidão. "Gratidão por toda a jornada da minha vida — não apenas tudo o que tinha dado certo, mas as coisas que não deram também."[7]

Oprah ficou em paz.

\* \* \*

"Karen, pelo amor de Deus, acorda. Só esses estrangeiros bobos que acreditam nesse charlatão. O cara abusa das mulheres, todo mundo sabe disso. Todo mundo em Goiás diz isso desse cara."

"Se a Oprah tá falando, eu vou."

Karen* tinha 32 anos e pouco mais de quarenta quilos quando foi pela primeira vez a Abadiânia. Brasileira residente na Califórnia, nos EUA, desde 1995, ela viu seu conterrâneo na televisão e pensou que aquela fosse a ajuda de que precisava. Recém-saída de um relacionamento com um homem bipolar, ela estava emocionalmente abalada, anoréxica e com depressão profunda. "O estresse começou a afetar o meu estômago, eu tinha fome, mas não tinha vontade de comer. Virou úlcera, fui piorando, as pessoas começaram a me perguntar se eu estava com câncer, se usava drogas, de tão magra que fiquei. Estava num estado precário", conta, em entrevista exclusiva para esta obra.

Nascida em Goiás, com família em Anápolis, Karen foi avisada por familiares e por um amigo de que João de Deus estava longe de ser tudo aquilo que ela imaginava. "Pelo amor de Deus, acorda!" Mesmo assim, ela foi. Da primeira vez, em novembro de 2011, não aconteceu nada. Karen estava acompanhada da mãe e de um amigo, saiu da Casa de Dom Inácio depois de gastar cinquenta reais em passiflora e com a recomendação de retornar em três meses. "Só achei estranho porque o João usava joias, andava num carro importado, e vi bastante fanatismo, aquela idolatria toda...", ela relembra. "Quando ele chegou na Casa, a Heather Cumming, que trabalhava pra ele, empurrava as pessoas, superagressiva, parecia que Jesus tinha descido ali no salão. Achei estranho, mas ignorei. Quem vai lá está precisando de ajuda, sabe? Por isso acaba ignorando. E se a Oprah, que é a mulher mais rica dos Estados Unidos, estava falando que ele era uma maravilha, então eu decidi que iria ver aquele homem."

Em fevereiro de 2012, Karen voltou a Abadiânia com a ideia de morar lá até ser curada. "Não é que eu estava muito desesperada, eu estava totalmente desesperada." O dinheiro tinha acabado, Karen arrumou uma pousada para ficar de favor, e no segundo dia começou a ir atrás de trabalho

---

* O nome da vítima foi alterado para preservar sua identidade.

no comércio local. Ela bateu na porta dos mais diferentes tipos de estabelecimento, restaurantes, pousadas, padarias, e todos diziam: "Você tem que falar com o seu João". Por dois dias seguidos, Karen escutou a mesma coisa.

*No quarto dia de manhã cedo, levantei e fui à sala dele. Cheguei lá, ele estava com o Chico Lobo, que foi prefeito, vice-prefeito, sei lá que diabo que ele foi. Me mandaram esperar lá fora, fecharam a porta pra que eu não escutasse a conversa. Quando o Chico Lobo saiu, o João veio e me mandou entrar. Mal pus os pés lá dentro e ele já trancou a porta e colocou a chave no bolso. Pensei, "fodeu". Na hora, vieram o meu pai, minha tia e o meu amigo na cabeça, me avisando sobre ele. A ficha caiu, esse cara é mesmo o que as pessoas me falaram e eu não quis acreditar. Fui pela conversa de Oprah e da gringaiada que veio aqui. Mas aí eu já estava trancada, sozinha com ele, e ele com a chave dentro do bolso, o que eu ia fazer?*

*Ele então perguntou: "Por que você está aqui?". Eu expliquei que estava procurando emprego e que todo mundo tinha mandado que eu pedisse autorização pra ele. Ele logo sugeriu que, para conseguir um trabalho, primeiro eu teria que fazer uma limpeza espiritual. Depois eu fiquei sabendo que era sempre a mesma merda... Ele usava a mesma estratégia com todas. Com todas. Bom, aí ele disse que, pra fazer a limpeza espiritual em mim, eu precisava ficar de joelhos. Ele sentou na poltrona, abriu as pernas e me mandou tocar nele, fazer massagem nas pernas, bem forte. E eu fui fazendo. Na hora, fiquei até meio confusa. Eu me perguntei: "Será que isso não é mesmo uma limpeza espiritual?". E ele falava pra eu fazer mais forte, fungando, com aquela respiração nojenta, e foi subindo a minha mão. Pensei comigo: "Gente, isso aqui é abuso sexual". Só que eu estava tão chocada com tudo aquilo e trancada naquela sala, que eu não conseguia, eu não conseguia me defender. Eu virei pau-mandado dele, eu não sabia como reagir, aquilo nunca tinha acontecido comigo. Eu não sabia, não tinha experiência. Hoje, se isso acontecesse comigo... Hoje eu sou outra pessoa. (...) Só sei que ele foi desafrouxando o cinto, começou a abrir o zíper da calça dele... Pegou a minha mão para colocar em cima do pênis dele, eu coloquei, só que nessa hora uma pessoa bateu na porta. E bateu de novo, e de novo, bateu mais forte. Aí, ele... Ele não conseguiu... Ele não teve nem tempo de tirar o pênis pra fora, mas que eu tive que tocar a cueca, isso eu tive. Aí, ele pegou, se ajeitou, fechou o zíper, arrumou o cinto, virou pra mim e falou: "Fica aqui. Vou abrir a porta. Preciso saber quem está me chamando". "Tá", foi tudo que eu consegui responder. Mas, na hora em que ele abriu a porta, eu saí mais rápido do que o Forrest Gump, não dei nem tempo, saí assim, num tiro, porque eu imaginei que, se eu ficasse ali, aquele cara iria me estuprar. Simples assim. Nunca corri tanto na minha vida e, enquanto eu corria, eu pensava: "Meu Deus do céu, esse cara faz isso com todo mundo e não tem como eu fazer uma denúncia contra ele, porque olha a proteção do cara, ele anda cheio de capangas! A Oprah vinha aqui fazer um programa, esse tanto de artista que eu sabia que já tinha vindo aqui, políticos...". Naquele minuto, decidi: eu jamais denunciaria aquele cara porque a minha família morava ali perto. Eu iria embora, mas eles ficariam.*

*Cheguei em casa e contei para o meu pai, a minha mãe e minha tia. Todo mundo acreditou. Eles falaram: "Tá vendo? A gente avisou!". Eu chorei muito, de ódio mortal e nojo dele, sabe? E dá mais raiva ainda saber que ele estuprava muita gente, porque isso ficou claríssimo pra mim. (...) Mesmo assim eu decidi não denunciar, porque ninguém ia acreditar, o negócio dele era muito organizado... E eu sei que tinha gente que trabalhava pra ele e que sabia. E ainda ajudava.*

Fora de Abadiânia, mas ainda sem forças nem dinheiro para voltar, sozinha, aos Estados Unidos, Karen começou a frequentar um psicólogo que atendia a pouco mais de cinquenta quilômetros dali, na aprazível Pirenópolis, onde poderia ficar perto da família. A primeira coisa que contou na terapia foi o que havia acontecido dentro da sala de João de Deus. O profissional não ficou surpreso: "Você precisa ver o tanto de paciente que eu pego que volta de lá aterrorizada. E, outra coisa: tem gente que ele corta nas cirurgias, pega infecção e vai parar no hospital!". A tia de Karen já havia lhe dito exatamente a mesma coisa. O psicólogo contou que se dizia à boca pequena que os instrumentos de João não eram esterilizados, e as pessoas saíam da Casa pior do que quando chegaram. "Não deixa ele te cortar!", foi o aviso que Karen escutou, repetidamente, antes de ir a Abadiânia. Quando chegou ao centro, bem que estava disposta a passar por uma cirurgia espiritual visível, tamanho era o seu desespero. Foi o próprio João quem disse que ela não precisaria passar por aquele processo. "Acho que Deus estava mesmo olhando, sabe?", ela conclui.

Nem todas tiveram a mesma sorte.

No segundo dia daquele fevereiro de 2012, mês em que Karen foi abusada e fugiu correndo, a fiel e "gringa" Martha Rauscher morreu dentro da Casa de Dom Inácio de Loyola. Não era pra ninguém ficar sabendo: tiraram o corpo na calada da noite, numa caminhonete preta sem identificação, e o levaram pra Goiânia, onde foi parar na câmara fria de uma clínica de embalsamento. Mas um artesão da cidade que costumava trabalhar por ali, vendendo lembrancinhas aos turistas, viu tudo e achou estranho.

No dia seguinte, ele foi à Promotoria de Justiça e denunciou: a equipe do Serviço de Atendimento Móvel de Urgência (Samu) tentou reanimá-la, fizeram massagem cardíaca, a vítima chegou a urinar na roupa, e morreu. Os socorristas foram embora em seguida, deixando o corpo no local. Veio ainda um médico de Anápolis para atestar que não havia mais nada a fazer. Ele avisou que era preciso chamar o Serviço de Verificação de Óbito (svo) e foi embora também. Nem o svo nem o Instituto Médico Legal (IML) foi acionado. Chico Lobo disse que não precisava, que iria resolver de outra forma, e fez uma ligação, passou o endereço a alguém. Minutos depois, uma caminhonete encostou no estacionamento. Um sujeito da farmácia que estava por ali disse: "Vamos pegar aquela coisa" e ajudou o motorista a colocar o corpo num caixão. Meteram o caixão no veículo, que não tinha selo de funerária nenhuma, e o homem foi embora não se sabe pra onde. É comum ver carros semelhantes chegando e saindo da Casa de Dom Inácio de Loyola no período noturno, avisou a testemunha. Aquela não era a primeira vez.

O Ministério Público mandou investigar. O delegado titular da Polícia Civil em Abadiânia, Éder Ferreira Martins, abriu um inquérito para apurar o "fato atípico": morte a esclarecer.[8] Indiciado: nenhum.

Finalmente acionado, um dia depois, o IML buscou o corpo na Clínica de Embalsamamento Tanato de Goiânia. Foi constatado que Martha, levada à funerária sem declaração de óbito, tinha mesmo morrido na noite anterior, mas não de parada cardíaca. A perícia mostrou que a austríaca de 58 anos e cinco filhos sofreu uma lesão provocada por um "meio mecânico contundente",[9] ou seja, uma "grande pancada".[10] Ela usava camiseta branca, bermuda verde, colar com cristais — um circular e outro triangular —, tinha olhos verdes, cabelos grisalhos e curtos, e onze costelas quebradas, seis do lado direito, cinco do esquerdo, além de uma fratura completa no terço superior do esterno.

Um médico independente, com experiência em perícias, foi chamado à delegacia para esclarecer o laudo do IML, que não determinava qual seria o "meio mecânico" que provocou a lesão em Martha. Luiz Fernando Alves Perillo, médico convocado a depor, atestou que: "Levando-se em conta as estatísticas, pode-se acreditar que a ação contundente citada decorreu de uma queda e colisão contra algum móvel ou mesmo com o solo".[11] Ele disse ainda acreditar que algumas costelas poderiam ter sido quebradas durante a massagem de reanimação cardiorrespiratória, pelo quadro e pela idade da vítima, que tinha os ossos fragilizados por descalcificação.

Chico Lobo prestou depoimento em Anápolis um dia depois de a investigação ser retirada da competência do delegado de Abadiânia, em 13 de fevereiro de 2012. Advertido das penas que um falso testemunho poderia acarretar, o relações públicas da Casa de Dom Inácio negou que tivesse sido ele a ligar para a funerária ou que tivesse sido avisado da necessidade de chamar o SVO. Abadiânia não conta com o serviço, por isso autorizou a retirada do cadáver pela funerária Anapax, de Anápolis. Chico garantiu que aquela era a primeira vez, em seus oito anos de trabalho no centro espiritual, em que assistia à morte de um paciente. Parece que Martha participava de uma oração quando passou mal e estava inconsciente quando os socorristas chegaram. Ele declarou não ser capaz de afirmar se a austríaca foi submetida a alguma cirurgia espiritual ou tratamento, já que todos os pacientes são atendidos de forma anônima, para garantir sua privacidade. Diante dos mil atendimentos realizados todos os dias, era impossível se lembrar da vítima, afirmou Chico Lobo.

O médico do Samu que atestou o óbito,[12] Ednilson Ribeiro Faria, confirmou à polícia que não só alertou Lobo sobre a necessidade de acionar o svo como ouviu do assessor da Casa que isso não seria necessário, já que, nas palavras do próprio Chico, eles "estavam acostumados com fatos semelhantes no centro e tinham as pessoas certas para realizar o procedimento".[13] Ednilson aconselhou ainda que colocassem a mulher num local mais digno, não a deixassem ali, estirada no chão. Chico Lobo coordenou a abertura da porta de um quarto de cerca de trinta metros quadrados, com várias camas, e o corpo foi colocado em uma delas — era a "enfermaria" da Casa. Como o médico não teve permissão, não retirou a roupa da vítima, portanto não pôde afirmar se Martha havia sido submetida a alguma cirurgia.

O delegado de Anápolis intimou o motorista da caminhonete preta da funerária Anapax. Altamiro Jacinto de Oliveira Junior deu, então, a sua versão do que havia acontecido: ele estava de plantão naquela noite de 2 de fevereiro quando recebeu uma ligação relatando o falecimento de uma estrangeira na Casa de Dom Inácio, por morte natural. Ele afirmou estar acostumado a casos semelhantes, de modo que foi rapidamente remover o corpo, para, em suas palavras, "evitar alarde sobre a situação".[14] Não o levou a Anápolis porque a cidade não possuiria clínicas com os instrumentos e equipamentos do nível dos existentes em Goiânia. Questionado sobre o porquê de ter buscado o cadáver no lugar do svo, Junior afirmou que, para aquele tipo de ocorrência, não havia necessidade de acionar o órgão público responsável por determinar a causa da morte.

O Serviço de Verificação de Óbito, além do mais, não possui base em Abadiânia, por isso a funerária estava acostumada a retirar corpos da Casa de Dom Inácio, contou Junior ao delegado. Ele disse já ter realizado a remoção de cadáveres de pessoas que faleceram dentro do centro espiritual ou logo depois de serem encaminhadas de lá a algum hospital de Anápolis, isso "ao menos umas seis vezes". A retirada sempre acontecia a pedido de familiares ou das pousadas onde as vítimas estavam hospedadas, enfatizou Junior. Ele negou conhecer Chico Lobo ou existir negociação entre ele, a Anapax e o centro de João Teixeira para a retirada de corpos. Quem pagava pelos serviços era a família dos mortos. A funerária providenciava toda a documentação e os procedimentos de repatriação.

Mas como seis corpos, se Chico Lobo havia dito que aquela era a primeira morte dentro da Casa de Dom Inácio de Loyola?

Em 14 de fevereiro de 2012, em depoimento dado ao delegado Manoel Vanderic Correa Filho, João Teixeira de Faria reafirmou a versão dada por seu assessor: "Nunca houve outro falecimento em suas instalações".[15] Como não estava no local, disse não ter conhecimento de como foram realizados a retirada e o traslado do cadáver. Ele afirmou ter prestado atendimentos no centro espiritual naquela quinta-feira, 2 de fevereiro, mas garantiu ter voltado a Anápolis, onde mora, antes de anoitecer. Retornou na sexta, dia do "bye-bye", quando os fiéis se despedem do médium, mas só veio a saber da morte de uma estrangeira nas dependências de seu centro no sábado. Ele disse não se lembrar de Martha nem saber se a mesma foi submetida a alguma cirurgia espiritual, já que a Casa recebe centenas de pessoas diariamente e não mantém registros de seus pacientes. Pelo que foi informado, a vítima teve uma parada cardiorrespiratória enquanto participava da oração do terço.

O corpo de Martha Rauscher foi cremado e, conforme o desejo da família, suas cinzas foram deixadas na Casa de Dom Inácio de Loyola.

O inquérito policial foi considerado concluído, apesar de as provas colhidas não permitirem determinar a "intervenção dolosa ou culposa de terceira pessoa na morte da vítima". "A Polícia Civil pauta seus trabalhos pela verdade real e não em presunções, razão pela qual descarta que o tratamento espiritual desenvolvido na Casa de Dom Inácio tenha interferido no caso de forma direta", escreveu o delegado Correa Filho, em 24 de abril de 2012. "Assim, sugere-se o arquivamento dos autos."[16] A promotora Cristiane Marques de Souza acatou sua proposta, argumentando que faltavam elementos para o oferecimento da denúncia.

A juíza Rosângela Rodrigues Santos discordou das duas autoridades. Para ela, "as circunstâncias podem ser indícios de imperícia caracterizadora de eventual homicídio culposo por parte daqueles que prestaram socorro à vítima".[17] Por isso, a magistrada mandou que os autos fossem submetidos ao Procurador-Geral de Justiça, para nova avaliação.

O processo foi lido por outra promotora, Marísia Sobral Costa Massieux, que manteve o pedido de arquivamento por não existirem "indícios mínimos que suportem o oferecimento de uma denúncia em desfavor dos atendentes do Samu que prestaram os primeiros socorros a Martha, nada indicando que tenham falhado".[18] O subprocurador-geral de Justiça para assuntos jurídicos Abrão Amisy Neto assinou o despacho insistindo na decisão do Ministério Público de Goiás.

A magistrada, portanto, foi voto vencido, e a investigação foi arquivada, um ano depois da morte de Martha Rauscher.

Mas, se àquela época o caso de Camila corria em segredo e sem nenhuma repercussão na mídia, o de Martha teve uma cobertura que deixou João Teixeira muito abalado. "A imprensa publicou coisas que ele não disse, falou coisas que não acontecem, e ele está irritado e até grosseiro",[19] explicou o administrador da Casa de Dom Inácio e ex-prefeito de Abadiânia, Hamilton Pereira, à repórter do *Jornal Opção*, de Goiânia, Andréia Bahia, que esteve lá em fevereiro de 2012 para apurar o que havia se passado.

Pereira tentou convencê-la de que as mortes no centro espiritual deveriam ser vistas como "naturais", já que a maioria dos fiéis em busca de tratamento com o médium João foi desenganada pela medicina. "São essas pessoas que frequentam a Casa, exceto os espíritas, que vêm sempre", afirmou o funcionário, dizendo-se católico.

Durante a investigação sobre a morte da austríaca, o Ministério Público local mandou que o cartório de Abadiânia entregasse a relação de óbitos de estrangeiros na cidade em janeiro e fevereiro de 2012. Apenas naqueles dois meses, a pequena Abadiânia perdeu quatro "gringas": além de Martha Rauscher, outra austríaca, Elisabeth Haring, de 47 anos; a francesa Gisele Marie Jane Luquet, de 78; e a grega Evangelia Argyri, de 56. Supõe-se que todas tenham ido a Goiás atrás de João Teixeira.

O médium recusou-se a dar entrevista à então repórter do periódico goiano, que saiu de lá impressionada com o seu domínio sobre a cidade. Eles faziam tudo da maneira como queriam, conta Andréia Bahia em depoimento para este livro, inclusive tirar um corpo da Casa na surdina: "Isso se dava também pela economia local — era impressionante o movimento que atraía. Era como se fosse uma procissão, aquela gente de branco, um monte de cadeiras de rodas, sendo carregadas pra lá e pra cá, e o espaço ficava tomado de gente". Como jornalista, Andréia se sentiu vigiada: "Não me pediram pra sair, me deixaram andar, mas o tempo inteiro eles sabem com quem você conversa, é uma espécie de vigilância. Tinha algum tipo de controle".

João Teixeira também tentou controlar jornalistas australianos convidados a conhecer a Casa de Dom Inácio em 2014. A ideia era divulgar a ida do médium a Sydney, em novembro daquele ano, onde atenderia durante três dias seguidos — por 295 dólares australianos (pouco mais de mil reais, em cotação de agosto de 2020) por um dia ou 795 (cerca de três mil reais) o pacote inteiro, com a "sopa abençoada" incluída.

O jornal *Sydney Morning Herald* calculou que aproximadamente 18 mil australianos já tinham ido a Abadiânia buscar a cura com João. Naquele novembro, ele atraiu 6 mil fiéis ao Sydney Showground, no Parque Olímpico da cidade. Um mês antes disso, Tim Elliott publicou no mesmo *Morning Herald* suas impressões do que acontecia em Goiás. Guiado por um tradutor da Casa, foi levado a entrevistar ex-pacientes e ouvir relatos de cura de vários tipos de câncer, derrame, espinha fraturada…. "Eles parecem sãos e relativamente sensatos, mas o evangelismo de seus testemunhos produz em mim algo como uma 'fadiga milagrosa': se mais uma pessoa me contar sobre sua incrível recuperação, eu a matarei."[20]

Inicialmente, João Teixeira não gostou da "energia" de Tim — "Parece que me movi muito rápido ao seu redor, o que 'abalou seu campo'"[21] — e se recusou a dar entrevista. "É uma pena, porque eu gostaria de perguntar a ele sobre as acusações que li de que João abusou sexualmente de funcionárias da Casa e desviou fundos doados para a construção de uma cozinha de sopa e os usou na reforma de sua própria casa."[22] Sem saber disso, João mudou de ideia e o recebeu.

"Quando eu chego, [o assistente e tradutor Diego] Coppola parece nervoso. João também está lá, parecendo impaciente. De repente, tenho um flash de clarividência: essa entrevista não terminará bem. Começo perguntando como as entidades chegam a ele ('me entrego ao mais alto ser, e então o trabalho acontece') e como enfiar uma pinça no nariz de alguém pode curar o câncer ('tudo é possível com o poder de Deus'). Menciono as acusações de abuso sexual. Quando Coppola traduz minha pergunta, João olha pra cima, franze a testa e diz que está encerrando a entrevista. 'Pensei que você tivesse vindo falar de mim', diz João. 'Não de outras pessoas.'"[23]

Tim pediu desculpas e tentou jogar só mais uma pergunta, sobre o desvio de doações para que repaginasse sua residência. "Isso não cai bem. João começa um longo discurso sobre como ele tem sido um agricultor e empresário de sucesso, que trabalha há cinquenta anos, que não é um ladrão; muito ao contrário, quem fez essa acusação é ladrão, vagabundo e bandido. Ele diz que vai me mostrar seus recibos de imposto e que quer ver os meus, também. E depois ele sai, gritando, e não volta mais."[24]

Michael Usher, então repórter da versão australiana do jornalístico televisivo *60 Minutes*, exibido pelo canal Nine Network, tampouco foi bem recebido pelo médium. O programa, investigativo, havia feito o dever — e as contas. Michael ficou impressionado com os milhões que a Casa de Dom Inácio rendia apenas com a venda de água fluidificada, passiflora e banhos de cristal. "Não é intervenção, é exploração",[25] definiu. Na abertura, ele menciona como a fé pode fazer das pessoas mais frágeis "presas fáceis para os piores seres humanos":

> *Conheci um desses homens (...). Ele se apresenta como João de Deus, mas não há nada de divino nele. Milhares de seguidores vão até lá na esperança de curar sua dor, mas vão embora com menos dinheiro. A suposta cura não é de graça: ele é um homem de negócios, ganha dezenas de milhões de dólares. E o pior: o nosso governo acaba de lhe dar um visto, e no próximo mês ele vai trazer o seu show para a Austrália.*

O jornalista esteve em Abadiânia acompanhado por um médico, que assistiu às cirurgias físicas performadas pelo curador. David Rosengren fez sua avaliação: é frequente as pessoas ficarem mais vulneráveis depois que a medicina moderna falha em conseguir curá-las.

> *Pesquisas recentes com placebo confirmam que você consegue, com o poder da crença, levar a mente a acreditar que certas coisas estão acontecendo. Pode ser que as pessoas acreditem que estão sendo curadas, mas não há nenhuma prova objetiva de que isso aconteceu.*

O especialista, que testemunhou os trabalhos espirituais com agonia, menciona ter tido vontade de interromper o médium, arrancando-lhe os rudimentares instrumentos das mãos e dizendo "isso é criminoso, isso é errado".

Inicialmente, João aceita conversar com Michael.

"É raro o senhor Faria dar entrevistas. Por uma boa razão: ele tem muito a esconder", narra o apresentador em *off*, enquanto o médium aparece vestindo o uniforme branco do centro espiritual, sentando-se roboticamente à sua frente, no jardim da Casa.

"Estou falando com João de Deus ou com uma entidade?", questiona o australiano, em inglês, traduzido por Heather Cumming — apesar de o *60 Minutes* ter levado uma tradutora própria, a assistente do médium ficou incumbida de fazer o trabalho, por exigência do dono da Casa de Dom Inácio.

"É com o João mesmo."

"Como funcionam as curas?"

"Eu não curo ninguém. Quem cura é Deus."

"Há um grande negócio em torno do seu empreendimento espiritual. É mais sobre o dinheiro ou sobre as curas?"

Heather interrompe o repórter. "Essa pergunta não estava na lista", diz. Ele insiste, é justo perguntar. "Não, não vamos entrar nesse tipo..."

"Nesse ponto, João Teixeira e seus assessores decidiram que ele não responderia mais às minhas perguntas", explica Michael ao telespectador. "Falando em português, sua equipe decidiu que ele deveria ir embora."

"Estamos tentando entender e descrever o que acontece aqui em sua totalidade", argumenta o repórter, olhando para Heather. "Isso são perguntas naturais que um jornalista faria."

João se levanta para ir embora e estende a mão para cumprimentar Michael, que não desiste:

"Deixe-me perguntar, então, você já abusou sexualmente de algum de seus seguidores?"

Silêncio.

"Alguém pode traduzir?", pede o australiano.

João sai andando e se afasta das câmeras. O apresentador o segue, com sua assistente correndo atrás. Quando o médium entra no corredor em direção aos salões de meditação, a tradutora do programa o alcança e diz em português: "Já houve algum assédio sexual que o senhor fez?".

"Da sua mãe!", responde João, engrossando o tom e adentrando o recinto das entidades.

No jardim, Michael Usher busca explicações dos "filhos" da Casa, em vão. O jornalista, que não sabia da violação sofrida por Camila no Brasil, havia encontrado nos Estados Unidos uma acusação recente de crime sexual contra João Teixeira de Faria. Em 2010, detetives americanos investigaram o caso de uma mulher abusada durante atendimentos em Sedona, no estado do Arizona. A vítima contou que o médium pegou sua mão, colocou sobre o pênis dele e tentou abaixar sua saia. Durante o inquérito, ela recebeu um recado de João via terceiros, pedindo que retirasse qualquer denúncia e atestasse que não sofreu nenhum mal vindo dele ou de qualquer outra pessoa da Casa de Dom Inácio. O caso nunca chegou aos tribunais.

"Talvez percebendo que os seus comentários pouco divinos seriam ruins para os negócios, ele voltou, pedindo para ver as nossas gravações", conta Michael ao telespectador.

De volta ao jardim de meditação da Casa de Dom Inácio, João demanda: "Eu quero assistir porque não sei o que foi gravado".

O australiano se recusa a mostrar o seu trabalho e pede à sua tradutora: "Diga a João que o que ele disse ali foi ofensivo". Ele se volta para o médium: "Você sugeriu o abuso sexual da mãe dela de um jeito bem cruel e feio. Você foi incrivelmente rude".

"Eu quero assistir o que está filmado", insiste João, encarando a tradutora da equipe australiana. Ele pega a mão dela e se curva em sua direção: "Eu não xinguei a sua mãe, você é uma profissional...".

Michael Usher interrompe o toque:

"Por favor, não".

"É essa atitude que João Faria trará para a Austrália no mês que vem, quando pretende dar o seu show", avisa o apresentador, de volta ao estúdio. No material "extra" do programa, que traz bastidores que não foram ao ar em rede nacional e que foi publicado no site do *60 Minutes* naquele mesmo 26 de outubro de 2014, Michael contou ter vivido "dias bizarros" em Abadiânia e fez um apelo: "Eu entendo a busca das pessoas pela espiritualidade, entendo a fé das pessoas, entendo quão poderosa é a esperança. O que eu não posso tolerar é alguém como João Faria tirando vantagem de pessoas a quem só resta a esperança. Eu digo a elas, pessoalmente: não vá vê-lo, será um desperdício de dinheiro. Você sairá de lá depois de gastar centenas de dólares e sem ter melhorado por isso. Por favor, pense duas vezes antes de ir. Eu não quero que os australianos sejam explorados por João Faria, por João de Deus, nem por ninguém do circo em torno dele".

## 11
## EXPULSO DA PRÓPRIA CASA

QUANDO FOI CONVOCADO para uma reunião de emergência na cidade gaúcha de Campo Bom, em 2012, João não sabia ao certo o que esperar. Estrela da Casa de Dom Inácio de Loyola Sul, que funcionava desde 2007 num amplo e verde terreno entre Canela e Três Coroas, o médium sempre era recebido ali com pompas de celebridade.

Ao entrar na casa do delegado da Polícia Civil do Rio Grande do Sul Delmes Colombo Feiten, seu antigo aliado, sentiu que o clima estava pesado. Depois de fechar a porta, João Teixeira de Faria levou um chute na bunda. Um importante empresário da região, aos gritos, o chamou de tarado, o mandou sentar e perguntou se ele gostava de botar a filha dos outros pra "chupar seu pau".

João não reagiu. Olhou para o chão, em silêncio. Minoria diante de uma dezena de machos raivosos, evitou o confronto. Desta vez, era ele o jurado de morte. Se voltassem a vê-lo ali, prometiam os pais de família presentes na sala, o médium não sairia vivo.

Os empresários que o escorraçaram foram os mesmos que fizeram o seu templo gaúcho funcionar durante cinco anos, sem receber nada por isso. A celebrada filial do centro espiritual, a pouco mais de uma hora de Porto Alegre, era mantida por moradores de Canela, Três Coroas, Campo Bom, São Leopoldo, Novo Hamburgo e região. A nata das cidades se mobilizava de maneira voluntária para manter a Casa em ordem. Durante o ano inteiro, a comunidade fazia trabalhos que iam da manutenção à ampliação das instalações, passando pelo comando administrativo e financeiro do empreendimento.

Famílias se dividiam entre as funções. Homens cuidavam da burocracia e dos números. Mulheres orientavam os visitantes, olhavam a cozinha, umas poucas "escolhidas" seguravam a bandeja com os instrumentos que João utilizava durante as cirurgias espirituais. A sopa oferecida — um caldo de legumes da estação, à semelhança do que era oferecido na sede — era preparada pelos próprios colonos, com mantimentos, na maior parte das vezes, doados.

Três vezes ao ano, em datas marcadas de modo a não afetar os trabalhos em Abadiânia e no exterior, o líder espiritual baixava ali para atendimentos *in loco* — em geral, feitos de sábado a segunda-feira, para que pudesse viajar depois do "bye-bye", na sexta, e voltar a Goiás na terça. A ocasião era anunciada pelos moradores como um evento de grande honra para os gaúchos. Semanas antes, eram convocados mutirões de limpeza e organização. Chegada a hora, e por três dias consecutivos, os arredores da Casa, outrora pacatos, ficavam lotados de ônibus de excursão e carros particulares que chegavam a levar mais de 10 mil pessoas em busca de alguns segundos diante de João de Deus.

Já fazia duas décadas que ele descia o país para encontrar seus seguidores — grande parte deles era do Sul, e muitos reclamavam de não ter condições de viajar para tão longe e com a frequência exigida quando precisavam de tratamento. O médium, que gostava de dizer que seu coração era gaúcho e que sua missão terminaria no Rio Grande do Sul, ia, então, até eles. Sem um espaço permanente, improvisava polos de atendimento em cidades como Cachoeirinha, Cruz Alta, Anita Garibaldi e Santo Ângelo — município que o recebeu por mais tempo, antes de sua relação com a região acabar em desentendimento, e onde o médium estava em 1995, com o sobrinho Urubatan, quando Mário Reis foi assassinado.

Enquanto "pipocava" pelo estado, a cada visita uma equipe local era mobilizada para resolver — voluntariamente — a logística necessária à sua chegada. Fazia parte desse trabalho desde a faxina do local de atendimento até a sua "preparação espiritual". Certa vez, em Viamão, conta o professor e médium da Casa Marcelo Stoduto, João Teixeira chegou a atender numa danceteria:

> *Tivemos que fazer toda a limpeza, desde literalmente, passando Vaporetto nas paredes, até um assentamento energético, espiritual, para que ali pudesse ocorrer um trabalho de cura que, na verdade, se distanciava muito do que ocorria corriqueiramente naquele espaço. Do ponto de vista energético e espiritual, tínhamos que criar uma compatibilidade maior para o trabalho poder ocorrer.*

Conta-se que foi a entidade — João incorporado, nesse caso por dr. Augusto de Almeida — quem reuniu os fiéis gaúchos que prestavam serviços em Abadiânia e disse: "Temos um trabalho a ser desenvolvido, mas é necessário estruturarmos um lugar fixo no Sul". O espírito chegou a apontar em um mapa onde a Casa deveria ficar. E uma regra deveria ser seguida, teria afirmado dr. Augusto: a construção tinha de ser fruto de esforço coletivo, não adiantava alguém doar sozinho uma bolada de dinheiro para fazer tudo. "Tinha que ser trabalho de formiga, em que cada um fizesse sua parte, e todos se sentissem corresponsáveis", continua Stoduto, que participou da fundação da Casa de Dom Inácio Sul, em entrevista para esta obra. "Não era para o crédito ficar com uma pessoa só." Os assistentes sulistas de João — que não eram poucos — ficaram incumbidos de conseguir o terreno e estabelecer as relações locais necessárias para viabilizar seu desejo.

As terras foram compradas de um fiel por um valor abaixo do mercado, e as prestações, pagas do bolso de vários trabalhadores, numa espécie de "vaquinha". Galetos foram doados também, para que o dinheiro que rendessem fosse aplicado em material de construção. Uns deram tijolos, telhas, outros, a própria mão de obra.

O resultado não se deveu a "uma pessoa só", mas a propriedade, registrada em 2003, ficou em nome do delegado Delmes Colombo Feiten, à época titular da 1ª Delegacia da Polícia Civil do Rio Grande do Sul. Seu currículo já acumulava as credenciais de diretor do Departamento Estadual do Narcotráfico entre 2000 e 2001 e diretor da Academia de Polícia Civil do RS de 2000 a 2003. Em 2004, Delmes conquistou também o diploma de

Psicologia na Universidade Luterana do Brasil, em Canoas, com a monografia intitulada *O homem vítima de maus-tratos*.[1] Até hoje, seu nome está registrado como presidente da Casa de Dom Inácio Sul.

Ali, sob o comando e a bênção do policial civil, João Teixeira de Faria conseguiu acumular seguidores de todos os estados da Região Sul, sem diminuir o fluxo de visitantes que iam a Goiás. Os fiéis pareciam se multiplicar. E não era fácil chegar lá. Sem transporte público, era preciso subir quase dez quilômetros por uma empoeirada estrada de chão, na divisa entre Canela e Três Coroas, depois de viajar por cerca de uma hora e meia a partir de Porto Alegre, de ônibus fretado, táxi ou carro particular. O estacionamento ficava na própria rodovia. Uma estrutura branca e protegida da chuva, hoje escondida pelo mato que cresce desassistido, marca o ponto onde carros e ônibus paravam, enfileirados. Ali, os fiéis esperavam vans para ir ladeira acima, rumo ao templo. No fim de 2019, placas distribuídas pela quase deserta estrada ainda indicavam o rumo da Casa, encravada num vale enfeitado por araucárias e hortênsias, à beira do rio Paranhana, bem diferente da estrada movimentada e urbana que corta Abadiânia. No caminho, residências amplas, coloridas e com gramados impecáveis, senhoras à varanda, além de algumas poucas lojas de móveis rústicos, café, carne, um ponto de encontro para rafting, um pesque e pague e uma igreja evangélica.

Depois do portão azul que ainda hoje sustenta o nome da propriedade — que agora passa a maior parte do tempo lacrada —, a filial era uma espécie de miniatura do modelo goiano. Tinha um pouco de tudo, em tamanho reduzido: farmácia, lanchonete, cozinha, camas de cristal, enfermaria, o palco das cirurgias e, para o médium, seu aposento privativo, onde costumava se hospedar. João Teixeira podia chegar acompanhado de sua companheira, Ana Keyla, ou não. Isso variava, conta Marcelo Stoduto, assim como variavam o tamanho e a composição da equipe que vinha com ele de Abadiânia — em geral, um funcionário da administração e o pessoal da farmácia, algo entre seis e dez pessoas. Vinham de avião, e devotos ficavam encarregados de buscá-los no aeroporto de Porto Alegre e levá-los até a Casa de Três Coroas. Os voluntários gaúchos se organizavam em maior número que os goianos e eram os responsáveis de fato por armar o cenário para que os trabalhos acontecessem.

"Devia ter umas vinte e poucas, trinta pessoas, mais ou menos, que ajudavam em tudo, desde varrer, passar pano, limpar banheiro, ajeitar todo o espaço, arrumar as cadeiras, fazer a decoração de todo o ambiente da sala, fazer as orações e preparações energéticas, organizar palco, secretaria, chapelaria, o pessoal da cozinha, que chegava antes para começar a preparar, descascar os alimentos para a sopa...", detalha Stoduto. "Em termos de público, variava entre 10 e 14 mil pessoas nos três dias. Tinha gente que vinha do hospital, às vezes até de ambulância, para ser atendido e depois retornar. Era nesse nível a coisa. Teve uma vez que a gente começou a trabalhar em torno de umas sete da manhã, para a abertura do centro às oito, teve um pequeno intervalo antes do turno da tarde, começou de novo e foi até uma e pouco da manhã do dia seguinte."

Tudo sempre com muita alegria, muita ansiedade, "pela possibilidade de ajudar um grupo muito expressivo de pessoas, porque não tínhamos nenhum lucro direto com absolutamente nada dos atendimentos, ao contrário, gastávamos para sermos voluntários", explica Stoduto. O transporte, a hospedagem e a alimentação ficavam por conta dos trabalhadores. Se precisassem de água fluidificada ou passiflora, também tinham de pagar. "Eu, por muitas vezes, por não ter carro e depender de carona para ir e vir, no início consegui com a diretoria e com o próprio João a possibilidade de pernoitar lá dentro da Casa de Dom Inácio. Eu dormia na cama da enfermaria."

De lá, testemunhou as madrugadas em que João Teixeira deixou seus aposentos para fazer alguma "preparação" do entorno da Casa, isso por volta das duas horas da manhã: "É algo comum na vida do João, ele ter um trabalho de madrugada, associado às interligações espirituais, ao entorno energético. Ele fazia isso também em Abadiânia".

Quando aparecia para os atendimentos, desfilando com um seleto grupo de seguidores ao redor, o policial Delmes sempre a seu lado, João era recebido com aplausos: "Quem estava ali tinha uma expectativa muito grande, era aquela festa. E tinha todo um glamour próprio em relação às pessoas que ficavam ajudando, era um grupo bastante restrito, na comparação com a massa de gente que vinha para ser atendida". Eram milhares de fiéis aglomerados em bancos de madeira, sob tendas pintadas de azul e branco, feitas com troncos de árvores arrancadas das cercanias.

Os trabalhos seguiam mais ou menos a rotina da Casa goiana — um turno matutino e outro vespertino, a corrente de oração, as receitas individuais rabiscadas num papel, a sopa no almoço, alguns atendimentos privativos, quando o médium chamasse. A maior diferença da filial gaúcha era a chamada sala de desobsessão, criada para os casos considerados mais graves e mais complexos de processo obsessivo e que ficava sob coordenação de Marcelo Stoduto. "Um trabalho de desobsessão complexo vai atender casos mais severos, de magia negra, de possessão. Como o João tinha de atender massas de gente, quando os trabalhos eram mais simples, a pessoa passava pelo médium, ele colocava a mão na cabeça dela e dizia que podia sair. Já casos de desobsessão são mais intrincados, demandam um tempo maior de atenção e de trabalhos com possíveis espíritos que estejam no entorno dessa pessoa, agravando o quadro", conta o antigo assistente de João. "Graças a Deus, o centro foi cercado de médiuns com bastante capacidade, com muito valor moral e que conseguiam me assessorar para darmos conta de toda aquela demanda. E João sempre dizia que a responsabilidade de tudo o que acontecesse ali era minha. Independentemente dos outros médiuns, ele iria cobrar de mim."

A cobrança profissional não era menor pelo fato de a filial ser tocada por voluntários, em vez de funcionários, como acontecia em Abadiânia. A parte financeira, por exemplo, era de responsabilidade de um empresário importante de Campo Bom, que apresentava todas as contas mastigadas em planilhas para que o chefe conferisse. Nem um centavo ficava fora do lugar. As cifras chegavam a assustar — não se cobravam ingressos, mas, tal qual em Abadiânia, remédios, pedras, banhos de cristal e doações formavam um caixa de respeito. Toda a renda — em dinheiro vivo, porque lá não se aceitava cartão — era entregue a João, que levava a maior parte dela embora.

Um dos responsáveis pelas finanças da Casa Sul pensava que a verba arrecadada seria doada, e a repassava sem culpa. Ele, como tantos outros voluntários, também estava ali para agradecer. Por indicação de Delmes, ele havia levado sua mãe para tratar de um câncer com João e, embora ela tenha morrido da doença, a família inteira permaneceu devota. Todos — o casal e as duas filhas — passaram a trabalhar no entorno do médium, fosse na farmácia, guiando fiéis, segurando a bandeja com os instrumentos "cirúrgicos" ou no caixa da lanchonete. Isso em 2008. "Vamos ajudar", o pai disse, e levou a mulher e as meninas à Casa.

Foi a irmã mais nova, Carolina, então com dezoito anos, a primeira "escolhida" por João. Ligia, a mais velha, até se sentiu mal.* "Como assim, não sou tão especial?", se perguntava. Sua irmã havia sido convidada a ficar ao lado do médium durante as cirurgias, assistindo-o. Desprezada da nobre função, Ligia, cinco anos mais velha, escolheu ficar à disposição para tirar dúvidas dos novos seguidores. Fazia isso quando estava em Abadiânia e, sempre que podia, também na filial gaúcha. Organizava filas, explicava procedimentos, direcionava os fiéis para a área de meditação, a loja, a farmácia.

Ainda levaria alguns anos para que Ligia fosse "escolhida". Em 2012, ela foi até Abadiânia com uma amiga, em busca de tratamento espiritual. João sabia que a gaúcha tinha uma filha pequena e problemas no casamento. Um dia, aconteceu: na abertura dos trabalhos, pela manhã, passou pela fila de atendimentos e escutou: "Vá à sala do médium". Ela foi, ao meio-dia em ponto. João trancou a porta. Ligia não estranhou, era mesmo necessário proteger os trabalhos espirituais de qualquer interferência. Procedimento operacional padrão. Muita gente procurava João o tempo inteiro, poderiam interromper o fluxo de energia — mesmo discurso repetido pelos voluntários ao pedir aos fiéis silêncio, olhos fechados, pernas e braços descruzados na corrente de orações. Além do mais, ela nunca tinha ouvido falar de abusos. Teve só uma vez, logo no início, que Delmes avisou: "Pode ser que vocês escutem essas histórias, mas isso é gente que não teve a cura, não fez o tratamento certo, e depois quis cobrar". Bem, se o delegado estava dizendo que nada houve, então nada houve. Aquele era um território seguro, acreditava Ligia.

Em depoimento exclusivo para este livro, ela conta que ficou de costas para João, em pé, enquanto o médium explicava que precisava trabalhar os chacras ligados ao prazer sexual para que seu casamento, em ruínas, melhorasse:

---

* Os nomes das vítimas foram alterados para preservar suas identidades.

*Ele ficou se esfregando. Não me mostrou nada, não encostei em nada, mas ele ficou se esfregando, falando: "Eu tô te passando energia. Respira fundo, sente essa energia. Agora abre mais, abaixa um pouco mais a calça...". Eu baixei, até abaixo da bunda. A gente tem realmente um chacra acima da região genital, então ele dizia que tinha que fazer isso, era parte do tratamento. E eu, que tinha problemas na minha relação e fui buscar aquilo ali, achava que eu tinha que ser forte, aguentar pra tentar reverter meu casamento. Eu pensava: "Beleza, deve ser isso mesmo...". Mas fiquei encucada: as pessoas vêm lá da puta que pariu e trazem só uma foto dos outros pra pedir a cura, por que ele precisava ter esse contato comigo? Ele estava com a calça aberta, mas não tirou a cueca, não baixou. Foi esfregação, e eu achando: "Ok, tudo certo". "Depois almoça", ele me disse quando terminou. "Fala com o Chico Lobo pra te dar almoço." Ele faz isso pra mostrar que você é superespecial.*

*Voltei, participei dos trabalhos à tarde, tudo normal. No outro dia de manhã, a mesma coisa: "Vá à sala do médium". Mas era pra ir no final do dia, e não pela manhã. Eu falei pra minha comadre, que estava lá comigo: "Vai indo pra pousada, eu vou depois". Minha amiga foi embora, e eu fiquei. Na fila da sala, tinha outras mulheres, não me recordo de ter visto muitos homens. Entrei, ele chaveou a porta, a mesma coisa do dia anterior. Nós ficamos sentados conversando um tempão, ele perguntou como estavam as coisas no Sul, perguntou do meu pai, da minha mãe, da minha filha, se já tinha melhorado meu casamento e o que estava acontecendo no meu relacionamento para as coisas irem tão mal.*

*Tinha um colchão no corredor, escorado na parede. O João mandou eu me deitar ali que ele iria fazer um trabalho. Pensei: "Beleza". Aí ele deitou o colchão e me deitou de lado, tipo de conchinha, sabe? E ficou se esfregando.*

*"Abre a calça." Abri. "Tem que tirar a calça." Tirei. "Levanta a blusa." Levantei. "Abre o sutiã." Abri. Eu, marionetezinha, ia fazendo tudo.*

*Até que por fim eu estava só de calcinha, mas tranquila, achando que fazia parte do tratamento. Aí ele meteu o mãozão lá, né? Enfiou o dedo assim, dentro. Pensei, "misericórdia!". Comecei a achar, tem alguma coisa errada, o que ele está fazendo? Você fica meio paralisada. Fiquei parada, estática, e ele disse que não ia me machucar. Ele falava pra mim: "É só um trabalho. Você está nervosa, tem que relaxar. Está muito nervosa, estou sentindo aqui que está apertado". Daí eu reclamei que não estava conseguindo, que era pra gente parar porque eu não estava conseguindo me concentrar. E ele: "Então você não quer que dê certo. Desse jeito, o trabalho não vai dar certo, você não vai conseguir o que quer". E começou a ficar bravo. Eu pensei: "Puta merda, não tô conseguindo, como vou fazer?". Botei a roupa e saí.*

*Fui até a pousada pensando que aquilo não podia ser verdade. Quando cheguei lá, nossa senhora, tinha muita gente, e fiquei pensando: "E agora? Falo, não falo, falo, não falo?".*

*Da primeira vez, não contei nada pra ninguém, não podia falar. Ele proibiu. Nunca podia falar, o tratamento é uma coisa muito particular, a gente não fala nada pra ninguém. Da segunda vez, ele falou que eu não poderia contar nem pra minha mãe, porque minha mãe era uma pessoa muito forte — minha mãe é realmente meio chefona. Ele insistia que a minha mãe não ia entender.*

*Voltei pra casa e fui direto ver a minha mãe. Falei: "Mãe, olha só, aconteceu um negócio muito estranho…". E contei tudo. Só que ela me disse o seguinte: "Ah, mas eu estou estudando muito sobre os chacras, vou te dar um livro pra ler que talvez você entenda por que ele fez isso". Eu pensei: "Meu Deus, agora estou vendo que estou muito errada mesmo, porque a minha mãe está sabendo do que a pessoa faz e ainda concorda, não é possível".*

*Pensei, "tô louca". Peguei o livro, cheguei em casa e achei que tinha que falar com meu marido. Não escondia nada dele, eu era uma mulher casada, meu marido tinha que saber. Falei: "Olha, aconteceu uma coisa, não sei por que aconteceu, mas vou te falar, porque você é meu marido e acho que tem que ficar sabendo". Nossa, quando eu contei, ele me deu um empurrão, me botou abaixo de cu de cachorro, me chamou de vagabunda aos berros. E eu repetia que não era nenhuma vagabunda, que eu estava tentando dar um jeito naquela merda de casamento, que só estava piorando. Dali em diante, a coisa degringolou. O casamento foi de mal a pior.*

Ligia se separou do marido. A mãe não deixou contar do abuso pro pai — nem era abuso, ela dizia, mas ele vai ficar nervoso. João era praticamente da família. Ligia ficou calada.

Pouco tempo depois, foi a vez de sua irmã, Carolina, ir a Abadiânia com uma amiga, de São Leopoldo. A menina tinha dezessete anos e também era filha de um empresário local que trabalhava de graça na Casa de Dom Inácio. Ele era da diretoria e não descolava de João quando o líder espiritual atendia no Sul.

Carolina ficou do lado de fora da sala do médium esperando a amiga enquanto ela era atendida. Acabou a sessão, a menina saiu aos prantos. "Perguntei o que foi, e ela: 'Não posso falar aqui'. Olhei e disse: 'Não precisa me falar, já sei o que aconteceu'", relatou Carolina à repórter Leticia Mendes, do portal GAÚCHAZH, do Grupo RBS, em dezembro de 2018. "Quando a gente foi andando de volta para a pousada, ela contou o que ele tinha feito. Eu disse: 'Entendo, porque passei exatamente por isso'."[2] Era a primeira vez que a irmã de Ligia contava a alguém que tinha sido vítima de João. Ninguém de sua família soube antes. O crime se repetia, e já se somavam quatro anos — aconteceu na Casa de Goiás e também na do Rio Grande do Sul. No início, Carolina foi convencida de que ela era o canal para a cura de sua avó. A avó morreu, os abusos continuaram. Até hoje, ninguém sabe direito dos detalhes — ela não consegue falar. Só de pensar, chora.

Mas a menina de dezessete anos chegou à pousada e ligou logo pra família, falou tudo. "Aconteceu como nos relatos publicados", contou o pai da jovem ao jornalista Luís Guilherme Julião, em reportagem publicada no jornal *O Globo* no dia 10 de dezembro de 2018.[3] Ele pediu para não ser identificado, com medo de represálias. "Ela foi chamada para o atendimento individual na Casa de Dom Inácio, e ele começou a passar a mão nas partes íntimas dela. Minha filha saiu chorando, assustada."

Logo depois daquela ligação, João soube que a menina tinha dado com a língua nos dentes — as cidades eram pequenas, a informação viajava mais rápido que as pessoas — e começou a ir atrás dela para se explicar. Ela se recusou a vê-lo, e as duas voltaram para o Sul o mais rápido que puderam. O pai da menina estava furioso, dizia que ia matar João. Procurou Delmes Colombo Feiten, presidente da Casa de Dom Inácio de Loyola Sul, policial civil havia 35 anos e então diretor do Departamento Estadual da Criança e do Adolescente (Deca). O órgão era responsável, entre outras coisas, por investigar crimes de abuso sexual contra menores de idade em todo o Rio Grande do Sul. O pai não queria fazer boletim de ocorrência, queria que aquilo fosse imediatamente resolvido com João e que ele ficasse longe de sua família.

A história se espalhou pelas pequenas cidades da região, e outras mulheres começaram a tomar coragem e contar suas histórias — elas também tinham sido abusadas. Carolina e Ligia abriram o que tinha acontecido uma para a outra e finalmente contaram tudo para seus pais. A situação não estava nada boa para João Teixeira de Faria no Rio Grande do Sul.

Os patriarcas da região decidiram avisar a João que ele não era mais bem-vindo ali. Convocaram o médium para uma reunião em ambiente seguro — a casa do próprio Delmes, o delegado. Nenhuma mulher testemunhou a cena. O que se comenta na região é que, em meio a xingamentos, João não negou os crimes. Passou a maior parte do tempo quieto e chegou a culpar as entidades. Nunca mais voltou à sua Casa de Dom Inácio Sul, que tinha acabado de passar por uma ampliação graças às contribuições dos voluntários. Só Ana Keyla, sua esposa, foi autorizada a ir até lá retirar os pertences do líder.

Delmes Colombo Feiten, proprietário e presidente do empreendimento espiritual, continuou cuidando da Casa. Aos mais de 15 mil frequentadores, a diretoria tratou de espalhar a versão de que havia inadequações nos trabalhos espirituais e que seria necessária uma interrupção, evitando assim maiores escândalos. A cidade de Três Coroas tinha decidido que era fraca demais diante dos poderes de João de Deus.

Na noite de Natal de 2012, quando o auge da confusão já tinha passado, o delegado Delmes foi, com Papai Noel, entregar presentes às crianças assistidas pela Casa de Dom Inácio Sul, representando o Departamento Estadual da Criança e do Adolescente. A "ação social" foi registrada em fotografias e divulgada no site da Polícia Civil do Rio Grande do Sul.[4] Delmes Colombo Feiten ficou à frente do Deca até 2014, conforme previsto para o seu mandato. Em novembro de 2016, quando era vice-presidente do Conselho Superior de Polícia, se aposentou. Suas relações com o médium nunca foram investigadas. Procurado pela autora, ele não respondeu aos pedidos de entrevista.

A menor de idade de São Leopoldo abusada por João Teixeira em 2012 cresceu, fez terapia e foi estudar Direito. Quer ser juíza.

A Casa de Dom Inácio de Loyola Sul não está interditada, nem sequer foi alvo de busca e apreensão pela polícia, apesar de ter sido também palco de crimes sexuais. Passa, no entanto, a maior parte do tempo fechada a cadeado, sendo mantida por um caseiro que de tempos em tempos faz o mínimo pela manutenção da propriedade, acompanhado por um cachorro treinado para latir diante de intrusos.

Segundo Marcelo Stoduto, João tinha planos de retornar, assim que os ânimos esfriassem: "Tinha um movimento para tentar convencê-lo a voltar, mas, como ele tinha medo de ir e ser morto, enrolou o quanto pôde. No início de 2018, nos encontramos casualmente em Anápolis e mencionei essa questão das pessoas que desejavam esse retorno e da importância disso para o tratamento delas, para o resgate espiritual do Sul. Aí ele me disse que o retorno era certo, que já estava tudo encaminhado com Delmes e companhia para isso. Até onde eu sei, ele contava como garantido que se retomariam os trabalhos. A negociação já estava bem pacífica, mas, na sequência, vieram as denúncias". Só por isso, João nunca mais voltou.

# 12
## Prenda-me se for capaz

*"É verdade que fui vítima de injustiças: acusações improcedentes e prisões ilegais. Também é verdade que muitos policiais, promotores de Justiça, juízes de Direito, políticos e até mesmo ministros me protegeram."*
João Teixeira de Faria, em depoimento ao advogado Ismar Estulano Garcia, no livro Vida e mediunidade (2013)

"Vamos apostar quanto? Quem acerta o número de mulheres?"

Wilson Francisco, que morou em Abadiânia de 1997 a 2000 — quando saiu para fundar uma igreja ali perto, à beira da estrada, para seguidores da doutrina Daime —, acredita até hoje nos poderes mediúnicos de João Teixeira de Faria. Mas sabe, também, que o homem usava os trabalhos espirituais em seu benefício. "Eu o vi sentado naquela posição (na poltrona de atendimentos da Casa de Dom Inácio), manipulando coisas do interesse próprio, como homem. Em certos momentos, você sabia que era a entidade e, em outros, você sabia que era o João sentado ali, ajeitando as coisas para si."

Era tão ridículo, lembra Wilson, em entrevista para esta obra, que, quando chegava um ônibus de turistas do Sul, ele e outros moradores — homens — de Abadiânia apostavam para ver de quais fiéis — e de quantas

— João Teixeira de Faria iria abusar sexualmente: "A gente via as mulheres que desciam e apontava: "Aquela lá vai ser chamada para conversar com o médium João, aquela também... A gente apostava para ver quem acertava mais". Em entrevista para esta obra, ele conta ainda que dava pra ouvir quando, na corrente, João escolhia uma fiel para encontrá-lo depois, na sala privativa: "Todo mundo tem orelha, né? Dava pra ouvir: 'O médium João quer falar com você depois do trabalho'".

A aposta dos amigos de Wilson Francisco é uma triste ilustração do que muita gente em Abadiânia admite: todo mundo na cidade sabia que a Casa de Dom Inácio de Loyola era uma armadilha. Não havia nenhuma garantia de que as mulheres sairiam de lá ilesas após buscar a cura com o médium João.

"Era uma coisa sabida na cidade. Nenhum local ia na Casa. Lá, ele era um bandido, mas para o turista João era um curador", afirma a cineasta paulistana Anna Muylaert.

A diretora começou a frequentar o centro espiritual depois de terminar de rodar o premiado filme *Que horas ela volta?*, em fevereiro de 2014, segundo contou à revista *Serafina*, da *Folha de S.Paulo*. Até o fim de 2015, ela costumava viajar a cada dois meses à Casa de Dom Inácio, "onde sentia uma energia muito forte": "Era uma Disneylândia da meditação, um retiro. Tinha quem ficasse até oito horas seguidas meditando".

Quando Anna apareceu na imprensa chancelando o trabalho de João, recebeu uma mensagem de um homem dizendo que uma amiga dele tinha sido vítima de abuso. A cineasta nunca mais voltou a Abadiânia.

"Consultei pessoas que vão muito lá, e elas me confirmaram que todo mundo sabia, todos os funcionários", conta Anna Muylaert, em depoimento para este livro, em outubro de 2019. "O mal que João faz não tira o bem que ele faz", era esse o argumento que escutava das pessoas que contribuíam para que os crimes continuassem sendo um segredo da cidade. "Eu até pensei se eu poderia fazer algo, mas eu não sabia o quê. Quem me confirmou (os abusos) lá do pessoal deles falou que os espíritos avisaram João muito tempo antes que ele ia se foder, que ele ia pagar. Era uma crença geral."

Anna começou a contar o que sabia a pessoas de fora de Goiás, que frequentavam muito a Casa. Elas acharam que era fofoca. A cineasta atribui a resistência à adoração de gente que "nem meditava, mas ia pra Abadiânia uma vez por mês":

> *Houve constrangimento. As pessoas não queriam acreditar. Eu acreditei porque eu não tinha nenhuma conexão com João. Eu o acho o maior filho da puta que já houve. Ele se utilizava da fé das pessoas, criou uma Disneylândia para que isso acontecesse. Mas sei de gente que ainda vai lá. A credulidade é muito profunda. Eu entendo quem ficou quieto. É como se falassem: "Não vou cuspir no prato em que comi". Conheço pessoas que tinham fé nele, que acreditavam que o João era do nível de Jesus Cristo. Entravam em adoração pessoal. Essas pessoas sofreram muito quando descobriram. Ou não acreditaram, ou relevaram.*

Uma das pessoas que dizem ter "sofrido muito" quando soube dos crimes sexuais do médium é Candé Salles. Também cineasta, o carioca lançou em outubro de 2017, no Festival do Rio, com a presença do protagonista, o documentário *João de Deus: o silêncio é uma prece* — título inspirado na regra número um da Casa de Dom Inácio.

O filme, rodado durante cinco anos de visitas de Candé a Abadiânia, contribuiu para o endeusamento do então líder espiritual. Não à toa: o roteiro é assinado por Edna Gomes, durante anos assessora de imprensa e defensora de João Teixeira. Edna permaneceu ao lado do dito médium mesmo depois de as denúncias virem a público. O resultado, portanto, serve mais à divulgação do centro espiritual do que como um registro histórico preciso.

A atriz Cissa Guimarães, narradora do documentário, explica logo na abertura que "o silêncio ensina a desenvolver uma maior abertura em relação a Deus. O silêncio cura; é a gentileza da gratidão. O silêncio harmoniza e recupera todo o desequilíbrio. O silêncio é uma prece". Daí em diante, João é retratado em situações cotidianas — o sujeito simples, que dirige o próprio carro, conversa com todos, descansa em sua fazenda — e tem o caráter reforçado por entrevistados como seus assessores Chico Lobo ("João é uma verdadeira escola, a gente aprende todo dia") e Heather Cumming ("João é um homem de fé, dedicação e disciplina").

O filme acompanha ainda a cirurgia — na acepção tradicional da palavra — à qual João Teixeira se submeteu em agosto de 2015, num dos melhores hospitais do país, o Sírio-Libanês, em São Paulo, para a retirada de um tumor maligno no estômago. Roberto Kalil Filho, então diretor-geral do centro de cardiologia do hospital e um dos médicos mais caros e cobiçados do Brasil, diz, no documentário, que o fato de João ter se submetido ao tratamento da medicina convencional "é sinal de grandeza, de humildade, de um médium conhecido no mundo inteiro. Parabéns para o seu João. Tenho orgulho de ser médico e amigo dele", afirma, diante da câmera.

Procurados, Cissa Guimarães e Candé Salles se recusaram a dar entrevistas para esta obra. Em tuíte publicado em 15 de dezembro de 2018, logo após as acusações de violência sexual virem à tona publicamente, Cissa se disse "profundamente indignada com as denúncias contra João de Deus". "Perplexa e chocada. Acima de tudo, muito triste. Condeno qualquer tipo de violência, abuso e assédio contra as mulheres. Estive várias vezes na Casa de Dom Inácio e nunca tive conhecimento de nada a este respeito." Cissa ainda mantinha, em agosto de 2021, foto ao lado de João em sua conta no Instagram, onde contava um milhão de seguidores.

Candé Salles, em entrevista a Marina Caruso publicada em *O Globo* três meses após a prisão de João, afirmou nunca ter visto nada que o deixasse em alerta, duvidoso ou desconfortável na Casa de Dom Inácio. "Não seguiria meu trabalho se testemunhasse condutas que condeno. Não tenho culpa nem vergonha do filme que eu fiz. Registrei o que importava naquele momento: a cura."

Candé contou que, na busca por um "personagem forte" para retratar, um amigo falou sobre os tratamentos que aconteciam em Abadiânia.

> *Dei um Google, vi que a BBC, a Oprah e diretores da Alemanha e da França já tinham ido lá. Achei curioso que um senhor de uma cidadezinha fizesse operações físicas, sem anestesia, tirasse pessoas desenganadas da cadeira de rodas. Decidi ir lá. Quando cheguei, entendi: era um hospital espiritual, uma meditação coletiva com um poder de cura absurdo. Tentei me conectar com a luz e pedi que me tirasse a vontade de beber e usar drogas.*

Candé explicou que não tinha problemas sérios com drogas, mas elas prejudicavam seu rendimento no dia a dia: "Vários amigos me falavam o quanto isso era ruim. O Caetano [Veloso] me disse: 'Nossa, você era tão chato quando bebia. Que bom que parou'". Marina Caruso pergunta: O compositor acredita em João de Deus? "Caetano não acreditava no médium, mas no bem que ele me fez. Mudei tanto que vários amigos começaram a querer ir para Abadiânia. Levei atores, cantores, diretores, médicos, psicólogos."

Candé disse não sentir culpa:

> *Num documentário de 1h20m você tem que escolher uma narrativa. Filmei o sobrenatural, não o homem. Vi gente desenganada ser curada. Me vi rezando e pensando que é importante dar amor ao outro. Antes de ir para lá, eu não pensava nisso. Vivia no mundo do glamour, do ego. Queria ir para uma festa dançar com a Kate Moss. Ali, isso não importa. Importam a cura e o amor.*

Quando soube das denúncias, pelo jornal, Candé diz que "chorou, chorou...". "E liguei pra João, que disse: 'Não lembro de nada, meu filho, não conheço essas mulheres'. Ele chamava todo mundo de filho", contou Candé. "As pessoas tinham com ele uma relação de pai."

"Não lembro de nada" foi uma resposta que João deu durante muitos anos quando confrontado com acusações. Não se lembrava se o pistoleiro que matou Mário Reis havia trabalhado para ele, não se lembrava do tratamento espiritual dado à austríaca Martha Rauscher, não se lembrava de ter atendido Camila — assim como não se lembraria, mais pra frente, das mais de três centenas de vítimas que o denunciariam ao Ministério Público e à Polícia Civil, a partir de dezembro de 2018.

João também se esqueceria de Adriana e Vera,[*] vítimas, respectivamente, de estupro e ameaça, naquele mesmo 2016 em que Candé Salles rodava seu documentário na Casa de Dom Inácio.

---

[*] Os nomes foram alterados para preservar as identidades das vítimas.

Adriana foi uma das mulheres que, como Camila e Dalva, tentaram avisar às autoridades que João Teixeira era um criminoso. No início de março de 2016, prestes a completar 34 anos, ela esteve na Casa em busca de tratamento para engravidar. Ouviu que tinha de ir à sala do médium, sozinha, antes de começarem os trabalhos da tarde. Ela foi. João trancou a porta, sentou-se e mandou que ela acariciasse sua barriga, manipulasse seu pênis. Tudo isso para alcançar a cura. Ao final do abuso, como de hábito, João mandou que Adriana escolhesse três cristais de sua estante e fosse participar da corrente de oração. Ela obedeceu.

Mas Adriana não conseguiu se concentrar na meditação. Levantou e foi falar com uma funcionária sobre o que tinha acontecido. Foi expulsa do salão. Ela insistiu e foi atrás de Chico Lobo na secretaria, pediu providências. O assessor de João foi claro: nada havia acontecido. Adriana saiu da Casa e nunca mais voltou. Quando chegou à pousada, contou tudo à amiga Vera, que a acompanhava na viagem, e as duas decidiram ir juntas, no dia seguinte, à delegacia de Abadiânia. Lá, contou tudo o que tinha acontecido, e seu caso foi registrado como estupro de vulnerável — quando a vítima, por qualquer motivo, não pode oferecer resistência. Vera, a amiga que a acompanhou quando fez o boletim de ocorrência, voltou à cidade onde morava, Alto Paraíso, em Goiás, a cerca de 330 quilômetros da Casa de Dom Inácio.

Um dia depois do registro, Vera recebeu, em sua residência, a visita de João Teixeira de Faria. Ele estava acompanhado de um de seus filhos, Sandro Teixeira de Oliveira, e anunciou logo o motivo da surpresa: queria que a denúncia fosse retirada, ainda que não fosse ela a vítima e, portanto, não tivesse autonomia para tal.

João mandou que Sandro levantasse a camisa e mostrasse a arma de fogo que levava na cintura. E emendou: "Goiás é terra de ninguém, tome cuidado". No pedido de prisão preventiva que levaria os dois à cadeia — isso só em 2019 — consta que:

> *Após a coação mediante grave ameaça, o denunciado, visando contornar a situação de estresse já instalada, agora em um tom mais amigável, passou a prometer-lhe algumas benesses em troca de seu silêncio, oferecendo-lhe duas macas de cristalterapia, que segundo*

*ele estariam armazenadas no veículo estacionado do lado de fora para serem entregues imediatamente a ela, assim como prometeu dar-lhe diversas pedras de cristal, que iria buscar em uma de suas fazendas de garimpo, para que ela montasse seu consultório.*[1]

Vera, que fazia trabalhos como terapeuta, não aceitou nada disso. Por causa do susto, mudou de endereço, mas permaneceu em Alto Paraíso. Quando o seu caso começou de fato a ser investigado pela Polícia Civil, no fim de 2018, ela saiu de Goiás, com medo de represálias. Na decisão pela prisão de pai e filho, em fevereiro de 2019, a Justiça avaliou que a detenção era:

> *imprescindível para garantia da ordem pública, para assegurar a aplicação da lei penal e, sobretudo, para a segurança das vítimas e testemunhas, principalmente após a revelação de que um silêncio generalizado foi mantido por décadas por causa do suposto poder de coerção exercido por uma rede de proteção a João Teixeira de Faria.*[2]

Sandro foi solto um mês depois, em março de 2019. João Teixeira continuou preso, por outras denúncias. O processo segue em curso.

A Promotoria do estado provocou a Corregedoria da Polícia Civil para saber se houve erros nos procedimentos internos. Isso porque se passaram mais de dois anos entre o registro do boletim de ocorrência, em março de 2016, e o início da investigação. Procurada pela autora, a Corregedoria da Polícia Civil afirmou não ter essas informações. Disse ainda que os processos administrativos são sigilosos e que não existiu nenhuma rede de proteção a João Teixeira no órgão.

Em maio de 2016, houve uma ordem judicial para enviar todas as denúncias relacionadas a João Teixeira de Faria à Delegacia Estadual de Investigações Criminais (Deic) de Goiânia — em geral, o pedido partia do Ministério Público, alegando falta de estrutura e de policiais na cidade do curador para investigá-lo.

As denúncias feitas por Adriana e Vera viajaram de Abadiânia a Goiânia por mais de dois anos. Nesse meio-tempo, a apuração ficou parada. Além do tempo de viagem, havia outro problema: a Deic, sobrecarregada por inquéritos que vão de latrocínio ao desaparecimento de crianças, não é especializada no atendimento à mulher — o ideal seria que o procedimento fosse para a Deam.

À época, o chefe da Polícia Civil, órgão estadual, era o governador de Goiás Marconi Perillo. O tucano comandou o estado por quatro mandatos, de 1999 a 2006 e de 2011 a abril de 2018. Perillo orgulhava-se de chamar o médium de amigo. Pouco mais de três meses depois de ser registrado o boletim de ocorrência acusando João Teixeira de Faria por estupro de vulnerável — seguido de coação e ameaça —, o governador de Goiás esteve em Abadiânia para comemorar publicamente o aniversário do então líder espiritual. A festa reuniu cerca de 4 mil fiéis no estacionamento da Casa de Dom Inácio.

Era noite de São João: 24 de junho de 2016. Em discurso, Perillo reforçou a importância e o carisma do médium para aqueles que buscam ajuda e afirmou: "Vim somar a todos vocês, goianos, brasileiros, irmãos de todas as partes do mundo, que estão aqui, mais uma vez, para celebrar a vida do nosso querido e amado João de Deus".[3] O então governador agradeceu o tratamento espiritual dado à sua mãe, Maria Pires Perillo, morta em 2012, e a homenagem que João fez a ela, registrando em seu nome o centro de caridade que ficava próximo à prefeitura de Abadiânia: "Sou muito grato pelo que fez à minha mãe, durante muitos anos. Fez em vida e, depois que ela partiu, homenageando-a com o seu nome na Casa da Sopa. Isso me emocionou muito", lembrou o governador, segundo o *Jornal Opção*.

João havia inaugurado, em dezembro de 2013, com a presença de Marconi Perillo e família, uma placa em tributo à mãe do governador, no empreendimento que distribuía comida aos necessitados. Naquele ano, os dois apareceram juntos em ao menos duas solenidades: no aniversário do médium, em junho, quando foi anunciada a homenagem, e dias antes do Natal, na cerimônia que marcou a mudança de nome do local para Casa da Alimentação Dona Maria Pires Perillo, que, segundo a placa, "dedicou sua vida a doar amor às pessoas, foi exemplo de simplicidade, caráter e humildade. Mãe exemplar, esposa dedicada, deixou quatro filhos e sua história marcada no estado de Goiás, fazendo jus a esta homenagem". Os dizeres, datados de 21 de dezembro de 2013, são assinados por João Teixeira de Faria.

O médium explicou, com lágrimas nos olhos, de acordo com outro jornal local, o *Diário da Manhã*:

> *Estou prestando uma reverência a uma mulher que foi nossa amiga, foi uma guerreira e nos acompanhou por cerca de dez anos em uma ação de difundir o amor e a fé com a caridade que era prática comum para ela e objetivo de nosso trabalho aqui. Além de homenagear a mãe de Marconi, minha amiga e colaboradora, queremos dizer que esperamos do governador o que de melhor podemos desejar para o estado de Goiás.*[4]

Chamada de "filha da Casa de Dom Inácio", Maria Pires teve ainda uma fotografia sua exposta na Casa da Sopa, sorrindo, de vestido azul, entre uma imagem de Jesus Cristo e outra de Virgem Maria.

Marconi Perillo frisou que sua mãe já tinha recebido diversas homenagens póstumas, mas nenhuma tão bonita:

> *Quero dizer da alegria de estar aqui junto de meu pai, Marconi Ferreira Perillo, e de meus irmãos e cunhados. Quero dizer que estamos ganhando um grande presente de Natal e manifestar nossa gratidão pelo que está fazendo, não para conosco, mas para com quem você conheceu, João de Deus, e tratou — minha mãe.*[5]

O tucano ressaltou a importância do médium para Abadiânia e para o Brasil e pediu que ele se lembrasse de todos em suas orações e os ajudasse a continuar com seu projeto: "Aprendi nas Sagradas Escrituras que todo governo é constituído por Deus, e queremos ser instrumentos de Deus para um projeto maior para o povo goiano, com paz e amor para todos". João retribuiria as palavras mais pra frente, em fevereiro de 2018, quando marcou presença em solenidade de entrega de obras em Silvânia e Gameleira, no interior de Goiás, defendendo o nome de Perillo para a Presidência da República. "O Brasil espera por isso e nós também", declarou, conforme registro feito pelo *Jornal Opção*.[6]

*  *  *

Em setembro de 2020, Marconi Perillo recebeu a autora em seu apartamento em São Paulo para uma entrevista sobre sua relação com João Teixeira de Faria. Segundo o ex-governador de Goiás, nascido em Goiânia em 1963, ele ouviu falar de "João Curador" pela primeira vez ainda menino, por uma tia, irmã de sua mãe, seguidora do espiritismo. Depois, teve "contatos pessoais" com ele quando se tornou governador do estado, no início dos anos 2000.

"Ele era uma figura pública, conhecida não só no Brasil, mas no exterior, uma referência até para a economia de Abadiânia", diz Perillo. Em função de João, afirma o político, passaram a existir inúmeros restaurantes, pousadas e hotéis na cidade. "A Casa de Dom Inácio era uma referência ali não só do ponto de vista espiritual, mas do ponto de vista econômico, de geração de empregos." Isso explica, de acordo com o ex-governador, a relação "institucional" que ambos mantinham.

> *Ele era uma referência espiritual no país e no mundo. Mas a minha relação com João foi muito pequena, apesar do tempo em que eu estive no governo. Algumas vezes, eu recebi pedidos de pessoas importantes de outros estados, empresários, autoridades que me ligavam para saber se eu podia solicitar uma consulta com ele. Algumas vezes pedi a assessores meus para que ligassem para a secretária dele para ver se era possível, deixava o telefone da pessoa... Alguns poucos me retornaram, dizendo que tinham ido, tinham sido atendidos, mas nunca passou disso.*

Perillo diz que esteve poucas vezes com João Teixeira. Sua mãe, porém, tinha se tratado com o curador, e numa dessas ocasiões o então governador foi até Abadiânia para lhe agradecer:

> *Minha mãe teve câncer durante quase oito anos, faleceu nova ainda, com 74. Ela tinha carinho por João porque, nas vezes em que precisou ir lá em busca de uma cura, ele sempre deu muita atenção a ela. Assim como fazia, pelos relatos que eu tenho, com outras pessoas.*

O tucano acrescenta que nunca testemunhou as curas ou cirurgias, "nem teria coragem", mas soube de histórias impressionantes de gente que conviveu com o dito médium, como sua mãe. Ele confirma que a inauguração da placa em homenagem a ela, naquele mês de dezembro de 2013, foi "um momento de emoção, de gratidão". E continua:

> *O incrível é que, durante todo o tempo em que fui governador, nunca recebi uma informação mínima que fosse de que pudesse haver esse tipo de assédio dele em relação a mulheres. E olha que no governo de Goiás, na Secretaria de Segurança Pública, há um órgão de inteligência com pessoas muito gabaritadas, tecnicamente muito boas, para manter a segurança no estado o tempo todo, nas fronteiras e também nas cidades (...). Eu nunca recebi uma única palavra que me deixasse desconfiado de que pudesse haver qualquer tipo de coisa estranha, de atitude estranha da parte dele nesse aspecto. Uma ou outra vez eu ouvi falar da pouca sensibilidade dele no trato de pessoas, da forma rude como ele tratava muita gente. Comigo nunca aconteceu, até porque eu era a principal autoridade do estado.*

Questionado especificamente sobre sua ida a Abadiânia em junho de 2016, três meses depois de Adriana e Vera registrarem denúncias de estupro e coação de testemunha na Polícia Civil local, Perillo responde:

> *Geralmente esses fatos que ocorrem nas cidades ficam restritos às delegacias, aos comandos locais. Quando há algo mais grave acabam levando ao conhecimento do diretor do departamento, do diretor-geral da polícia, ou do próprio secretário de Segurança. Mas é incrível: nunca ninguém nem de longe me disse qualquer coisa, nunca recebi uma informação, e eu fui governador várias vezes. E o que intriga não é só esse fato em relação a mim. O João de Deus teve um relacionamento com vários ex-presidentes da República que têm os serviços de informação — a Abin [Agência Brasileira de Inteligência] e a Polícia Federal — muito mais avançados, muito mais experientes e com muito mais tecnologia. Ele também recebeu e se relacionou*

> com vários ministros, ex-ministros das Cortes Superiores, pessoas do Legislativo, tanto do Senado quanto da Câmara... Muitos foram lá levando seus parentes ou para se tratar pessoalmente, artistas... Ele recebeu pessoas de todas as instituições, do Ministério Público, e certamente das polícias, em busca de tratamento. Mas havia uma relação de confiança, inclusive por causa do lado espiritual, com pessoas de todos os poderes, do Ministério Público, da imprensa. Não é o governo do estado apenas, ou o governador que não soube. Pelo que sei, ninguém, de toda essa plêiade de instituições, foi informado minimamente desse tipo de coisa.

O relato do ex-governador confirma um procedimento adotado por João Teixeira desde que ele se estabeleceu em Abadiânia, no fim dos anos 1970: cercar-se de figuras poderosas, que lhe dessem a estabilidade e a segurança necessárias para operar seus negócios. Para João, era importante não só manter boas relações, mas ostentá-las.

> Você vê como ele tinha força: ele foi ao Palácio [das Esmeraldas, sede do governo goiano] em audiência comigo uma ou duas vezes, não me lembro quantas, mas no máximo duas... Da última vez em que ele esteve comigo [lá], perguntou: "Você conhece o presidente da República, tem relação com ele?". Falei: "Conheço, mas não tenho tanta relação...". E ele: "Vou ligar pra ele aqui na sua frente". E então pegou o telefone celular, ligou, e a pessoa atendeu na hora.

Questionado sobre quem era o presidente em questão, o tucano preferiu não citar nomes. O último registro de uma visita de João Teixeira a Perillo no Palácio das Esmeraldas é de dezembro de 2017, para a exibição, na sala de cinema do governador, do documentário de Candé Salles, com a presença do diretor e de Edna Gomes. Nessa época, o presidente da República era Michel Temer.

Temer, porém, não foi a única autoridade máxima do país a se relacionar com João. Ele já havia se encontrado várias vezes com ao menos dois outros ex-presidentes: Dilma Rousseff e Luiz Inácio Lula da Silva. Este deu ao médium uma fotografia autografada, onde se lia "Ao meu amigo João", que o médium exibia na sala da Casa de Dom Inácio onde a maior parte das vítimas foi estuprada. Procurado pela autora, o ex-presidente Lula não quis dar entrevista sobre o assunto.

"É um negócio muito enigmático, estranho, como é que ninguém nunca ficou sabendo", segue Perillo. Segundo ele, além dos presidentes no comando do país entre 2003 e 2019, nenhum dos prefeitos de Abadiânia — e ele afirma ter convivido com vários deles — jamais relatou que algo de anormal acontecesse entre as paredes da Casa de Dom Inácio.

> *Minha mãe, por exemplo, nunca me falou nada disso, nunca soube, até porque ela morreu muitos anos atrás e na época a gente não tinha nem por que perguntar, a gente não sabia de nada. Mas eu já ouvi relatos de pessoas que dizem: "Fomos lá e nunca houve [abuso]". Se isso realmente é confirmado, ele deve ter escolhido um ou outro caso, porque no geral a gente não ouve falar disso... As evidências todas — e as conclusões das investigações caminham nesse sentido — dão conta de que houve, né? Mas muita gente fala: "Olha, engraçado, estive lá e nunca aconteceu nada". Eu tive vários amigos, vários parentes que foram [a Abadiânia] e todos com os quais eu conversei depois desse episódio disseram: "Não, comigo nunca aconteceu. Com a minha mulher nunca aconteceu"... Agora, o que eu sinto e acredito é que o João tenha mesmo um poder de cura, porque ele fez coisas incríveis por muita gente. E gente com as quais eu convivi e convivo. Essas pessoas que de alguma maneira se sentem curadas acreditam piamente que houve uma interseção [espiritual] forte.*

Essas pessoas, afirma Perillo, ficaram, como ele, em choque com as denúncias que vieram à tona pela imprensa em dezembro de 2018:

> *É um misto de tristeza pelo que certamente aconteceria com Abadiânia e com a imagem do estado, e ao mesmo tempo o susto, o choque. Eu nunca imaginaria que isso pudesse acontecer ou estivesse acontecendo. Acho que eu e muitos que conhecemos essa história, alguns*

*mais próximos, outros mais distantes, sofremos um impacto, um impacto forte. Um tipo de incredulidade no início, de susto, e de tristeza por saber que uma pessoa, uma figura que tinha tanta importância, pudesse estar envolvida numa situação como essa.*

O ex-governador diz que era "inimaginável" que estivessem acontecendo em Abadiânia os estupros pelos quais João Teixeira acabaria condenado. Por isso mesmo, não fala em arrependimento, até porque, em sua visão, "não contribuiu com nada que fosse errado". "Mas lamento muito, porque isso acabou atingindo um pouco a imagem do estado e de uma figura pública que era muito conhecida." Questionado se voltou a falar com João depois que os crimes sexuais vieram a público, Perillo nega. E explica:

*Já tinha tempo que eu não falava com ele, até porque na última eleição [ao governo de Goiás, em 2018] ele apoiou abertamente a candidatura do [Ronaldo] Caiado, que era nosso adversário [pelo* DEM*]. Ele não escondeu de ninguém, e não quis receber ninguém que não fosse ligado ao Caiado. Cheguei a solicitar em 2018 uma audiência pra pedir o apoio, o voto, mas ele não atendeu nem a mim nem ao governador na época, que era candidato à reeleição [José Eliton, pelo* PSDB*].*

Ronaldo Caiado, que também já tinha com João Teixeira uma relação antiga, assumiria o governo de Goiás em janeiro de 2019, menos de um mês depois de o médium ir para a cadeia, pelas mãos da Polícia Civil que seu amigo passaria a comandar. Caiado, natural de Anápolis e rival de Perillo, foi mais um dos políticos que passaram pelo palco das festas de aniversário do médium. Em junho de 2015, ainda senador, fez um discurso ao microfone, diante de milhares de fiéis, no qual afirmou que sua conexão com João era familiar e de longa data. Caiado contou que as relações remontam a seu pai, que conviveu com João Teixeira ainda em Itapaci, e depois em Anápolis, recebendo-o em sua casa.

Caiado disse ainda entender, como médico, a gravidade das angústias, dos problemas e das dificuldades que as pessoas têm no dia a dia:

*Essa sua Casa aqui em Abadiânia tem sido um ponto de tranquilidade, de uma energia diferente, para poder continuar a vida e resgatar a esperança de viver. Você é uma pessoa que transmite isso, com o dom que Deus lhe deu. É algo maravilhoso. Nós, na cirurgia, temos limitações. Você, com esse dom, não tem limites para produzir aquilo com que todos nós sonhamos, que é a cura de todas as pessoas. Agradeço por termos aqui no estado de Goiás esse homem que é uma referência no mundo inteiro. Temos aqui hoje lideranças do mundo todo pedindo a Deus pela vida e pela saúde do médium João. Temos aqui autoridades, prefeitos, secretários, lideranças políticas da região, temos aqui ministro do Superior Tribunal de Justiça, o Paulo, temos aqui ministro do Supremo Tribunal Federal, o ministro Luís Barroso, temos aqui pessoas de todos os cantos. Mas, nesta hora, todos viemos aqui com um único objetivo, poder participar deste momento de dividir alegria com você.*[7]

Contatado pela autora, Ronaldo Caiado se recusou a dar entrevista para este livro.

Em dezembro de 2018, vinte dias antes de assumir o governo de Goiás, o político afirmou ser difícil de acreditar nas denúncias contra João Teixeira. Segundo a Agência Brasil, ele considera as acusações de abuso sexual tristes e constrangedoras: "É uma pessoa que sempre teve os melhores conceitos entre visitantes que chegam do mundo inteiro. É até difícil crer em tudo aquilo que foi colocado".[8]

No palco daquela mesma comemoração de 2015, o ministro do STF Luís Roberto Barroso representava apenas um dos muitos amigos de João Teixeira na mais alta Corte do país — Carlos Ayres Britto, Joaquim Barbosa, Luiz Fux, Gilmar Mendes e Dias Toffoli passaram pelo médium.

No livro "*Os onze: o STF, seus bastidores e suas crises*", lançado em 2019, os autores Felipe Recondo e Luiz Weber detalham a relação próxima de ministros com o médium:

*Quando a defesa de João de Deus impetrou um* habeas corpus *no STF [em dezembro de 2018], o pedido foi distribuído, primeiro, para*

> *Mendes, que se declarou suspeito para julgar. Novo sorteio foi realizado — Fux foi escolhido relator e também alegou suspeição. Na terceira rodada o relator sorteado foi [Ricardo] Lewandowski, que negou o habeas corpus. (...) Dos ministros, o mais próximo de João de Deus era Barroso. "Ele tem um poder inexplicável", dizia. Mesmo depois do escândalo, manteve em seu gabinete o cristal que ele lhe dera. Atribuía ao goiano parcela importante de seu bem-sucedido tratamento contra um câncer no esôfago, curado antes de seu ingresso no Supremo [em 26 de junho de 2013].*[9]

Em depoimento para a autora desta obra quase um ano após a prisão de João Teixeira, em novembro de 2019, Luís Roberto Barroso explicou que tinha uma doença "com um prognóstico muito ruim, uma previsão de menos de um ano de vida, e eu me curei".

O ministro conta que conheceu João em agosto de 2012:

> *Ele veio à minha casa, trazido pelo ministro Carlos Ayres Britto, que era amigo dele, também. Eu tinha um prognóstico muito ruim, e o Carlos, que é uma pessoa espiritualizada, levou o João à minha casa. Ele veio de terno, supercomposto, conversou comigo brevemente, fez uma oração e uma cirurgia espiritual, assim ele me disse. Ele me olhou e disse: "Você tá com uma energia muito ruim que não lhe pertence. Eu vou curar você". Fez uma cirurgia espiritual e foi embora. A partir daí, eu fui algumas vezes à Casa de Dom Inácio, em Abadiânia. Passei a ir à Casa uma vez por mês ou um pouco mais.*

O ministro do STF faz questão de deixar registrado que sua mulher passou a frequentar o centro espiritual com regularidade, "e nunca teve nenhum tipo de abordagem e nenhum constrangimento":

> *Eu ia vez por outra assistir a diversas intervenções dele físicas, eu verdadeiramente acho que ele... Eu sou uma pessoa bastante racional, não sou impressionável, mas eu o vi fazer diversas cirurgias físicas, na minha frente. Ele cortava, costurava e fazia no abdômen e também*

cirurgia na vista, de passar a faca de um cílio para o outro. Portanto, eu acho que há alguma coisa metafísica, transcendente na atuação dele.

Barroso resume assim o trabalho de João na Casa de Dom Inácio:

> Ele tinha uma certa capacidade de inspirar as pessoas, de atrair energias boas, e acho que ele tinha uma grande capacidade de cura. Do modo como eu penso a vida, eu acho que ele conseguia motivar as pessoas e inspirar as pessoas a se autocurarem. Eu acho que ele despertava um processo interno positivo nas pessoas.

Para o ministro, eram "dezenas, centenas e milhares de pessoas que tinham essa mesma impressão". Ele prossegue:

> Eu conversei com ele algumas vezes na pessoa física, portanto, nas sessões em que ele atendia as pessoas e, para ser sincero, eu queria bem a ele. Cheguei a ir a alguns aniversários dele, em que reunia alguns milhares de pessoas, eu ia lá dar um abraço e pronto. Quer dizer, essa era a minha relação com ele, uma relação sem intimidade, mas de apreço e, em alguma medida, gratidão.

O ministro é agradecido pela ajuda do médium para eliminar o câncer, embora não tenha largado outros tratamentos:

> Eu me curei, mas fiz fisioterapia, homeopatia, fitoterapia, acupuntura, meditação e fui a Abadiânia. Durante a minha doença, eu vivi um processo profundo de espiritualização, mas plural, até porque a minha vida sempre foi plural — eu sou filho de mãe judia e de pai católico, morei com uma família protestante nos Estados Unidos, tive amigos muçulmanos —, portanto, a minha visão de religiosidade sempre foi muito plural e eu nunca segui nenhuma. Mas eu sou uma pessoa espiritualizada, que acredita no bem e que não tem uma religião própria. A minha relação com o João não tinha nada de

> *religião, tinha a ver com espiritualidade, ele era uma pessoa que me inspirava coisas boas. Eu nunca imaginei nada parecido com o que veio a ser denunciado. Nunca vi e nem imaginei. Eu fiquei muito surpreso com as denúncias. Eu não conheço os processos e, evidentemente, não tenho nenhuma opinião sobre eles. A coisa importante que eu tenho para te dizer e talvez a mais importante é: eu acho que as pessoas a quem ele fez bem devem ser gratas a ele. A gente deve ser grato a quem faz o bem pra gente. E acho que as pessoas a quem ele eventualmente tenha feito mal, essas pessoas têm direito à justiça. Portanto, é um pouco como eu penso a vida. Eu tô te falando com a maior franqueza... Ele me fez bem, eu fiquei muito triste com o que aconteceu, acho que aqueles a quem ele fez bem devem ser gratos e, se alguém tiver sofrido mal, tem direito à justiça, é como eu acho... Enfim, em tudo na vida.*

Questionado se, à luz das acusações contra João e de sua influência, é possível haver um julgamento justo de seu caso, o ministro afirma não ter como opinar sobre isso: "Eu, até agora, olhando de longe, não vejo nenhum favorecimento a ele, muito pelo contrário".

Quando indagado se, tendo em vista o que aconteceu, ele ficaria tranquilo de voltar à Casa de Dom Inácio, Barroso diz "não saber responder isso assim":

> *Se fosse eu, Luís Roberto, a minha atitude seria um pouco diferente de eu como uma pessoa pública. Quer dizer, eu hoje preciso ter preocupações e cuidados que uma pessoa física não precisa ter. Entendeu? Porque você tem, de certa forma, um papel simbólico e, portanto, isso me limita a, por exemplo, visitá-lo.*

O ministro conclui: trata-se de um personagem "imensamente contraditório, difícil de entender, mesmo". "É muito difícil você acreditar que alguém que tinha aquele poder de fazer o bem possa ter feito o mal. Mas, nesta vida, eu acredito nos fatos."

# 13
# A QUEDA

17 DE MAIO DE 2018.
Da Holanda, via Facebook, em inglês.

> *Este post (compartilhável) é para expor João Teixeira de Faria aka "João de Deus curador", do Brasil, como uma fraude e um abusador sexual. Eu hoje sou* CORAJOSA *o suficiente e tenho de falar a minha verdade, apesar do que as pessoas possam pensar!*
> *Nos últimos quatro anos tenho contemplado a raiva e começado a explorá-la e a transformar meus pensamentos condicionados sobre isso ser uma coisa ruim em uma emoção essencial a ser expressada. Quando fui enganada há quatro anos, em junho de 2014, foi a primeira vez que minha fúria começou a se manifestar. Eu a permiti. A raiva e eu passamos por uma jornada nesses quatro anos. Explorando como expressá-la, por meio de meditação dinâmica, praticando a consciência e a catarse consciente. Mas também reprimindo-as. Escondendo um segredo profundo e pesado. Protegendo quem? Definitivamente não a mim mesma.*
> *Esse último mês na Índia me despertou de muitas maneiras. E a minha raiva veio à tona, e esse segredo que guardava dentro de mim.*

Há quatro anos, quando estava em um dos momentos mais vulneráveis da minha vida, viajei a Abadiânia para conhecer o curador mundialmente famoso "João de Deus". Eu tinha visto inúmeros vídeos dele e de seu trabalho no YouTube, tinha lido dois livros e assistido atenciosamente à entrevista da Oprah com ele.

Quando você passa na fila na frente do João incorporado pela entidade (embora ele não esteja sempre incorporado, e muitos não percebem isso), você vai com um máximo de três pedidos. Um dos meus era curar meu trauma sexual. A "entidade" me falou para ir conhecer João pessoalmente. (Enquanto escrevo isso, minhas mãos suam, e meu coração está disparado no meu peito.)

Esperei na fila de mulheres (!) do lado de fora do seu escritório para um "atendimento" individual. E eu era a última. Eu entrei. Ele me perguntou por que eu estava lá. Sua equipe saiu. Agora eu estava sozinha com ele. Enquanto eu contava que queria a cura para meu trauma sexual, ele assentiu com a cabeça, se levantou e me pediu para ficar em pé, de costas para ele. Ele tocou meu corpo. Ele me cheirou. Eu estava deslumbrada com aquele homem e acreditava num milagre.

Ao mesmo tempo, algo me deixou assustada, sentindo que ele era um homem sujo, mas eu ainda acreditava em seus poderes curativos. Ele me levou ao banheiro anexo ao escritório. Ele me colocou diante do espelho e me perguntou o que eu via. Eu não sei o que ele quis dizer. "Bem, eu?" Ele ficou atrás de mim, segurou minha mão e a colocou no pênis dele. Eu congelei... O que diabos estava acontecendo? Ele então me moveu. Ele se sentou numa grande e confortável poltrona e me colocou de joelhos à sua frente. Colocou minha mão em seu pênis e mexeu a sua mão sobre a minha e me falou para sorrir e me sentir contente. Fiquei com nojo. E congelada. "O que é isso, o que é isso, o que é isso...", passava pela minha cabeça. Ele falava sobre energia e os chacras. Eu estava acreditando em milagres. O meu trauma desapareceria com aquilo? Ele gozou. Mandou que eu lhe passasse uma toalha e que lavasse as mãos. Ele me mandou ir para o escritório, me deu pedras de presente. Fiquei *sentada, congelada, no sofá. Me sentindo suja, olhando fixamente para as pedras.*

*Uma de suas funcionárias mulheres entrou nesse momento e me olhou com uma cara brava e de suspeita. Tudo o que eu queria dizer era "ME AJUDA", mas fiquei muda. "O que é isso...?" Acabei me retirando. Não sei como, deu um branco na minha memória. Eu me lembro dele falando, "Você será sempre bem-vinda aqui".*

*Conquistei privilégios especiais para entrar nas salas de cura pela porta dos fundos da Casa. Todos os dias eu sentava na poltrona grande por oito horas com meus olhos fechados, ajudando as entidades, que me usavam para curar outras pessoas. Eu tossia, eu me emocionava, eu quase vomitava. Sentia as doenças passando através de mim. Sentia a dor dos outros, o sofrimento. Eu sentia que estava fazendo algo que importava.*

*Às vezes ele me escolhia para ajudar nas cirurgias físicas. Numa dessas vezes, estava segurando a bandeja de instrumentos. E a luz mais clara que eu já tinha sentido se abriu em mim/sobre mim. Era o sentimento da consciência de Cristo. Havia realmente uma luz intensa sobre a Casa, mas qualquer um que trabalha com energia sabe que, quanto mais clara a luz, mais escura é a sombra. E me escondi. Escondi esse segredo terrível. Senti medo que alguma coisa terrível acontecesse comigo por causa da escuridão em torno dele e de alguns membros de sua equipe.*

*Por causa da tremenda luz das entidades e das conexões com outros seres humanos, fiquei em uma bolha. Estava treinando para ser médium, para ser um canal. E de novo me sentia como se estivesse fazendo algo de valor com a minha vida.*

*Em outro dia em seu escritório (como/por que entrei lá dessa vez, não me lembro), ele me puxou para o banheiro. Enfiou a língua na minha garganta. Me virou. Abaixou minha calça e enfiou o pau na minha bunda. Ele gozou. E me deu uma toalha. Meu pensamento era: o que aconteceria se eu ficasse grávida? Total, total congelamento.*

*Depois de cinco semanas, deixei Abadiânia. Quando estava fora das vistas das pessoas daquele lugar, confiei em uma mulher que ti-*

*nha conhecido na Casa, com quem comecei a sair. Quando estávamos longe, dois meses depois, contei a ela o que aconteceu. Nenhuma de nós duas jamais voltou.*

*Tive medo até agora. Medo do infinito julgamento. Mas o medo não me levará a lugar nenhum. A verdade precisa vir à tona. Ela me libertará. Libertará as outras. Obrigada, Rose McGowan, por me dar a coragem com seu livro* Coragem *[lançado originalmente em janeiro de 2018, em que a atriz conta o abuso cometido pelo produtor Harvey Weinstein]. Obrigada a Brené Brown [cientista social que estuda coragem, empatia, vergonha e vulnerabilidade] por* A coragem de ser imperfeito.

*Estou usando minha raiva, minha fúria (obrigada, Tracee Ellis Ross [atriz, ativista e cofundadora, em 2018, do movimento contra o abuso sexual #TimesUp]!) como combustíveis para agir. Estou cansada de ser uma vítima. Preciso me reerguer. Nós, mulheres, precisamos nos reerguer.*

*Tornei esse post público para que possa ser compartilhado e para que apoie outras mulheres e meninas que foram estupradas e abusadas sexualmente por "João de Deus".*

*Vamos tornar a hashtag #ExposeJohnOfGod (#ExponhaJoaoDeDeus) global.*[1]

Era 4 de setembro de 2018 quando o post da coreógrafa holandesa Zahira foi compartilhado no grupo do Facebook Gangue Rosa, dedicado a combater o assédio sexual e o estupro no Brasil. Até ali, os crimes de João Teixeira de Faria não eram amplamente conhecidos no país. Ao contrário, tratava-se de um líder espiritual influente, poderoso e venerado, que circulava nas altas rodas de Brasília, do Rio de Janeiro e de São Paulo.

Eu trabalhava como editora adjunta de Sociedade, seção do jornal *O Globo* que cobria, entre outros temas, violência contra a mulher, quando li o relato na rede social, naquele mesmo 4 de setembro. O tom do texto e os comentários feitos pelas participantes do grupo davam a entender que havia ali um caso maior, que Zahira não estava sozinha. Conversei com a minha então editora, Cláudia Antunes, e decidimos colocar na história a repórter investigativa Helena Borges — não só por seu trabalho incansável, perseverante e sensível, mas também por ser mulher.

Não tínhamos ideia da proporção que o caso tomaria, apenas partimos de um preceito básico: uma mulher que foi vítima de abuso sexual por um homem se sentiria menos desconfortável em relatar o que aconteceu a outra mulher do que repetir o ataque a um repórter homem. Ainda assim, debatemos com frequência a delicadeza do método de entrevista, conscientes de que uma sobrevivente, ao contar o que sofreu, revive o trauma, acessando sentimentos por vezes guardados há anos — e escondidos da própria família.

Em 48 horas, Helena reuniu relatos de seis mulheres que diziam ter sido abusadas sexualmente por João Teixeira de Faria. Por medo de represálias, cinco delas, todas brasileiras, pediram anonimato. Zahira, morando fora do país e já exposta no Facebook, era a única que permitia a publicação de seu nome. Também por medo, nenhuma delas havia procurado a polícia. Os depoimentos nos deram segurança de que tínhamos uma denúncia consistente nas mãos. As mulheres, que não se conheciam, relataram abusos sofridos entre 2010 e 2018, quando tinham entre trinta e quarenta anos, e todos com o mesmo *modus operandi*: no atendimento coletivo, o médium convidava a vítima para uma consulta individual, em sua sala. Fechava a porta e explicava que os toques íntimos — e eventual penetração — eram necessários para que alcançassem a cura. Na saída, demandava silêncio. A algumas, dava presentes, quase sempre cristais. O objetivo era fazê-las se sentirem "especiais".

Procuramos, então, o acusado para que pudesse responder aos relatos das seis mulheres. João não quis dar entrevista. Na noite de 6 de setembro de 2018, chegou uma nota de sua assessoria de imprensa, então representada por Edna Gomes, e aqui reproduzida na íntegra:

> *A situação trazida, além de ser fantasiosa, é lamentável, uma vez que o médium João é uma pessoa de índole ilibada. Tal situação é muito grave, se estivéssemos falando no âmbito jurídico, para que uma situação se caracterizasse como criminosa, a parte lesada teria que demonstrar a materialidade do ocorrido, neste caso em especial, a vítima está do lado oposto, uma vez que fatos alegados e não prova-*

*dos são fatos inexistentes, há um nítido cerceamento de defesa, onde a busca da verdade real não está sendo averiguada pelo veiculador desta situação. Situação esta que é temerosa, uma vez que a forma escolhida pelas supostas vítimas, não foram verificadas e investigadas (sic), tendo em vista que não se sabe a razão ou qual objetivo que visa atingir. A imprensa precisa antes de acusar, ter provas. Exemplo: Ela verificou qual é a condição destas pretensas vítimas? Qual a razão deste tipo de atitude? Por que as supostas veiculadoras de uma situação falsa e fantasiosa não procuram as autoridades competentes neste tipo de situação? Embora falsas, porque procuraram a mídia, neste caso a imprensa. No caso o jornalismo tem que ter cautela pois cabe a ela (sic) zelar pelo que é veiculado, uma vez que o alicerce do jornalismo está na credibilidade do que traz a público. Se houver por parte do jornalismo uma irresponsabilidade, ela estará denegrindo a imagem de quem realmente é a vítima em notícias trazidas por palavras de pessoas vazias e sem credibilidade, apenas para satisfazer o próprio ego sem saber a extensão do que uma inverdade pode causar. A sala em questão é pública e qualquer um tem acesso a ela e jamais fica trancada, é livre para o entra-e-sai das pessoas, é aberta a todos. A imprensa investigativa, em conformidade com os fatos narrados, deveria averiguar primeiro a sua fonte e credibilidade da mesma. Uma vez que está sendo atingida a honra e imagem de uma pessoa pública conhecida mundialmente, e muito respeitada, pergunto o que as motiva? Essas pessoas não só estão prejudicando ao médium João, mas milhares de pessoas que precisam de cuidados na Casa de Dom Inácio, além de elas mesmas serem prejudicadas, em razão do que foi dito, da índole cristalina do médium João. Pergunto novamente, por que não procuraram a delegacia ou o Ministério Público, e se não o fizeram, qual a razão desta omissão?*

Em suma: a pessoa ilibada, de índole cristalina e conhecida mundialmente, era alvo de acusações fantasiosas, por supostas e pretensas vítimas, e tinha sua defesa cerceada pela imprensa. Era essa a posição da assessoria de João de Deus.

Com esse material em mãos, levamos o caso a editoras e editores-executivos do jornal. A grande preocupação, naquele momento, era a segurança jurídica da publicação: não havia uma denúncia formal — à polícia, ao Ministério Público ou à Justiça —, e as mulheres, à exceção da que estava fora do país, falavam sob condição de anonimato. O caso, na avaliação d'*O Globo*, carecia de mais apuração.

Passamos, Helena Borges e eu, a procurar promotoras, delegadas e advogadas em busca de uma resposta: já houvera antes alguma denúncia contra João Teixeira de Faria? Sim, várias, mas ele havia sido inocentado de todas as acusações. Uma promotora de São Paulo chegou a me dizer: "Já ouvi falar nisso, houve certa vez uma denúncia anônima, vocês parecem estar seguindo um rastro correto, vou ajudá-las". Depois, parou de retornar as nossas ligações.

Ao longo do caminho, os editores nos pediram também algumas respostas: por que essas mulheres não denunciaram abusos ocorridos tanto tempo atrás? Elas disseram "não" a João no momento do crime? Fugiram? Voltaram à Casa? O ato foi consentido? Outras mulheres podem ser convencidas a dar seus nomes?

Não havia no país vasta experiência na cobertura desse tipo de crime. Até ali, o maior caso conhecido de abuso sexual no Brasil, cometido pelo médico paulista Roger Abdelmassih contra dezenas de mulheres, havia sido denunciado em janeiro de 2009 pela repórter Lilian Christofoletti, na *Folha de S.Paulo*. A jornalista descobriu que o especialista em fertilização *in vitro* — um dos mais caros e procurados em sua área, inclusive por celebridades — estava sendo investigado pela Delegacia de Defesa da Mulher e pelo Ministério Público do estado de São Paulo por crimes sexuais cometidos contra pacientes. Lilian publicou os depoimentos de cinco mulheres, sob a condição de não revelar seus nomes. Em poucos dias, o número de vítimas do médico, então com 65 anos, se multiplicou.

Em 2010, Abdelmassih foi condenado a 278 anos de prisão por estupros (e tentativas) contra 39 mulheres. Ele ficou foragido por três anos. Em 2014, foi encontrado no Paraguai e levado a um presídio de São Paulo. Alguns crimes prescreveram, e sua pena foi reduzida a 181 anos. Em 2017, a Justiça concedeu a ele prisão domiciliar humanitária, por sua idade e doenças crônicas que exigiriam tratamento em casa. Em 2019, o benefício foi revogado e ele voltou à prisão, acusado de usar seus conhecimentos médicos para ingerir remédios que alteravam seu quadro de saúde.

Mais recentemente, dessa vez nos Estados Unidos, outra cobertura jornalística abalou as estruturas de poder e gerou um movimento global de mulheres abusadas e cansadas de ficar em silêncio. Em outubro de 2017, as repórteres Jodi Kantor e Megan Twohey revelaram, no *New York Times*, que Harvey Weinstein, um dos maiores e mais ricos produtores de Hollywood, era um criminoso sexual, que se valia de seu trabalho no cinema para "manipular, pressionar e aterrorizar mulheres", como definem as jornalistas em *Ela disse: os bastidores da reportagem que impulsionou o #MeToo*,[2] livro lançado originalmente em 2019 no qual detalham os caminhos da apuração, que levou meses, e o impacto da publicação da reportagem, que impulsionou o movimento *#MeToo* (#EuTambém), o mesmo mencionado por Zahira em seu post sobre João Teixeira de Faria.

Na obra, Jodi e Megan explicam como a denúncia foi capaz de estimular outras:

> *Após revelarmos os assédios e abusos sexuais supostamente cometidos por Harvey Weinstein [ele foi condenado depois da publicação do livro], vimos, perplexas, o muro de uma represa se romper. Milhões de mulheres no mundo todo contaram suas próprias histórias de assédio. Muitos homens de repente tiveram de arcar com as consequências de seu comportamento predatório, em um momento de prestação de contas sem precedentes. O jornalismo havia ajudado a inspirar uma mudança de paradigma. Nosso trabalho foi apenas um dos catalisadores dessa mudança, que vinha sendo construída havia anos graças aos esforços pioneiros de feministas e acadêmicas, como Anita Hill, Tarana Burke (a ativista que fundou o movimento #MeToo) e muitas outras, incluindo colegas jornalistas.*[3]

O movimento #MeToo respingou, embora sem tanta força, no Brasil. Em 30 de agosto de 2018, poucos dias antes de o desabafo de Zahira ser compartilhado pelo grupo feminista brasileiro no Facebook, outro guru espiritual foi acusado de molestar sexualmente suas fiéis. Sri Prem Baba, então com 52 anos, foi denunciado pelos ex-maridos de duas ex-seguidoras por ter mantido relações com elas, abusando da confiança que tinham nele, como líder.

Quando uma delas buscou tratamento psicológico tradicional para depressão e síndrome do pânico, percebeu que havia sido vítima de abuso. Contou tudo ao ex-marido, e o escândalo explodiu entre os seguidores de Prem Baba, como relata a reportagem de Mônica Bergamo, na *Folha de S.Paulo*, que revelou o caso. Outra mulher disse ter passado pela mesma coisa. O ex-guru, de nome Janderson Fernandes de Oliveira, fez uma reunião com seguidores de São Paulo, pediu perdão pelos sofrimentos causados e anunciou que entraria em recolhimento. Afirmou, ainda, que as relações sexuais foram consensuais.

As denúncias contra Prem Baba eram o "assunto do momento" quando a jornalista Luciana Xavier leu o post de Zahira e o publicou no Gangue Rosa, criado por ela em maio de 2016 para ampliar a voz das mulheres vítimas de crimes sexuais. "Nesta semana tivemos também um pastor apalpando [a cantora e atriz americana] Ariana Grande e depois tranquilamente dizendo que não tinha intenção sexual nenhuma, como se as mãos dele tivessem vida própria. Temos ainda o [guru indiano] Osho, com inúmeros relatos de abuso sexual e até hoje idolatrado por muita gente",[4] escreveu Luciana na página do grupo na rede social.

O desmoronamento da imagem de líderes espirituais e a consciência de que manter relações sexuais com seguidoras mediante promessa de cura configurava abuso dariam força, nos dias que se seguiram, às denúncias contra João Teixeira de Faria. Muitas das mulheres violentadas e estupradas por ele não tinham consciência de que haviam sido vítimas de crime sexual — e a maioria delas não sabia que aquela "figura pública mundialmente respeitada" era, na verdade, um abusador em série. Elas sentiam culpa, vergonha, medo, solidão.

Enquanto Helena Borges e eu buscávamos cercar a apuração por todos os lados para publicar a reportagem em O *Globo*, algumas dessas mulheres começaram a se articular para levar o caso João Teixeira de Faria ao Ministério Público. Aguardávamos a formalização da denúncia quando a direção do jornal recebeu um telefonema da produção do programa *Conversa com Bial*, da TV Globo. Os colegas, do mesmo grupo de mídia do qual nós fazíamos parte, estavam atrás da mesma história. Foram fontes nossas — vítimas que tinham contado suas histórias para *O Globo* — que avisaram a eles: estavam aguardando a publicação pelo jornal. Depois disso, ficou acertado que a divulgação do caso seria feita em conjunto: o apresentador Pedro Bial levaria as denúncias ao ar em seu programa de fim de noite e, no dia seguinte, o jornal estaria nas bancas, com os depoimentos e a cobertura completa no site d'*O Globo*.

Era noite de 7 de dezembro de 2018 quando Bial anunciou, em rede nacional de televisão: o apresentador e a repórter Camila Appel ouviram os depoimentos de dez mulheres "que se sentiram abusadas sexualmente pelo médium". "Por questões de tempo, hoje vamos mostrar quatro desses depoimentos. Uma dessas mulheres estará conosco aqui no estúdio", afirmou Bial. "As mulheres que moram no Brasil têm medo e vergonha de aparecer e se identificar." Por essa razão, as brasileiras contaram suas histórias de forma anônima, com vozes distorcidas e feições escondidas.

A entrevistada que mostrou seu nome e seu rosto na televisão foi a holandesa Zahira. Em entrevista ao apresentador, ela disse esperar "ajudar outras mulheres a sair de sua sombra, porque não temos que sentir vergonha. É João quem tem que sentir vergonha, e todas as pessoas que o protegem para que continue fazendo o que está fazendo". E completou:

> *Sei que tem havido críticas contra mim* — *"Por que você está revelando a sua história? Ele está curando milhares de pessoas"* — *e isso é parte da razão por eu não ter dito nada antes. Se foi só comigo, eu que engula, porque ele está curando tanta gente, não é? Mas, agora, eu sei, ele está abusando de centenas de mulheres e meninas. Espero trazer luz onde há escuridão.*

Zahira esteve no estúdio da Globo ao lado da guia de turismo norte-americana e "*coach* espiritual" Amy Biank, que estima ter levado cerca de 1,5 mil turistas à Casa de Dom Inácio, em quase cinquenta viagens realizadas a partir de 2002. Para Amy, os guias turísticos que levavam seguidores a

Abadiânia e as pessoas que trabalhavam para João tinham conhecimento dos abusos, mas agiam como se não soubessem de nada:

> *É difícil... É como se você soubesse que o seu padre é perigoso, mas não quisesse falar sobre isso. Eles costumavam dizer que mulheres loucas, ou instáveis, fazem acusações. E a única razão para isso ter vindo à tona é que a maior parte das pessoas, como Zahira, nunca falou nada. Mas algumas correram, fugiram. Elas pegavam um táxi para Brasília e saíam de lá. Eu levei um grupo uma vez e fiquei esperando na porta. Eu não tinha a menor ideia, não estava na minha consciência que as pessoas estavam sendo machucadas lá dentro. E ouvi uma mulher gritar por socorro, então entrei. Ele me pediu pra fechar os olhos e me sentar no sofá. Eu vi que João estava com as calças abertas, ela estava ajoelhada no chão, e ele tinha uma toalha no ombro. Ela não estava querendo fazer sexo oral nele, por isso gritou. Mas eu me sentei no sofá e fechei os olhos porque estava doutrinada a ouvir e achar que aquilo tudo era divino e especial... E ela gritou de novo, dessa vez eu abri meus olhos, e ele parou. Fiquei furiosa. Fiquei tão brava.*

Depois disso, a guia foi ameaçada de morte. Escreveu uma carta a seu advogado para deixar registrado o que havia acontecido em Abadiânia, "caso não retornasse". "Me disseram: você é uma mulher, e mulheres desaparecem o tempo todo no Brasil. Então você deveria pegar um avião e ir embora agora." A mensagem veio de funcionários da Casa.

No programa, Amy deu detalhes dos momentos de aflição que viveu depois de presenciar o abuso:

> *Como eu era amiga de muitos deles [funcionários da Casa], quando lhes contei a verdade, meu objetivo era fazer com que João parasse. Eu tinha ouvido muitas vezes que, no Brasil, o que acontece atrás de portas fechadas não é da conta de ninguém. Mas eu sabia que aquilo tinha que parar. Era medonho, uma coisa terrível. E a única maneira que eu via para isso acontecer era se as pessoas da Casa não*

*o deixassem ficar sozinho com essas mulheres. Então eu contei: "É isso que acontece. Acordem!". Alguns deles choraram, e uma mulher me contou que tinha limpado a boca de uma garotinha e que lhe disseram que era ectoplasma. E não passou pela cabeça dela, que estava tão doutrinada, que aquilo era, na verdade, sêmen.*

Essa amiga disse a Amy que já tinha levado comida a crianças em condições semelhantes à daquela menina, depois dos abusos, na sala de João, sem saber que eram vítimas:

*Ela começou a chorar e tremer. E, por algum tempo, as boas pessoas da Casa tentaram pará-lo. Mas, depois, as pessoas de bem foram embora, porque não aguentavam mais. Fui ameaçada de morte. E não fui a única. Quando todo o resto falha, eles ameaçam de morte. É assim que funciona. Porque algumas pessoas são muito perigosas para ele. O que estamos fazendo aqui, hoje, é muito perigoso. Mas eu acredito que há esperança, estamos melhorando como seres humanos e vamos confrontar as trevas. Basta, já deu! Acabou no momento em que Zahira teve a coragem de falar. Agora, é só uma questão de tempo. Estamos evoluindo. E pessoas poderosas não podem mais usar sua autoridade para intimidar. Ponto.*

Zahira disse que contar publicamente o que aconteceu foi, para ela, uma forma de cura: "Eu vejo, agora, a força do compartilhamento. Eu diria a qualquer vítima: conte a ao menos uma pessoa. Seja quem for, mas você precisa liberar essa história".

# 14
## O "MILAGRE" DA MULTIPLICAÇÃO

Depois do apelo de Zahira, centenas de mulheres compartilharam suas histórias. Uma força-tarefa do Ministério Público e da Polícia Civil de Goiás, estendida ao Brasil inteiro, chegou a receber mais de seiscentas mensagens e telefonemas com denúncias contra João Teixeira de Faria nos dias que se seguiram à veiculação da notícia. Ao longo de um ano, mais de trezentos depoimentos foram tomados, entre casos prescritos e não prescritos. Foram mulheres de dezoito estados diferentes, do Distrito Federal e do exterior. Quase 20% delas eram menores de idade. A grande maioria estava doente ou em busca de tratamento espiritual quando procurou o médium.

Apareceram casos como o de Camila, em que havia outra pessoa na sala, de olhos fechados. Uma menina de dez anos contou à mãe que tinha sido violentada e foi chamada por ela de mentirosa.

"Ouvi coisas como: 'Ele roubou de mim qualquer esperança, me tirou tudo', isso de pessoas de todos os níveis sociais", diz, em entrevista à autora, a promotora Cristiane Marques de Souza, que ficou mais de uma década na Comarca de Abadiânia e atuou no processo de violação sexual movido pela mineira Camila, em que João foi inocentado, cinco anos antes, e que é detalhado no capítulo 9 deste livro. "E temos casos em que ele abusou de irmãs da mesma família, primas, mãe e filha, e elas só souberam uma da outra depois. Ele destruiu vidas."

Questionada sobre quais depoimentos mais a chocaram, ela lembra o de uma mulher com tetraplegia: "Ela só mexia a cabeça. E João botava o pênis em sua boca". Outra, grávida de oito meses, sofreu penetração anal, entrou em trabalho de parto prematuro, e seu casamento acabou quando o marido soube. Uma mulher escondeu o estupro do companheiro, mas pegou uma doença sexualmente transmissível e precisou se tratar em silêncio. Uma paciente com câncer foi abusada numa fase em que não tinha unhas, nem cabelos, nem mamas.

Mas, para os defensores de João Teixeira, era tudo bobagem.

"João está triste, abatido e chora várias vezes, indignado com toda essa situação",[1] declarou Edna Gomes, assessora de imprensa da Casa de Dom Inácio, na terça-feira seguinte às denúncias no *Conversa com Bial* e no jornal *O Globo*. Edna foi responsável pelas primeiras declarações oficiais sobre o caso, antes até que o próprio médium se pronunciasse:

> *Vou falar uma coisa muito séria: eu nunca vi nada que o desabonasse nessa parte. Ele nunca foi santo, ele fala isso. Mas isso [os abusos], de chegar a esse sentido, nunca. Aqui, na Casa, ele respeita muito. Não podem chegar e destruir sua reputação com inverdades. Mas, hoje, com essa coisa feminista, um homem não pode nem paquerar uma mulher, porque ela pode falar "ele olhou assim para mim", e isso configurar assédio. É muito difícil a forma como você lida hoje, no século XXI. É um absurdo o que estão falando, não vejo consistência.*

Edna, roteirista do documentário *O silêncio é uma prece*, de Candé Salles, e funcionária de João desde 2013, disse ao repórter de *O Globo* Patrik Camporez que as acusações eram como "um telefone sem fio": "Você começa a falar, aí tem uma louca que pega a dor da outra e fala: 'fui também'".[2]

O chefe de Edna tinha feito bem mais do que "paquerar" uma mulher, e ela incorria num procedimento antigo, desesperado — e repetido por outros aliados de João nos dias que se seguiram: a desqualificação das vítimas. No fim de semana após a divulgação, na madrugada de 8 de dezembro de 2018, das primeiras denúncias, outras cinco mulheres procuraram *O Globo*, e mais

25 ligaram para o *Fantástico* para contar que também tinham sido abusadas. Na manhã da segunda-feira seguinte, dia 10, as autoridades deram início à força-tarefa, inédita no país. Em 24 horas, 78 e-mails com acusações contra o médium haviam sido enviados só ao Ministério Público goiano, segundo o promotor Luciano Miranda Meireles, porta-voz da mobilização investigativa. Os depoimentos eram formalizados no Ministério Público mais próximo ao endereço da vítima e depois enviados a Goiás, responsável por analisar cada caso e formalizar as denúncias à Justiça. No estado natal de João Teixeira, a equipe era formada inicialmente por cinco promotores — dois homens e três mulheres —, duas psicólogas e duas servidoras.

Fora de lá, foi São Paulo, estado com maior número de ocorrências e vasta experiência no trato da mulher vítima de violência, a mais importante peça de pressão sobre Goiás, incentivando os colegas do outro MP a acelerar o pedido de prisão preventiva, para evitar a fuga do réu, e a denunciar João por estupro de vulnerável — em vez de violação sexual mediante fraude, com pena mais branda.

A diferença é sutil: como João Teixeira abusou de fiéis, mulheres que tinham fé em seu poder mediúnico e a quem era prometida a cura, a Justiça pode considerar que houve fraude, ou seja, que elas foram enganadas, dificultando "a livre manifestação da vontade da vítima", conforme o artigo 215 do Código Penal, que define a violação sexual (conjunção carnal ou outro ato libidinoso) mediante fraude. Isso quando não há "violência ou grave ameaça", o que tipifica o estupro.

No caso do estupro de vulnerável, a Justiça considera que o crime é agravado pela falta de capacidade da vítima de discernir, por "enfermidade, deficiência mental ou qualquer outra causa" que impeça a resistência.

"A neurociência explica um fenômeno chamado imobilidade tônica", diz a promotora Cristiane Marques de Souza, em entrevista para esta obra. A imobilidade é uma estratégia de defesa involuntária, que acomete seres humanos e animais: diante de uma situação de perigo extremo, o corpo paralisa, e a vítima não consegue esboçar reação. "Setenta por cento das pessoas que sofrem abuso sexual não reagem, porque o cérebro para. Isso é uma reação orgânica, científica. Além disso, você está diante de uma pessoa pela qual tem adoração. Ele não era qualquer pessoa, ele era — e ainda é, para muitos —

um ser quase divino. Juridicamente, a gente traduz esse termo para vulnerabilidade." Para a promotora, há uma mistura do elemento da fé com o elemento do abuso. "Foram relatados casos de vítimas cegas, com câncer, esclerose, tudo o que você pensar." Lidar com esse tipo de crime, diz Cristiane, 24 horas por dia, todos os dias, durante meses, não é para qualquer pessoa.

Algumas vítimas, depois do depoimento, abraçaram as autoridades, aos prantos, aliviadas por ter chegado o dia de contar seu segredo. Em São Paulo, a promotora Silvia Chakian, da Promotoria Especializada no Enfrentamento à Violência Doméstica e Familiar contra a Mulher, conta, em entrevista para esta obra, que chegou a receber flores de mulheres, agradecidas por terem sido ouvidas: "Isso me entristeceu, é um sinal de que elas não estão acostumadas a serem tratadas meramente com dignidade. Sou uma agente pública fazendo o meu trabalho. Mas muitas delas não tinham contado nem para o marido, para a família. Sentiam vergonha e medo de serem ridicularizadas".

As histórias não paravam de chegar, desde o primeiro minuto da instalação da força-tarefa. Havia, porém, um obstáculo para o pedido de prisão preventiva de João: encontrar uma vítima cujo crime não tivesse prescrito nem o prazo para denúncia, expirado.

Até setembro de 2018, as vítimas de crimes sexuais tinham seis meses para manifestar interesse em processar o abusador, a partir do momento em que tomassem conhecimento de quem era o autor da violência. Se não o fizessem, perdiam esse direito. A exigência acabou, mas isso só passou a valer para crimes sexuais cometidos após a aprovação da nova lei, o que aconteceu três meses antes de as primeiras acusações contra João virem à tona. Em alguns casos, o Ministério Público tentou emplacar na Justiça o argumento de que a vítima tomou consciência de ter sofrido o abuso após a revelação dos outros casos, pela imprensa. Em vão. A juíza rejeitou a tese e excluiu as mulheres dessas denúncias.

Quanto à prescrição, o período varia de acordo com a pena máxima prevista. O estupro de vulnerável, considerado crime hediondo e com punição de oito a quinze anos de prisão, prescreve em vinte anos — o prazo cai pela metade, uma década, quando o réu passa dos setenta anos, caso de João Teixeira de Faria. Na violação sexual mediante fraude, com pena de dois a seis anos de encarceramento, a prescrição ocorre em doze anos — para João, na metade do tempo, seis anos. O Ministério Público precisaria, portanto, concentrar seus esforços nas violações cometidas a partir de 2012 ou nos estupros posteriores a 2008.

A promotora de Goiás Patrícia Otoni, também parte da força-tarefa, foi a público logo nos primeiros dias de investigação incentivar que as mulheres quebrassem o silêncio, conforme contou à BBC Brasil: "Mesmo se os casos forem mais antigos, o MP verifica a viabilidade da proposta de uma ação penal. Além disso, os relatos de casos antigos reforçam o depoimento das demais vítimas".

Em dois dias, as autoridades receberam mensagens de mais de duzentas mulheres — embora nem todas fossem, depois, formalizar as denúncias. Foi nesse cenário que Edna Gomes, arrumando a Casa para que João Teixeira de Faria voltasse a atender normalmente seus fiéis, a partir da quarta-feira seguinte à explosão das denúncias, declarou que "uma louca pega a dor da outra e fala: 'fui também'".[3]

O que Edna ainda não sabia é que a Polícia Civil de Goiás já tinha recebido uma vítima que permitiria a detenção do ex-líder. Enquanto centenas de seguidores o esperavam no centro espiritual, os delegados à frente da força-tarefa elaboravam discretamente o pedido de prisão preventiva de João Teixeira de Faria.

Eram 9h25 do dia 12 de dezembro de 2018 quando o médium entrou pela última vez em sua Casa de Dom Inácio de Loyola, em Abadiânia, local onde as mulheres dizem ter sido abusadas. O cenário estava pronto para os atendimentos, com dezenas de fiéis sentados, de branco, em oração.

João, recém-chegado de São Paulo — onde foi se reunir com Alberto Toron, seu então advogado de defesa, um dos mais caros do país —, desceu do carro e, cercado por aliados do sexo masculino, foi escoltado Casa adentro. Uma das poucas mulheres em seu entorno gritava para a imprensa: "Respeita o meu pai!".[4] Outras duas fechavam as mãos à frente do corpo, num gesto de oração, e pediam, por favor, mais calma.

Repórteres, cinegrafistas e fotógrafos, brasileiros e estrangeiros, se acotovelavam do lado de fora, xingados por seguidores do médium. João, todo de branco, pisou na Casa e foi ovacionado. Houve princípio de tumulto — e, segundo seus assessores, uma crise de pressão alta causada pelo estresse —, e o médium desistiu de tratar os fiéis, mas subiu ao palco em que por tantos anos exibiu suas cirurgias espirituais e discursou, ao microfone: "Agradeço a Deus por estar aqui. Ainda sou irmão de Deus. Quero cumprir a lei brasileira. Estou nas mãos da lei brasileira. João de Deus ainda está vivo".[5]

O chefe pediu que seus assessores colocassem uma escultura de santa Rita de Cássia na Sala da Corrente, sobre sua poltrona principal, onde costumava receber os fiéis em fila, coletivamente — e onde algumas mulheres dizem ter sido obrigadas a tocar seu pênis. Sua padroeira o substituiria enquanto precisasse ficar ausente para se defender. Todos ali pareciam acreditar que seu líder não tardaria a voltar. Naquele 12 de dezembro, João Teixeira não conseguiu passar mais de dez minutos em sua Casa. Voluntários fizeram um cordão de isolamento para que ele saísse sem ser abordado pela imprensa. Houve mais tumulto, jornalistas foram empurrados e, ao entrar em seu carro branco, João garantiu: é inocente.

Naquela mesma quarta-feira, Ana Keyla, sua companheira, foi ao banco. Na agência, perguntou como deveria proceder para retirar, de uma só vez, os R$ 35.467.036,95 aplicados nas duas contas de seu marido, em Anápolis. Ana Keyla não chegou a preencher o formulário para efetuar o saque, mas o banco comunicou a "solicitação para emissão de cheque ordem de pagamento, a favor do próprio (João Teixeira de Faria)" ao Conselho de Controle de Atividades Financeiras (Coaf). Por lei, o órgão de inteligência do governo federal, que atua na prevenção e no combate à lavagem de dinheiro, deve ser avisado pelas instituições sobre todas as operações em espécie, como saques e depósitos, acima de R$ 50 mil. No documento em que relata o pedido feito por Ana Keyla, o banco diz que o curador mais conhecido como João de Deus ou João de Abadiânia tem renda de R$ 35 mil ao mês e patrimônio estimado em R$ 100 milhões (não comprovados):

> *Motivo da comunicação: nos últimos dias, a mídia nacional vem veiculando notícias de que dezenas de mulheres acusam o cliente de cometer abuso sexual durante os atendimentos espirituais. Nesta data houve solicitação para resgate antecipado de todas as aplicações*

> *que possui no banco, para a emissão de cheque ordem de pagamento no montante total dos valores aplicados. Trata-se de situação atípica, possivelmente para se resguardar de eventual bloqueio judicial de bens.*[6]

O relatório do Coaf foi usado pelo Ministério Público para reforçar o pedido de prisão que a Polícia Civil tinha acabado de protocolar, em sigilo. Na quinta-feira, 13 de dezembro, o MP fez uma nova representação e, em vez de optar pela discrição dos policiais, preferiu chamar a imprensa para avisar: havia aparecido uma vítima de abuso sexual acontecido em outubro de 2018 — um mês depois de o líder espiritual ter respondido a *O Globo* sobre as acusações às quais o jornal já tinha tido acesso. João sabia que as denúncias viriam à tona a qualquer momento, mas continuava cometendo os crimes.

No pedido de prisão, o Ministério Público ressalta que o caso de outubro não era isolado e que, após a divulgação dos abusos pela imprensa, outras mulheres se encorajaram a procurar as autoridades:

> *O que chama a atenção é a semelhança nos relatos de vítimas ouvidas em diferentes locais e mencionando práticas ocorridas em vários anos ou até décadas diversas, a denotar* modus operandi *que vem sendo reiterado pelo representado, sempre valendo-se de sua atuação relacionada às supostas curas espirituais. Transparece das evidências que tantos atos delituosos permaneceram por anos na obscuridade em razão do temor das vítimas em relatarem os abusos, seja pelo constrangimento de se expor frente a pessoa tão conhecida, com vários admiradores, seja por temerem represálias. Isto sem mencionar aquelas que, pelo contexto e renome do representado, acreditavam que as condutas consistiam em parte do tratamento, muitas vezes fragilizadas por enfermidades, depositando nele as últimas esperanças.*[7]

Ao defender a necessidade de prisão preventiva, o Ministério Público destaca a "existência de indicativos da intenção de subtrair-se da persecução penal".[8] Para os promotores, o questionamento de Ana Keyla ao banco sobre como retirar os 35 milhões de reais da conta de seu marido era uma evidência de que o casal tinha a intenção de fugir.

Por isso mesmo a Polícia Civil vinha trabalhando em segredo. Num relatório de seu serviço de inteligência datado de 11 de dezembro, os agentes registraram que desde o domingo, dia 9, João Teixeira não era visto nem em Anápolis, onde residia, nem em Abadiânia, onde trabalhava e possuía outra casa. Um veículo Kia Mohave branco, de sua propriedade, estava no estacionamento do aeroporto de Anápolis, onde João havia embarcado em uma aeronave na manhã de domingo. "Importante salientar que João de Deus possui uma aeronave, modelo jatinho, que fica guardada em um dos hangares, porém na data de hoje, 11 de dezembro 2018, o gerente do aeroporto determinou aos funcionários que está proibido repassar qualquer informação relacionada a João de Deus. Sabe-se também que João de Deus tem alta influência no aeroporto de Anápolis, onde o mesmo faz 'doações monetárias'", afirma o relatório da Gerência de Operações de Inteligência da Polícia Civil de Goiás.

O documento detalha que uma vítima procurou a delegacia de Abadiânia naquele mesmo dia, e em "conversa particular" com os agentes pediu proteção:

> *Por todos com quem comentou na cidade que havia feito o registro contra João de Deus foi alertada que corria risco de morte, visto a temeridade que todos têm de João de Deus, pois dizem que ele manda matar todos aqueles que o afrontam. Ela disse ainda que, se algo ocorrer com ela, nem mesmo suas melhores amigas confirmarão que foi relacionado ao registro de ocorrência contra João de Deus, pois elas temem por suas vidas e de suas famílias. Ela também sabe e conhece outras vítimas em Abadiânia que sofreram estupros, e que essas vítimas, por temerem por suas vidas, não irão denunciá-lo.*

Os agentes já sabiam que o acusado pretendia atender seus fiéis na quarta-feira, dia 12 de dezembro, a partir das oito da manhã. E avisaram: "Ele costuma chegar ao local às 6h, acompanhado de seguranças. O atual chefe de segurança de João de Deus é o Capitão Reginaldo da Polícia Militar do Estado de Goiás, com lotação na 34ª Companhia Independente da Polícia Militar".

Apesar de policiais do serviço de inteligência estarem espalhados por pontos estratégicos de Abadiânia e Anápolis, o acusado escapou da vista das autoridades depois da visita ao centro espiritual.

Quando o juiz substituto Fernando Augusto Chacha de Rezende decretou a prisão preventiva de João Teixeira, na noite do dia 13 de dezembro de 2018, seu paradeiro era incerto. Enquanto a polícia o procurava para prendê-lo — e mesmo depois da rendição —, cumpria os mandados de busca e apreensão emitidos pela Justiça. O cenário era cinematográfico: fundos falsos em gavetas e armários, cofres escondidos sob o piso, embaixo da cama e acima do teto. Em sua maior parte, vazios.

Sua residência principal, em Anápolis, mais parecia um labirinto, descreveu um policial que acompanhou as buscas. Na área externa, várias vagas de garagem, plantas, esculturas, um pula-pula, retratos de João e de sua filha mais nova pelas paredes, mesas para receber os amigos, uma cascata enfeitada com cristais e uma ponte para a outra parte da casa. Sob ela, um canil — e um cão latindo desenfreadamente.

Lá dentro, no térreo, uma sala de três ambientes com piano, espada presa à parede, pele de onça estendida sobre a *chaise longue*. No bar, perto das imagens sacras, dos vasos decorativos e dos conjuntos de taças à vista, um cofre e uma arma. Dentro do cofre foram encontrados alguns dólares. Na adega, um sem-fim de bebidas alcoólicas, espumantes, vinhos, licores. Perto de uma das salas de jantar, havia ainda um *home theater* e uma saída para outra garagem, onde três carros estavam estacionados no dia das buscas.

Um elevador levava direto para a suíte principal, um andar acima. No banheiro do casal, havia uma banheira de hidromassagem para dois e um box amplo, com barras de segurança. No quarto, uma cama de solteiro para banho de cristal, com o nome da Casa de Dom Inácio, e outra de casal, em frente a uma TV de tela plana. Perto dela, a poltrona do médium, armários e cômodas — "Aqui está tudo trancado", ouve-se a agente dizer, em vídeo gravado pela Polícia Civil ao qual a autora teve acesso exclusivo. Ainda acharam um cofre no escritório, outro embaixo do chão. Tinha até um frigobar com mais bebidas escondido por fundo falso, atrás de um santuário.

Na casa de Abadiânia, onde o casal pouco ficava, a geladeira era só sorvete, conta uma agente. A família tinha deixado pouca coisa pra trás, mas a polícia encontrou uma mala com notas que somavam mais de R$ 400 mil, em moedas diversas, incluindo dólares australianos, francos suíços e euros. Mais R$ 1,2 milhão em espécie seria apreendido em outras propriedades vistoriadas.

No guarda-roupa do casal havia outro fundo falso, dessa vez, sob o piso. O armário de madeira escondia, em sua base, um alçapão que levava a um ambiente subterrâneo, com chão e paredes revestidos com azulejos de cerâmica branca, iluminado e com tomadas. O acesso era feito por uma escada de ferro e, na base dela, foi achado mais um cofre. Os agentes o arrombaram, mas já não tinha nada. Na gaveta de roupas íntimas, foi apreendida uma arma. Em outro lugar, encontraram 188 munições e mais quatro armas, todas sem registro, uma com a numeração raspada. A polícia começou, então, a preparar outro pedido de prisão, por posse ilegal de arma, que também seria acatado pela Justiça.

Na Casa de Dom Inácio — toda enfeitada para o Natal, com árvore montada e luzinhas piscando —, foi Chico Lobo, braço direito de João, quem recebeu a polícia para explicar como os atendimentos funcionavam e a finalidade de cada ambiente. O assessor, que já tinha dito em juízo que o líder espiritual não fazia atendimentos individuais, explicou aos agentes que, quando a encrenca era muito grande, os fiéis insistiam em falar sozinhos com o médium João: "A pessoa passa pela entidade e, como esse prazo é muito curtinho, às vezes tem alguém que diz: 'Eu queria falar com o médium'. Aí ele fala: 'Conversa com o médium depois dos trabalhos'. Às vezes, a própria entidade diz: 'Fala com o médium João'. Seja homem, seja mulher, seja quem for."

Nesse momento, o advogado de defesa Ronivan Peixoto de Morais Júnior se aproxima para ouvir de perto os questionamentos do delegado Valdemir Pereira da Silva, conhecido como Branco, titular da Deic de Goiânia e que estava à frente das investigações da Polícia Civil. Chico Lobo gagueja: "O normal... É porque o tempo é muito curto. Se o tempo é curto, essas pessoas insistem às vezes em falar com ele. Às vezes tem uma doença, às vezes tem uma encrenca de vida aí qualquer... Nós não sabemos. Isso eu não sei".

Em seguida, Chico se dirige à sala de atendimentos individuais e aponta para a porta. "Fica uma fila ali já. Uma fila de oito, nove, dez, quinze pessoas. Mulher, homem, todo mundo", ele enfatiza. A sala está trancada. Chico pega a chave e explica: "É porque os repórteres ficam entrando toda hora. Outro dia tinha dois aí dentro".

A equipe de policiais entra, estranha a falta de cortinas — várias vítimas haviam relatado que as janelas ficavam cobertas. Alguma alteração parecia ter sido feita.

Os agentes passam então pela sala do médium, com a poltrona, o sofá, o armário de cristais, os retratos com celebridades, as pinturas das supostas entidades. Entram no banheiro. Por trás de uma prateleira fechada a chave, encontram mais um cofre. Em volta, toalhas, presentes, camisas brancas, travesseiros. A polícia coleta material e faz fotos durante horas. Aquele era o cenário da maior parte dos abusos.

Em outro ponto da Casa, perto dos quartos individuais feitos para os banhos de cristal, no jardim, a polícia precisou arrombar um cômodo fechado que mais parecia outro esconderijo. Dentro dele, encontraram duas malas grandes, vazias, só com um punhado de elásticos, daqueles que costumam ser usados para prender maços de dinheiro.

A Casa da Sopa, comandada por Ana Keyla e também alvo de buscas, manteve, em meio à confusão, a sua comemoração de Natal antecipada. O Papai Noel — que o sumido João Teixeira costumava incorporar todos os anos — teve seu intérprete substituído por um aliado e distribuiu presentes às crianças da região, como se nada de diferente estivesse acontecendo, em uma festa regada a pipoca e refrigerante, ocorrida uma semana depois de as denúncias ocuparem todos os jornais, sites e canais de rádio e televisão do país. Ana Keyla chegou até a fazer um discurso, registrado em vídeo pelo repórter Patrik Camporez: "Que os lares continuem cheios de amor, respeito e carinho. Eu queria agradecer neste momento a todas as pessoas que aqui estão presentes. Muito obrigada".[9]

Enquanto isso, o delegado-geral da Polícia Civil de Goiás, André Fernandes de Almeida, começava a travar as negociações com o advogado Alberto Toron para a rendição de seu cliente João Teixeira de Faria. A polícia já tinha varrido as propriedades do médium, seguindo inúmeras dicas recebidas em telefonemas anônimos, mas o réu continuava em local incerto e desconhecido.

No sábado 15 de dezembro de 2018, Toron e Fernandes se falaram por telefone. O cliente não tinha saído de Goiás e parecia disposto a se entregar, mas ainda era preciso certo trabalho de convencimento. O advogado queria garantias quanto à integridade física de João, então com 77 anos, e seu acesso a assistência médica onde quer que ficasse preso. No dia seguinte, Toron viajou a Goiás para finalizar a negociação pessoalmente, com o delegado-geral. Tudo no mais absoluto sigilo. Um dos pontos que haviam sido previamente acordados era a discrição no momento da rendição: nada de imprensa, os policiais prometeram.

Era 16 de dezembro de 2018, um domingo. Depois do almoço, policiais civis e advogados de defesa saíram em três carros rumo a uma encruzilhada entre Abadiânia e Alexânia, bem longe das câmeras que ainda se amontoavam nas principais propriedades do acusado. Na estrada de chão, no meio das araucárias, esperaram. Cerca de meia hora depois, às 16h30, chegou o carro branco que levava João, dirigido por Ronivan Peixoto. Ao lado dele, a sócia de Toron, Luisa Moraes Abreu Ferreira; no banco de trás, o réu e, para surpresa dos policiais, uma jornalista. Levada pela defesa, Mônica Bergamo, da *Folha de S.Paulo*, fez imagens de João Teixeira de Faria se entregando às autoridades.

Antes da rendição, gravaram uma breve entrevista. Questionado sobre a razão de não ter se apresentado mais cedo à polícia, João disse apenas: "Na hora em que eu fiquei sabendo, eu me entreguei à Justiça divina e à Justiça da terra. Eu prometi e estou indo me entregar agora porque fiquei sabendo [das acusações] pelo meu advogado, que está aqui presente, doutor Toron". Mônica tenta fazer uma segunda pergunta, mas João puxa pelo braço o advogado que dirigia o carro, Ronivan, e ordena: "Vamos". Depois, explica que está passando mal, pede para pegarem um comprimido dentro de uma sacola de supermercado amarela com os remédios que separou para levar à cadeia: "Se eu desmaiar, vocês colocam embaixo da minha língua",[10] pediu. E seguiram para a encruzilhada.

Segundo informações da repórter e colunista da *Folha*, antes de se entregar João passou a noite no mato. Ele havia chegado na quarta, dia 12 de dezembro, sem aviso prévio e acompanhado de um auxiliar, a um sítio nos arredores de Goiânia, de propriedade de uma família beneficiada por uma cura duas décadas atrás. Por gratidão, eles teriam escondido o médium. "Na madrugada de sábado (15), sem conseguir dormir, se embrenhou em um bosque perto do sítio, montou uma barraca e dormiu no meio do mato. Não queria sair de lá para nada. Disse que precisava ficar sozinho e meditar. Voltou à casa já tarde da noite. Tomou banho, comeu alguma coisa — e de novo foi para o bosque", escreveu Mônica Bergamo.

Quando a sócia de Toron o vê caminhando no mato para encontrá-la, se espanta. "João de Deus está com os cabelos desalinhados. Veste uma camiseta azul-clara, larga e amassada, e uma calça cáqui. 'Você quer fazer alguma pergunta, irmã?', diz ele à colunista, que acompanha a cena." Ainda de acordo com o relato de Mônica, João afirmou que as acusações eram uma armação para pegar seu dinheiro. Garantiu ter recebido um telefonema, sem mencionar de quem: "Vamos colocar cinquenta [mulheres] para falar mal de você. Se você contar isso para alguém, colocaremos duzentas. E, depois, 2 mil". Ele se sentou em uma cadeira de madeira, recusou comida, respirou fundo e soltou o ar. Mostrou a sacolinha de remédios: "Eu tomo nove. Eu tenho 60% do estômago, cinco stents no coração. Se eu não tomar esses remédios lá, eu morro", disse ele à advogada, segundo a *Folha de S.Paulo*.

Ao encontrar os agentes, João já chegou chamando-os de "irmãozinhos". O delegado Branco procurou tranquilizá-lo, disse que poderia ficar despreocupado porque sua saúde e integridade física seriam preservadas. O réu, aparentando fragilidade, respondia, "irmãozinho, não devo nada disso, não devo nada disso"; "esse povo está mentindo"; "eu não faço isso, não". No carro com os policiais, tomou remédio para a pressão alta. Chegando à Deic, o maior tumulto que os agentes já tinham visto. Era jornalista pendurado até na janela da delegacia, contam.

Às 18h daquele domingo, João Teixeira de Faria, empresário, espiritualista, com renda de R$ 60 mil mensais, proprietário de sete fazendas no estado de Goiás, não sabendo precisar quantas casas nem quantos carros possui, deu seu primeiro depoimento sobre o caso aos três delegados à frente da investigação da Polícia Civil: Branco, Karla Fernandes Guimarães e Paula

Meotti — que fez também o papel de escrivã, já que o servidor designado para tal havia sido atropelado a caminho do trabalho. Os três advogados, Alberto Toron, Luisa Ferreira e Ronivan Peixoto, acompanhavam o réu.

João permaneceu na delegacia por mais de quatro horas, com intervalo para comer pizza com os policiais. Foi questionado sobre o abuso de outubro e sobre outras investigações em curso. Admitiu conhecer a vítima que motivou o primeiro mandado de prisão preventiva, mas negou tê-la violentado. Afirmou que "isso não é verdade e quer um exame de que tenha ocorrido", "porque ela tem nível superior, sabe o que está alegando e deve provar". Disse ainda que "ajudou o centro espírita que ela administrava". Do namorado que a acompanhou à Casa de Dom Inácio ele também se lembrava: "É uma ótima pessoa, mas aparenta ter algum problema de ordem mental".[11]

Mais uma vez, João Teixeira afirmou não fazer atendimentos individuais, a não ser quando recebia algum pedido dos próprios fiéis:

> Há uma sala, cuja porta é transparente. Muitas vezes, o interrogando está almoçando quando é chamado. Informa que nunca trancou essa porta para os atendimentos. Muitas vezes, é o atendido quem a tranca, mas nunca o interrogando. Ele alega também que há duas janelas na sala [aquelas que estavam cobertas por cortinas] e outras pessoas podem visualizar o interior. (...) Muitas vezes, doa pedras para frequentadores que não possuem dinheiro para adquiri-las.[12]

Os agentes fizeram também algumas perguntas sobre dois outros inquéritos da Deic, que Branco havia instaurado meses antes de as denúncias saírem na imprensa. Um deles se referia ao boletim de ocorrência de Adriana e Vera, por estupro e ameaça, feito em 2016 e detalhado no capítulo 12. Remetido de Abadiânia a Goiânia, só chegou à mesa do delegado dois anos depois. A outra investigação apurava uma denúncia mais ampla, que ia de abuso sexual a estelionato, passando por charlatanismo.

João reafirmou que nunca houve mortes de fiéis após cirurgias espirituais na Casa de Dom Inácio, negou ter abusado sexualmente de crianças e adolescentes e voltou a falar em uma conspiração para derrubá-lo. Além do telefonema que teria recebido, mencionou uma moça do estado do Rio de

Janeiro que, ao chegar a Abadiânia, teria dito: "Seu João, você sabe que eu já escrevi livros e tem uma pessoa que faz programa de televisão e ofereceu para que eu acabasse com sua vida, colocando você no *Fantástico*". João, porém, não se recorda do nome ou de qualquer outro dado dessa mulher.

Questionado pelos policiais, o réu disse nunca ter tomado conhecimento de denúncias a respeito de estelionato na venda de pedras, objeto do outro inquérito aberto pela Polícia Civil. Confirmou que naquele momento extraía "algumas pedras da fazenda que possui na cidade de Pilar de Goiás, mas apenas as que se encontram na superfície, utilizando para tanto um trator". "Em Abadiânia também há um local em que 'pega' algumas pedras. Informa que lapida e comercializa as referidas pedras." No passado, já passou por Serra Pelada, no Pará, sem saber precisar a data, e manteve um garimpo nas cidades goianas de Crixás e Santa Terezinha de Goiás.

Sobre a tentativa de movimentação de R$ 35 milhões reportada ao Coaf, afirmou desconhecê-la, "pois apenas pagou alguns funcionários com cheques nominais, mas não tem esse negócio de milhões".

Terminado o interrogatório, o acusado deixou a Deic segurando a mão do delegado, a quem continuava chamando de "irmãozinho". Levado de carro naquela mesma noite de domingo da Deic ao Núcleo de Custódia de Aparecida de Goiânia, João Teixeira de Faria passou os 45 minutos do trajeto em silêncio. E não queria soltar o policial para entrar na cadeia. "Seu João, vou ficar por aqui, o senhor vai com Deus." Branco soltou sua mão. O réu agradeceu, virou as costas e, mostrando dificuldade para andar, saiu rumo à sua cela.

# 15
## Uma história sem fim

Os aliados de João Teixeira de Faria nunca deixaram de ter fé. Tinham fé que o seu líder sairia da cadeia e que a Casa de Dom Inácio de Loyola voltaria a fazer de Abadiânia um dos principais centros de peregrinação de fiéis das Américas. Por isso, mantiveram a Casa em pé durante todo o tempo em que João esteve preso.

A notícia da prisão, naquele dezembro de 2018, tinha sido recebida pelas vítimas com grande alívio. Elas se sentiam em perigo e sabiam que, ao dar seus nomes para o Ministério Público, a Polícia Civil e a Justiça, a defesa e o réu teriam acesso aos seus dados. Mesmo mantidos sob sigilo, como todos os processos relacionados a crimes sexuais no Brasil, os nomes de muitas delas foram parar na internet, em documentos que, por falha do sistema judiciário, vazaram. As mulheres abusadas por João Teixeira de Faria estavam mais expostas do que nunca.

O fato de a Casa de Dom Inácio de Loyola ser mantida em pleno funcionamento era outro motivo de desconforto para as vítimas, para dizer o mínimo. Lá, a rede de proteção do médium continuava a manter a aura de silêncio, segredo e violência que o cercara durante mais de quarenta anos. Local dos crimes e esconderijo de provas, as portas abertas do centro espiritual eram uma afronta para todas aquelas que sofreram com os atos criminosos de João de Deus — um aviso de que, fosse lá o que a Justiça decidisse em relação a seu ex-líder, a estrutura por ele criada continuaria funcionando.

Para o Ministério Público de Goiás, a permanência da Casa de Dom Inácio aberta ao público não era um problema. A promotora Cristiane Marques de Souza conta que o fechamento do centro chegou a ser motivo de debate entre seus colegas, mas concluiu-se que se tratava de "liberdade religiosa e de crença".

Mesmo sendo o local em que o réu cometeu abusos sexuais e instalou cofres para esconder rastros de outros crimes?

"A gente não consegue provar isso", afirma Marques de Souza, em entrevista para esta obra. Os cofres, ela diz, estavam vazios. "A gente não achou o dinheiro, não achou nada lá que justificasse fechar. E estamos falando de um centro religioso. Se a gente pensar nos abusos, os crimes eram praticados por João Teixeira. Você tira a pessoa, mas deixa o templo. Dou um exemplo que não é assim, perfeito, mas, quando a gente sabe de casos de [abusos cometidos por] padres, a gente não fecha a igreja. É preciso ter essa sensibilidade. Discutimos isso exaustivamente."

O promotor Luciano Miranda Meireles diz ainda que há que se distinguir a pessoa física do centro: "A Casa é um local de fé, como se fosse um templo, e não é porque um de seus integrantes cometeu crimes que deve ser fechada. Entendemos que ela é vista como um local em que as pessoas praticam a sua religiosidade, por isso haveria essa desconexão com a pessoa física do senhor João Teixeira".

A notícia era ótima para os assessores de João. Eles garantiam aos turistas que as curas seguiam acontecendo, mesmo sem a presença do médium nem ninguém ocupando o seu lugar. As entidades estavam ali, operando seus invisíveis milagres, e a qualquer momento o seu líder voltaria, e tudo seria como antes. Abadiânia, aquele local sagrado, voltaria a pulsar.

O que se via na prática, porém, eram uma Casa vazia e uma cidade em ruínas.

O centro espiritual que um dia se gabou de receber mais de 2 mil visitantes num só dia passou 2019 às moscas. Mas insistiu em se manter funcionando: as quartas, quintas e sextas-feiras eram dedicadas aos tratamentos espirituais, no mesmo esquema de sempre. A Casa abria as portas bem cedinho, e um de seus "filhos" — àquela altura, Heather Cumming, aliada que nunca deixou de estar ao lado de seu líder — dava início aos trabalhos, explicando em vários idiomas a sequência de "bênçãos", antes de pedir orações para o prisioneiro João, "graças a quem estamos aqui reunidos", e dar o comando para que os turistas caminhassem, em fila, para as correntes de meditação, com pausa para almoçar a sopa da casa, meditar no jardim e fazer compras na loja de suvenires.

Em 2019, porém, era possível contar os frequentadores nos dedos. Mais do que pessoas de fé religiosa, os fiéis vistos na Casa após a prisão de João eram leais à figura de seu líder, pelas supostas curas que haviam recebido ao longo da vida, às vezes décadas antes. Eram a materialização da "gratidão" a que se referiu o ministro Luís Roberto Barroso em entrevista para esta obra. Os seguidores passaram a falar em "jamais abandonar o médium" e a defender teorias difundidas pelos aliados do réu: as mais de trezentas mulheres que o denunciaram estavam unidas em conspiração contra João, "a verdadeira vítima", para tomar-lhe dinheiro. Tratava-se de um homem poderoso, e portanto muito assediado por "interesseiras".

Não demoraria para a Justiça provar o contrário.

E, apesar do que difundiam os aliados, a Abadiânia de outrora estava, em 2019, repleta de pessoas desempregadas, sem renda e sem nenhuma perspectiva de melhora. A única coisa dos tempos áureos que permaneceu foi o medo. Os abadianenses frequentemente se recusavam a dar entrevistas sobre qualquer tema que envolvesse o nome João Teixeira de Faria. Entre os poucos que aceitavam falar, alguns pediam anonimato, outros entregavam bem menos do que sabiam. Ex-funcionários da Casa marcavam encontros para depois abortá-los. Fontes mais generosas pediam que a autora tivesse cuidado: não diga que é jornalista — a mídia era vista como culpada pela derrocada da cidade. Não durma em Abadiânia, não coma nem beba nada que não seja industrializado e não venha lacrado — havia a suspeita de que o envenenamento era um método utilizado para silenciar quem fosse "contra o sistema" local. Se entrar na Casa de Dom Inácio de Loyola, vá de branco, pareça uma fiel. Jamais se deixe ver desacompanhada.

Em outubro de 2019, parecia difícil passar despercebida por Abadiânia. A cidade agora era um fantasma de terrenos vazios, lojas fechadas, pousadas abandonadas e placas de "vende-se" coladas nos portões. Os imensos estacionamentos que ladeiam a Casa já não viam carros, muito menos ônibus. Pouco antes da abertura dos trabalhos, às oito da manhã, dez meses depois da prisão de João, não mais do que cinco pessoas de branco caminhavam pela avenida Francisca Teixeira Damas, a mesma que foi tomada durante anos por hordas de fiéis, um mar de gente vestida de branco que remetia a uma versão angustiada da imagem dos turistas e cariocas chegando à praia de Copacabana para a virada do ano. Logo na entrada do centro espiritual, a placa que recebia os visitantes — menos de cem, num dia de 2019 considerado cheio — pedia silêncio.

Naquele ano ainda era possível ver policiais militares fardados fazendo a segurança da Casa, fuzis em punho para ostentar poder na aparente calmaria do estacionamento vazio. Viaturas passavam pela avenida que leva o nome da mãe do réu, bem devagar, como a observar se a "ordem" outrora imposta por João estava sendo mantida.

O próprio prefeito à frente da cidade no momento da derrocada do líder espiritual — de quem nunca foi aliado — veio a público lamentar o impacto do escândalo em sua cidade. Zé Diniz, eleito em 2016 pelo PSD (Partido Social Democrático), sem o apoio de João Teixeira, chamou as denúncias de "fato negativo" e lembrou que Abadiânia recebia semanalmente "milhares de turistas que procuram a cura para as suas enfermidades e os seus anseios, assim colaborando com o desenvolvimento da cidade".[1] Meses depois da prisão do médium, Diniz ainda tinha dificuldade para recolocar no mercado as centenas de trabalhadores cujas rendas foram perdidas com o sumiço dos fiéis.

Das mais de setenta pousadas criadas para receber os turistas espirituais ao longo de quatro décadas, até o fim de 2019 cinco tinham sobrevivido — ainda assim, com a capacidade reduzida, com quartos interditados e sem manutenção. Os poucos restaurantes, cafés e lojas que permaneceram abertos passam a maior parte do dia sem movimento. No caminho para a Casa de Dom Inácio, são mais frequentes as placas de "passa-se o ponto" do que as portas abertas ao comércio. Estimativas oficiais dão conta de que a peregrinação de fiéis tenha caído de cerca de 2 a 3 mil para no máximo duzentas pessoas por semana.

Uma das tentativas da prefeitura para reaquecer a economia local foi convidar uma universidade de outro estado a inaugurar um campus ali. Uma instituição de ensino superior traria estudantes e voltaria a movimentar Abadiânia. A resposta foi desanimadora. Os educadores não queriam ver seus nomes associados ao local do escândalo. A esperança era atrair um empreendimento com o pensamento contrário: que visse ali a chance de ter a sua marca ligada à recuperação da cidade. Enquanto isso não acontecia, o principal investimento de Diniz passou a ser no turismo do entorno do lago Corumbá IV, criado em 2006, a partir de uma usina hidrelétrica, e que fica a quarenta quilômetros do centro de Abadiânia. Para empregar mais diretamente os trabalhadores da cidade, uma das apostas era estimular o plantio de feijão. Nenhuma das alternativas parecia levar muita esperança ao povo abadianense, que em 2019 começou a largar suas casas e migrar para cidades próximas, como Anápolis e Brasília, em busca de melhores oportunidades. Em 2020, Zé Diniz foi reeleito prefeito de Abadiânia, desta vez pelo PP (Progressistas).

Enquanto Abadiânia tentava se refazer, o Ministério Público e a Polícia Civil de Goiás corriam atrás de décadas de crimes que haviam sido cometidos na região sem que ninguém fosse punido. O foco da força-tarefa iniciada em 10 de dezembro de 2018 eram os delitos sexuais, mas os telefones não paravam de tocar. Parecia que a prisão de João, seis dias depois do início das investigações, tinha dado coragem a quem havia permanecido por anos em silêncio. Não demorou para que a polícia percebesse que teria de investigar outros crimes, além dos abusos contra mulheres.

Em poucas semanas, apareceu uma testemunha falando em ossadas. Não se tratava de cemitérios clandestinos, mas locais de desova de corpos, em uma fazenda de Abadiânia. A polícia foi apurar e encontrou restos mortais de quatro pessoas que pareciam ser de uma mesma família, enterradas cerca de dez anos antes. Um crime de alta complexidade para desvendar. E não era o único. Mesmo casos antigos que chegaram à Justiça, como o do assassinato à queima-roupa da alemã Johanna Hannelore Bode, em 2006 — registrado pelo sargento que a encontrou como "aparente morte natural" —, arquivado sem que fosse determinada a autoria do homicídio, voltaram a chamar a atenção das autoridades. Estava claro que teriam de seguir outros rastros, não só os de crimes sexuais.

A complexidade das investigações tropeçou, porém, em um obstáculo: em janeiro de 2019, apenas um mês depois do início da força-tarefa, o então delegado titular da Deic — Delegacia Estadual de Investigações Criminais, sediada em Goiânia —, Valdemir Pereira da Silva, conhecido por sua isenção e pela capacidade de desvendar crimes difíceis, foi afastado do cargo, e os inquéritos envolvendo o nome de João Teixeira de Faria ficaram sob a responsabilidade da Deam — a Delegacia Especializada no Atendimento à Mulher. Como o nome diz, na Deam ficam concentrados especialmente os crimes ligados a abusos sexuais. Investigações criminais como as de homicídio são feitas por equipes especializadas, na Deic.

A medida foi tomada após a troca do delegado-geral da Polícia Civil de Goiás — saiu André Fernandes, assumiu Odair José Soares. A mudança foi feita pelo recém-eleito governador do estado, Ronaldo Caiado, aquele mesmo que em 2015 havia subido ao palco de Abadiânia e saudado seu amigo João como "um homem que é referência no mundo inteiro". Soares foi escolhido por meio de lista tríplice, indicado pelos próprios policiais civis e nomeado em janeiro de 2019 pelo governador que acabara de assumir o cargo, pelo DEM (Democratas).

Na prática, redirecionar o comando da força-tarefa da Deic para a Deam significava concentrar os holofotes sobre os casos de abuso sexual — desmontando, portanto, os outros fios que haviam começado a ser puxados. "Parou tudo", disseram fontes ligadas ao caso, sob condição de anonimato.

A delegada Paula Meotti, à frente das investigações na Deam, afirma que há, sim, outros crimes sendo investigados, mas não diz quais: "Há vários outros inquéritos, sigilosos, que estão investigando crimes que não os de abuso. São averiguações complexas, que envolvem muita análise documental, e não têm como ser feitas de maneira rápida. Mas a gente não divulga para não atrapalhar as investigações", afirmou, em entrevista à autora, em dezembro de 2019. Ela admite, no entanto, que "tem muita coisa que a gente sabe, mas, como se perdeu no tempo, é como se não existisse... A gente não pode provar".

No Ministério Público, a força-tarefa foi constituída para apurar os abusos sexuais e "atender àquele universo de mulheres, que passou de três centenas, e crimes eventualmente conexos", como coação de testemunha e falsidade ideológica, como explica o promotor de Goiás Luciano Miranda Meireles. Nas palavras dele, "crimes de homicídio eventualmente praticados no passado não são objeto de apuração da força-tarefa do MP, mas não é descartada a hipótese de existir investigação em outras esferas, dentro desses crimes". "Lembrando que, no aspecto do Poder Judiciário, nenhum processo de homicídio contra ele [João Teixeira de Faria] teve prosseguimento, mas isso não desautoriza a reabertura de inquéritos. Investigações de homicídio geralmente são conduzidas pela polícia. Lembrando que a força-tarefa tem um objeto bem delineado, que é a investigação dos crimes sexuais. Então a gente entendeu por bem não ultrapassar essa linha, não abranger tudo, porque a gente acabaria perdendo o foco."

Entre aquele dezembro de 2018, mês do estouro do escândalo na imprensa, e agosto de 2021, a força-tarefa do Ministério Público de Goiás ofereceu à Justiça quinze denúncias de crimes sexuais contra João Teixeira de Faria. Em cada uma, agrupou mulheres que tinham sofrido abusos com elementos em comum.

Sessenta e duas delas foram consideradas pela promotoria vítimas de estupro de vulnerável — artigo 217-A do Código Penal, que prevê pena de oito a quinze anos de reclusão. Pela lei, comete o crime quem tem "conjunção carnal ou pratica outro ato libidinoso com menor de catorze anos", e "incorre na mesma pena quem pratica as ações descritas com alguém que, por enfermidade ou deficiência mental, não tem o discernimento para a prática do ato, ou que, por qualquer outra causa, não pode oferecer resistência".

Pelo entendimento do Ministério Público, as fiéis que foram abusadas por João Teixeira de Faria em seu templo espiritual não estavam, na maioria dos casos, em sua plenitude psicológica e física. "Muitas estavam doentes, procurando a cura, então você tem um aspecto de fragilidade", explica a promotora Cristiane Marques de Souza. A crença das vítimas de que passavam por um tratamento enquanto eram abusadas; a fé na cura; o endeusamento de seu algoz, que acreditavam ser uma espécie de todo-poderoso com dons mediúnicos; até a mobilização coletiva, todos vestidos de branco, em correntes de oração, com música de meditação ao fundo: tudo isso contribuiu para aumentar a vulnerabilidade das vítimas, no linguajar jurídico.

Os promotores consideraram ainda que outras quatro mulheres sofreram violação sexual mediante fraude — artigo 215 do Código Penal. Cento e quarenta e oito mulheres foram acrescidas às denúncias como "testemunhas de colaboração", pelo fato de os crimes aos quais sobreviveram serem considerados prescritos. João não poderia mais ser punido pelo que fez a elas, mas suas histórias reforçariam, nos tribunais, os casos pelos quais ainda seria julgado.

No total, o Ministério Público de Goiás contabilizava, até dezembro de 2020, 323 vítimas de João Teixeira de Faria — 194 delas já haviam formalizado seus depoimentos, e 129 optaram por não fazê-lo, apenas registrando por e-mail ou telefone as suas denúncias. O órgão considerou que em 118 casos os crimes ainda não estavam prescritos. Além das 66 mulheres cujas histórias já foram encaminhadas à Justiça, o MP ainda analisa as outras, e espera-se que formalize novas denúncias.

Os crimes de estupro levados às autoridades vão de 1973, quando o réu tinha 32 anos, a 2018, quando João Teixeira foi preso, aos 77. A promotoria de Goiás considera este o maior caso de abuso sexual do Brasil, quiçá do mundo, pelo intervalo de tempo e número de vítimas registradas. Quarenta e cinco anos. Trezentas e vinte e três mulheres. O MP estima que, somadas as que nunca procuraram a Justiça — entre outras razões, por temer retaliações —, a quantidade de sobreviventes passe dos quatro dígitos.

Um levantamento feito pelos promotores mostra que a maior parte das mais de trezentas vítimas é de São Paulo (59) e do Distrito Federal (59). Goiás, terra de João e da Casa de Dom Inácio, fica em terceiro (37), seguido de Minas Gerais (29) e Rio Grande do Sul (28), um dos estados onde João era mais venerado — e de onde havia sido expulso, em 2012, após abusar da filha menor de idade de um empresário local, sem nunca ter sido incriminado por isso, como relatado no capítulo 11. Todas as regiões do país têm vítimas registradas pelo MP, sendo a menor parte delas do Norte.

O médium costumava seguir um padrão ao escolher as mulheres que pedia para ver a sós, em um de seus aposentos privativos, durante os atendimentos espirituais. Em sua maioria, eram jovens, brancas e magras. Menores de idade não foram poupadas — correspondem a mais de 15% das vítimas, segundo o MP-GO: 4,7% tinham entre 0 e 13 anos, e 13,2% tinham de 14 a 17 anos. A faixa etária que predomina é de 18 a 30, com 25,4% dos casos; 14,1% tinham entre 31 e 45 anos.

Em uma denúncia de estupro de vulnerável, João Teixeira de Faria é acusado também de coação de testemunha — artigo 344 do Código Penal, que prevê punição de um a quatro anos de reclusão e multa, além da pena correspondente à violência. Sandro Teixeira de Oliveira, filho de João, também foi denunciado por coagir uma testemunha a retirar a queixa contra seu pai. Trata-se do caso de Adriana e Vera, respectivamente vítima de abuso e testemunha do crime, registrado em março de 2016 na delegacia da Polícia Civil em Abadiânia. Depois de feito o boletim de ocorrência, Vera voltou para casa, em Alto Paraíso de Goiás, onde teria recebido uma visita de João, acompanhado de seu filho, ambos armados, mandando que ela e a amiga retirassem a queixa. Em sua defesa, Sandro e João negaram em juízo a intimidação. Negaram até mesmo que tivessem ido àquela cidade na data apontada pelas vítimas.

Delegada à frente da Polícia Civil em Abadiânia por alguns meses de 2016, Karla Portes Poubel também chegou a ser investigada internamente pelo órgão, que foi provocado pelo Ministério Público a esclarecer as razões pelas quais o inquérito referente ao caso não foi levado adiante, e só reapareceu em 2018, em Goiânia. Após um processo administrativo interno por suposta omissão no registro, a Corregedoria da Polícia Civil considerou Karla Poubel inocente.

Em agosto de 2021, a ação contra Sandro e João Teixeira ainda tramitava no Tribunal de Justiça de Goiás.

Outra tentativa de encobrir os abusos sexuais cometidos por João foi denunciada pelo Ministério Público como falsidade ideológica, artigo 299 do Código Penal, com pena de um a cinco anos de prisão. Pelo mesmo crime, além de João foram denunciados à Justiça outros três suspeitos: Edna Ferreira Gomes — sua assessora de imprensa e roteirista do documentário *O silêncio é uma prece* —, Reginaldo Gomes do Nascimento — major reformado da Polícia Militar que fez a segurança pessoal de João durante anos, quando ainda era um quadro efetivo da PM — e João José Elias — advogado que atuou na defesa do médium no caso de abuso contra Camila, no qual acabou inocentado.

Os quatro foram acusados de, em novembro de 2018, antes de o escândalo vir a público, pressionar uma vítima de estupro que teria dado entrevista ao programa de Pedro Bial a registrar um documento em cartório atestando a inocência do então líder espiritual. Assim, desqualificariam as acusações que iriam ao ar na TV um mês depois.

Em dezembro de 2019, a Justiça decidiu trancar a ação contra a assessora de imprensa de João. Contratado por Edna, o escritório do ex-senador

Demóstenes Torres venceu a causa, alegando que "a autora da falsa declaração não foi denunciada, inviabilizando a responsabilização penal"[2] de sua cliente. Ela, afinal, não havia assinado o documento em questão.

Depois disso, em março de 2020, a juíza Rosângela Rodrigues estendeu a decisão aos outros acusados, retirando Reginaldo e José Elias da ação penal. O processo contra João Teixeira de Faria, relacionado a esse caso de estupro, não havia sido encerrado até agosto de 2021.

Da rede de proteção de João Teixeira de Faria o Ministério Público pescou, até agosto de 2021, apenas mais dois nomes, de guias de turismo do Rio Grande do Sul que indicavam a Casa de Dom Inácio para tratamentos espirituais. Em dezembro de 2019, Roberto Krabbe e Paulo Ricardo Huppes foram denunciados sob a acusação de colaborar para que duas vítimas de João Teixeira fossem continuamente estupradas.

Segundo a promotoria, Krabbe e Huppes não só se omitiram ao saber dos crimes sexuais como atuaram para que as mulheres acreditassem que os abusos eram parte do tratamento espiritual — e que era normal que seguissem acontecendo. A ação ainda tramitava no Tribunal de Justiça de Goiás até a conclusão destas páginas, em agosto de 2021. Procurados pela autora, os acusados não se manifestaram.

Contra João Teixeira de Faria, as únicas denúncias não relacionadas a crimes sexuais que resultaram da força-tarefa instaurada pela Polícia Civil e pelo Ministério Público de Goiás em 2018 foram por posse ilegal de armas de fogo, de uso restrito e de uso permitido. Sua companheira, Ana Keyla Teixeira Lourenço, foi acusada pelo mesmo crime. Segundo os investigadores, uma arma foi encontrada em sua gaveta de calcinhas.

Ana Keyla também foi procurada para dar entrevista para esta obra por meio de seus advogados, Breno Estulano Pimenta e Ismar Estulano Garcia. Ela se recusou a falar. À Justiça, alegou que nunca soube da existência de uma arma no meio de suas roupas e acrescentou: não permitiria artefatos daquele tipo em sua casa, onde cria uma filha pequena, fruto de sua relação de mais de quinze anos com João.[3]

\* \* \*

Em novembro de 2019, saiu a primeira sentença do Tribunal de Justiça de Goiás após o escândalo. Mas a decisão não se referia a um crime sexual, e sim à posse ilegal de armas.[4]

João Teixeira de Faria foi condenado a quatro anos de prisão em regime aberto. Ele continuaria preso, mas preventivamente, por outros mandados ainda em vigor. Ana Keyla foi inocentada. Segundo a juíza que assinou a sentença, Rosângela Rodrigues Santos, não havia provas suficientes nos autos do envolvimento da companheira de João no crime — nem sequer registros feitos pela polícia de que uma arma havia sido encontrada em sua gaveta de roupas íntimas. Já João foi condenado às penas mínimas previstas pelo crime, apesar da "grande quantidade de armas (4) e munições (188)", nas palavras da própria magistrada. Segundo escreveu na decisão, "antecedentes criminais inexistentes, conduta social e personalidade favoráveis e a inexistência de fatos comprovadamente desabonadores"[5] foram levados em conta para a definição da punição mais branda prevista na lei. O Ministério Público recorreu, e a ação ainda tramitava na Justiça em agosto de 2021.

Pouco depois da sentença por posse de armas, sairia a primeira condenação de João Teixeira de Faria pelos crimes sexuais que cometeu. No dia 19 de dezembro de 2019, a mesma juíza o considerou culpado e mandou que cumprisse pena de dezenove anos e quatro meses de prisão em regime fechado por abusos cometidos contra quatro mulheres. As sobreviventes derramaram lágrimas de vitória, alívio e dor.

A condenação de um abusador sexual é, muitas vezes, a confirmação para as próprias vítimas de que o crime existiu. Mulheres que foram ensinadas a sentir culpa, a pensar que algo em seu comportamento poderia justificar o injustificável: o uso de seus corpos sem consentimento.

"É uma sensação de justiça sendo feita", afirmou uma das vítimas à autora, em entrevista publicada no jornal *O Globo*. Para ela, a maior felicidade era derrubar um mito:

> *João seria o novo Chico Xavier, ia enganar o mundo inteiro (...). É a primeira condenação de muitas que virão. Ele prejudicou muitas mulheres, nós nos unimos e conseguimos derrubar uma pessoa*

*que era praticamente intocável. É muito bom, de alguma maneira, poder acreditar que ainda existe Justiça no país. Há treze anos que eu tento de alguma maneira prender João de Deus. O que ele fez comigo prescreveu, mas ele vai pagar pelo que fez a todas as mulheres.*[6]

A sentença teve como base duas acusações de violação sexual mediante fraude e outras duas de estupro de vulnerável. Segundo a juíza, ela levou em conta apenas um atenuante da pena, o fato de João ter mais de setenta anos — já que, agora, ele não podia mais ser considerado réu primário:

*O juiz analisa a culpabilidade, os antecedentes, os motivos e o comportamento. A palavra da vítima se sobrepõe à simples negativa do acusado. Porque, em geral, esses crimes sexuais acontecem às escuras"*, afirmou Rosângela Rodrigues Santos, em entrevista à imprensa, ao anunciar a decisão.[7]

Naquela mesma semana, a magistrada negou ainda um novo pedido de soltura do médium. Àquela altura, ela estimava já ter rejeitado cerca de dez *habeas corpus* em favor do réu. Os advogados de defesa alegavam sempre que, idoso, João estava muito doente e não recebia o devido tratamento médico no Núcleo de Custódia de Aparecida de Goiânia. João dizia que ia morrer. Peritos atestavam que o prisioneiro estava em plenas condições de cumprir a pena no cárcere.

Em janeiro de 2020, saiu a terceira condenação, que mereceu a mais alta punição até então: quarenta anos de reclusão em regime fechado por estupro de vulnerável, cometido contra cinco mulheres — duas do Rio de Janeiro, uma de São Paulo, uma de Brasília e outra do Rio Grande do Sul —, entre 2011 e 2017.

Em julho de 2020, a juíza Rosângela Rodrigues Santos foi promovida por antiguidade e trocou a Comarca de Abadiânia, depois de quinze anos, pela de Aparecida de Goiânia. Em maio de 2021, o juiz Renato César Dorta Pinheiro, então titular da Comarca de Abadiânia, condenou João Teixeira de Faria a mais dois anos e seis meses de reclusão, por violação sexual mediante fraude contra uma vítima. Em agosto de 2021, mais de uma dezena de denúncias ainda aguardava sentença.

Foram feitos repetidos pedidos de entrevista a João Teixeira de Faria para esta obra, entre novembro de 2019 e agosto de 2020 — pessoalmente, no escritório de seus advogados em Goiânia, por e-mail e por telefone. O acusado não quis se pronunciar.

O advogado de defesa Anderson Van Gualberto de Mendonça afirmou, em nota enviada à autora em dezembro de 2019, que "João de Deus mantém a sua versão inicial sobre os fatos: não praticou crime sexual contra nenhuma mulher". Questionado se o médium se lembra das vítimas que o denunciaram, Mendonça disse que "não seria possível lembrar de qualquer mulher que o acusa, pois atendia semanalmente de 8 a 10 mil pessoas, em média".

Sobre a condenação por posse ilegal de armas, o advogado afirmou que se tratava de artefatos "com mais de cinquenta anos e eles não foram utilizados para ameaçar ou intimidar nenhum frequentador da Casa de Dom Inácio". Essa, por sua vez, "continua funcionando normalmente: é independente, tem coordenação e direção próprias". Mendonça escreveu ainda que a promotoria "vem fazendo um espetáculo público com o processo e utiliza a mídia para inflacionar o sentimento de ódio e de repulsa contra o meu cliente".

A defesa recorreu de todas as sentenças contra João Teixeira de Faria. Os processos ainda não haviam sido concluídos até agosto de 2021.

Depois de pedir para ser solto várias vezes, João Teixeira de Faria foi beneficiado pelo vírus que assolou o mundo inteiro em 2020. Após quinze meses detido, João Teixeira de Faria foi liberado pela Justiça para cumprir a pena em sua mansão em Anápolis — aquela com chafariz, banheira de hidromassagem, cama de cristal e cofres escondidos em armários, sobre o teto e abaixo do piso. No dia 31 de março de 2020, aos 78 anos, ele deixou a cela de dois cômodos e dois banheiros que dividia com um prisioneiro médico no Núcleo de Custódia de Aparecida de Goiânia e foi para casa. Um "prêmio" para o criminoso, na visão do Ministério Público de Goiás, para quem o benefício da prisão domiciliar não deveria ter sido concedido. As vítimas que outrora derramaram lágrimas de vitória pela condenação, dessa vez choraram de medo e decepção.

A decisão da juíza Rosângela Rodrigues dos Santos levou em consideração uma resolução do Conselho Nacional de Justiça recomendando aos magistrados que, em razão da pandemia do coronavírus Sars-CoV-2, analisassem os casos de detentos de grupos de risco, como os idosos.

A juíza afirmou expressamente que o médium não poderia voltar ao centro espiritual que fundou em Abadiânia em 1979 nem se ausentar de Anápolis. Foi determinado que ele usasse tornozeleira eletrônica e não mantivesse contato com vítimas ou testemunhas dos processos nos quais é réu.

O Ministério Público de Goiás recorreu da decisão. Para o promotor de Justiça Luciano Miranda, João Teixeira "responde a uma dezena de ações penais por crimes sexuais e também pelo delito de coação de testemunha no curso do processo, o que denota que, fora do cárcere, poderá voltar a coagir testemunhas e embaraçar as investigações e instruções ainda pendentes".[8]

Em setembro de 2020, a força-tarefa do Ministério Público criada em dezembro de 2018 para investigar o ex-líder espiritual e receber denúncias sobre os crimes supostamente cometidos por ele foi desmobilizada. Segundo explicou Miranda Meireles à autora, isso aconteceu porque já não havia grande volume de casos, "então mantemos alguns promotores auxiliando em investigações individuais menores".

A Casa de Dom Inácio de Loyola foi fechada pela primeira vez desde os anos 1970 após a imposição de quarentena no estado de Goiás, em março de 2020, por decisão do governador Ronaldo Caiado, para conter a disseminação da Covid-19. Voltou a funcionar parcialmente em junho de 2020, com a exigência do uso de máscaras e distanciamento social nas instalações.

Em setembro de 2020, foram retomadas as sessões espirituais em Abadiânia, sob o argumento de que a epidemia no Brasil estava arrefecendo.

Em 26 de agosto de 2021, João Teixeira de Faria, até então condenado a mais de sessenta e quatro anos de prisão, foi mandado de volta para a cadeia, aos oitenta anos. A decisão foi tomada com base na décima quinta denúncia feita contra ele, agrupando oito mulheres que o Ministério Público considerou terem sido vítimas de estupro de vulnerável. Para a promotoria, que pediu novamente a sua prisão preventiva, o fato de o réu estar em casa poderia intimidar as sobreviventes e atrapalhar o processo. O juiz Marcos Boechat Lopes Filho concordou, lembrando que:

> *O acusado se valia de seu elevado prestígio e poder de influência frente às vítimas e até outras pessoas para possibilitar a prática de inúmeros abusos sexuais, assim como impedir que tais fatos fossem levados ao conhecimento das autoridades. [...] Aliás, é fato notório o de que o acusado costumava se apresentar publicamente ostentando amizades e relacionamentos íntimos com personalidades famosas no Brasil e no exterior (formadores de opinião), assim como pessoas influentes, como políticos e autoridades públicas diversas, transpassando a imagem de pessoa acima da lei dos homens que jamais poderia ser por esta alcançado ou atingido.*[9]

A liberdade do homem com imagem de santo ou divindade — e que muito provavelmente exerça forte influência social, política e econômica na cidade de Abadiânia — representa risco à sociedade e pode, nas palavras do juiz, provocar um intenso e significativo processo de revitimização das mulheres que o acusam. Numa peça que sinaliza mudanças em relação à maneira como essas sobreviventes são tratadas pela Justiça brasileira, a decisão do magistrado enaltece as centenas de mulheres que, "após anos de sofrimento em silêncio, se encorajaram a denunciar os abusos sexuais experimentados em momento de intensa fragilidade".[10] Que o mesmo direito à dignidade humana seja garantido a todas as mulheres que, daqui para a frente, tenham a coragem de denunciar o seu algoz.

# Agradecimentos

Investigar, entender e relatar décadas de histórias mal contadas só foi possível graças à parceria de dois jornalistas obstinados, sensíveis e generosos: Heloísa Traiano, cujos ouvidos dividiram comigo relatos de extrema intimidade e dor, e Rafael de Pino, que, além de pesquisador, foi um precioso editor, sempre disponível para debater cada página e me estimular a seguir em frente.

Devemos, nós três, um agradecimento especial a todas as fontes, muitas delas anônimas — pelo caráter arriscado de suas revelações —, que nos ajudaram a abrir e cortar caminhos nesta difícil investigação. E, principalmente, às mulheres que sobreviveram a João Teixeira de Faria e abraçaram a ideia de fazer, nestas folhas, um registro histórico de alguns dos abusos sofridos, dos quais nunca se recuperaram. Foram horas de conversas e trocas de mensagens, nas quais se viram diante de perguntas muitas vezes invasivas, tendo de revirar memórias dolorosas, aqui expostas na tentativa de evitar que outras tantas mais sejam abusadas.

Jornalistas, advogadas, policiais, ativistas, assessoras de imprensa e promotoras me acompanharam ao longo da pesquisa e foram fundamentais para montar o quebra-cabeça que foi a vida do protagonista. Sem a colaboração de Aline Leonardo, assessora de imprensa do Tribunal de Justiça de Goiás, e a autorização da juíza Rosângela Rodrigues Santos, responsável pela Comarca de Abadiânia durante quinze anos, eu não teria tido acesso às mais de mil páginas de processos envolvendo o nome de João Teixeira de Faria, desde a década de 1980. No Ministério Público de Goiás, a promotora Cristiane Marques de Souza e a assessora jurídica Ariane Arrais Sousa Queiroz dedicaram seu tempo a esclarecer minhas dúvidas sobre a maior força-tarefa contra um abusador sexual já feita no Brasil.

No Ministério Público de São Paulo, a promotora Silvia Chakian, da Promotoria Especializada no Enfrentamento à Violência Doméstica e Familiar contra a Mulher, foi desde o primeiro dia uma valiosa consultora, com quem pude trocar ideias sobre como abordar uma vítima e, principalmente, sobre qual é a melhor maneira de escutá-la.

Em Goiás, contei com a generosidade de colegas jornalistas como Sarah Teófilo, Andréia Bahia, Catherine Moraes, Galtiery Rodrigues, Silvana Bittencourt e Vinícius Queiroz Galvão, que me abriram portas, compartilharam telefones, documentos e histórias que enriqueceram este livro. Também foi de valor inestimável o empenho e a dedicação do motorista Renato Ramos, que, cedido pela Sucursal de Brasília do jornal O *Globo*, tornou as viagens a Goiás mais seguras e agradáveis.

Em Brasília, no Rio e em São Paulo, outros repórteres que estiveram envolvidos na cobertura do caso João de Deus dividiram comigo suas agendas telefônicas e impressões de Abadiânia: Paula Ferreira, Aguirre Talento, Carolina Brígido, Daniel Gullino, Daniel Marenco, Luís Guilherme Julião e Patrik Camporez — além de Helena Borges, que esteve ao meu lado, no *Globo*, na apuração das denúncias, e Luciana Xavier, a primeira jornalista brasileira a compartilhar o relato de Zahira no Facebook, em setembro de 2018.

A partir daquele momento, o caso passou a ser acompanhado também pela ativista Maria do Carmo dos Santos, do grupo Vítimas Unidas, que oferece suporte e orientação às sobreviventes de abusos — e a quem agradeço pela disposição de contribuir com esta obra.

Muitas outras pessoas tiveram papel fundamental para que este livro fosse publicado. Agradeço a Mauro Palermo, diretor da Globo Livros, e Alan Gripp, diretor de redação do jornal O *Globo*, que confiaram a mim a realização deste projeto, e à editora Amanda Orlando, que me acompanhou do início ao fim destas páginas. Tive sorte, também, de contar com o suporte da assistente executiva Carmen Verônica, companheira de trabalho que mantém o equilíbrio dos colegas do Grupo Globo já há algumas décadas.

No âmbito pessoal, o meu próprio equilíbrio foi mantido graças ao apoio das amigas e dos amigos que me cercam, e que nem por um instante deixaram de estar ao meu lado. Os ouvidos atentos, as palavras de incentivo e a poesia de Audrey Furlaneto me devolveram alguma leveza em meio a apuração tão dura. Gleice Pereira Brito Nogueira garantiu que eu tivesse tempo de concentração e escrita. Maria Ribeiro, atriz, escritora e diretora com alma de jornalista, acompanhou o meu trabalho desde antes de a denúncia vir a público, e foi uma das minhas principais incentivadoras, dali até a conclusão desta obra.

Vanessa Bruno, Flavia Martin, Mari Faria, Luiza Fecarotta, Marina Fibe De Cicco, Maria Isabel Saboya, Thaís Lima, Maria Fortuna, Renata Izaal, Fernanda Pontes: estive cercada de mulheres que me lembraram a importância de contar esta história e que me deram ânimo para continuar.

Agradeço ainda aos mestres Chico Otavio e Plínio Fraga, cujas orientações me ajudaram a transformar em livro um trabalho normalmente confinado a espaços concisos; a Bernardo Mello Franco, repórter e leitor obstinado, que encontrou a epígrafe no meio das palavras de Machado de Assis; e a Leo Aversa, fotógrafo e escritor, que gentilmente me transformou na autora vista na orelha desta obra, com a contribuição das mãos mágicas de Vini Kilesse (cabelo e maquiagem).

Por fim, agradeço aos meus pais, Alexandre e Lillian, a quem devo a profissão que escolhi, e que procuro honrar, e a meu irmão, Ricardo, cujo espírito provocativo me instiga a buscar novos argumentos para o debate.

E a Francisco, a quem devo a vontade de viver num mundo mais justo e equalitário.

# Notas

## Prefácio
1. Beard, Mary. *Mulheres e poder: um manifesto.* São Paulo: Crítica, 2018.
2. Disponível em https://brasil.elpais.com/brasil/2018/02/09/cultura/1518195599_638386.html. Consultado em 15 de dezembro de 2020.

## 2 A construção do mito
1. Garcia, Ismar Estulano. *João de Deus: vida e mediunidade.* Goiânia: AB editora, 2013.
2. Ibidem.
3. Ibidem.
4. Ibidem.
5. Estrich, Robert Pellegrino. *João de Deus: O curador e seus milagres.* Trad. Gilda e Eduardo Teixeira. Anápolis: Múltipla gráfica e editora, s.d.
6. Ibidem.
7. Cumming, Heather e Leffler, Karen, *João de Deus: o médium de cura brasileiro que transformou a vida de milhões.* Trad. Denise de C. Rocha Delela. São Paulo: Pensamento, 2008.
8. Machado, Maria Helena P. T. *João de Deus: um médium no coração do Brasil.* São Paulo: Fontanar, 2016.
9. Garcia, Ismar Estulano. *João de Deus: vida e mediunidade.* Goiânia: AB editora, 2013.
10. Ibidem.
11. Ibidem.
12. Luz, Dioclécio. *Roteiro Mágico de Brasília.* Brasília: Codeplan, 1986.

13. Ibidem.
14. Ibidem.
15. Ibidem.
16. GARCIA, Ismar Estulano. *João de Deus: vida e mediunidade*. Goiânia: AB editora, 2013.
17. Ibidem.
18. Ibidem.
19. Ibidem.
20. Ibidem.

## 3 CIDADE PARTIDA

1. ALVES, Nilauder Guimarães. *É Deus quem cura: um estudo sobre as curas espirituais na Casa Dom Inácio de Loyola*. Dissertação apresentada ao Programa de Pós-Graduação em Antropologia Social da Universidade Federal de Goiás, como requisito parcial para a obtenção do título de Mestre em Antropologia Social. Orientador: Prof. Gabriel Omar Alvarez. Goiânia, fevereiro de 2013.
2. GUTERRES, Dicléia. *Tributo a João de Deus*. Abadiânia: Gráfica Bom Pastor, s.d.
3. GARCIA, Ismar Estulano. *João de Deus: vida e mediunidade*. Goiânia: AB Editora, 2013.
4. PÓVOA, Liberato. *João de Deus, fenômeno de Abadiânia*. Abadiânia: Gráfica Bom Pastor, 1994.
5. MACHADO, Maria Helena P. T. *João de Deus: um médium no coração do Brasil*. São Paulo: Fontanar, 2016.
6. CUMMING, Heather e LEFFLER, Karen, *João de Deus: o médium de cura brasileiro que transformou a vida de milhões*. Trad. Denise de C. Rocha Delela. São Paulo: Pensamento, 2008.
7. ALVES, Nilauder Guimarães. *É Deus quem cura: um estudo sobre as curas espirituais na Casa Dom Inácio de Loyola*. Dissertação apresentada ao Programa de Pós-Graduação em Antropologia Social da Universidade Federal de Goiás, como requisito parcial para a obtenção do título de Mestre em Antropologia Social. Orientador: Prof. Gabriel Omar Alvarez. Goiânia, fevereiro de 2013.
8. GUTERRES, Dicléia. *Tributo a João de Deus*. Abadiânia: Gráfica Bom Pastor, s.d.
9. MACHADO, Maria Helena P. T. *João de Deus: um médium no coração do Brasil*. São Paulo: Fontanar, 2016.

## 4 Dalva: uma vida em fuga

1. https://www.facebook.com/watch/?v=531368737381775. Consultado em 16 de julho de 2020.
2. https://www.facebook.com/watch/?v=963866307131719. Consultado em 16 de julho de 2020.

## 5 "Mataram meu pai!"

1. Artigo 29 do *Código Penal brasileiro*.
2. *Código Penal brasileiro*, artigo 121, parágrafo 2, inciso IV.
3. As informações e declarações citadas neste capítulo foram retiradas do processo criminal pelo homicídio qualificado de Mário Rodrigues dos Reis movido pelo Ministério Público de Goiás contra Francisco de Assis dos Santos, Jânio Jasem Cordeiro Pereira e Maurício Gomes de Novais Filho. O caso está arquivado no Tribunal de Justiça de Goiás, na comarca de Abadiânia. Data de distribuição: 27 de novembro de 1996.

## 8 "Ele prometeu"

1. Todas as citações e declarações referentes ao caso de Nancy foram retiradas de processo criminal por curandeirismo movido pelo Ministério Público de Goiás contra João Teixeira de Faria. O caso está arquivado no Tribunal de Justiça de Goiás, na Comarca de Abadiânia. Data de distribuição: 31 de agosto de 2000.
2. As citações e declarações referentes ao assassinato de Johanna Hannelore Bode foram retiradas do processo criminal por homicídio movido pelo Ministério Público de Goiás, ainda que o indiciado não tenha sido definido. O caso está arquivado no Tribunal de Justiça de Goiás, na comarca de Abadiânia. Data de distribuição: 17 de fevereiro de 2016.

## 9 "Ela é louca"

1. Todas as citações e declarações mencionadas neste capítulo foram retiradas do processo criminal movido pelo Ministério Público de Goiás contra João Teixeira de Faria por violação sexual mediante fraude. O caso está arquivado no Tribunal de Justiça de Goiás, na comarca de Abadiânia. Data de distribuição: 17 de maio de 2010.
2. *Fantástico*, TV Globo, 16 de dezembro de 2018.
3. Ibidem.

# 10 JOHN OF GOD: "TESOURO" INTERNACIONAL

1. Disponível em http://g1.globo.com/distrito-federal/noticia/2012/03/foi-uma-experiencia-muito-forte-diz-oprah-sobre-entrevista-com-medium.html. Consultado em 15 de dezembro de 2020.
2. CASEY, Susan. "Leap of Faith: Meet John of God". Revista O, novembro de 2010.
3. Ibidem.
4. Ibidem.
5. Ibidem.
6. *Oprah's Next Chapter, talk show* do canal a cabo norte-americano Oprah Winfrey Network, exibido em 17 de março 2013.
7. Ibidem.
8. Inquérito da Polícia Civil de Goiás aberto em 3 de fevereiro de 2012.
9. Laudo de Exame Cadavérico 768/2012. Polícia Técnico-Científica do Estado de Goiás, 4 de fevereiro de 2012.
10. Ibidem.
11. Termo de depoimento do médico prestado na Delegacia de Polícia de Abadiânia em 17 de abril de 2012.
12. Todas as vítimas de morte natural sem elucidação diagnóstica devem ser encaminhadas ao Serviço de Verificação de Óbitos (svo) pelas unidades de saúde ou pela polícia para a expedição da declaração de óbito. Nos casos de morte por causas externas, como acidente ou violência, o Instituto Médico Legal (IML) é responsável por emitir a declaração de óbito.
13. Termo de depoimento prestado na Delegacia de Polícia de Anápolis em 14 de fevereiro de 2012.
14. Ibidem.
15. Ibidem.
16. Relatório do Inquérito Policial 19/2012, assinado pelo delegado Manoel Vanderic Correa Filho, em 24 de abril de 2012. Delegacia de Abadiânia, Polícia Civil de Goiás.
17. Decisão assinada pela Juíza de Direito Rosângela Rodrigues Santos no dia 27 de agosto de 2012. Poder Judiciário, comarca de Abadiânia.
18. Inquérito por "fato atípico", arquivado no Tribunal de Justiça de Goiás, na comarca de Abadiânia. Vítima: Martha Rauscher. Indiciado: não houve. Data de distribuição: 2 de maio de 2012.
19. *Jornal Opção*, edição 1911, de 19 a 25 de fevereiro de 2012.

20. *The Sydney Morning Herald*, 4 de outubro de 2014.
21. Ibidem.
22. Ibidem.
23. Ibidem.
24. Ibidem.
25. Essa e as demais citações do capítulo foram extraídas do programa televisivo *60 Minutes Australia*, exibido em 26 de outubro de 2014.

## 11 Expulso da própria casa

1. Disponível em https://www.escavador.com/sobre/6503176/claudeth-conceicao-de-oliveira-lilja. Consultado em 19 de dezembro de 2020.
2. Disponível em http://diariogaucho.clicrbs.com.br/rs/policia/noticia/2018/12/gauchas-relatam-ter-sofrido-abusos-durante-atendimentos-de-joao-de-deus-10662007.html. Consultado em 19 de dezembro de 2020.
3. Disponível em https://oglobo.globo.com/sociedade/joao-de-deus-foi-proibido-de-atender-em-templo-no-rio-grande-do-sul-por-causa-de-relatos-de-abusos-23293497. Consultado em 19 de dezembro de 2020.
4. Disponível em https://www.pc.rs.gov.br/departamento-da-policia-civil-realiza-acao-social-alusiva-ao-natal. Consultado em 19 de dezembro de 2020.

## 12. Prenda-me se for capaz

1. Decisão do Superior Tribunal de Justiça que indeferiu pedido de *habeas corpus* em favor de João Teixeira de Faria. Impetrante: Alberto Zacharias Toron e outros. Impetrado: Tribunal de Justiça de Goiás. 27/02/2019. Crimes: artigos 343 e 344 do Código Penal, respectivamente falso testemunho ou falsa perícia e coação no curso de processo.
2. Ibidem.
3. Disponível em https://www.jornalopcao.com.br/ultimas-noticias/em-abadiania-marconi-participa-da-festa-de-aniversario-de-joao-de-deus-69361/. Consultado em 19 de dezembro de 2020.
4. Jornal *Diário da Manhã*: "João de Deus homenageia mãe de Marconi", Goiânia, 21 de dezembro de 2013.
5. Ibidem.
6. Jornal *Opção*, edição 2.223: "João de Deus abençoa Marconi e diz esperar futuro promissor para ele na política". Goiânia, 17 de fevereiro de 2018.

7. Vídeo postado no canal de Ronaldo Caiado no YouTube. Disponível em https://www.youtube.com/watch?v=QRH3_kS1fEs&t=4s. Consultado em 19 de dezembro de 2020.
8. Disponível em https://agenciabrasil.ebc.com.br/geral/noticia/2018-12/caiado-diz-que-nao-quer-antecipar-juizos-de-valor-sobre-joao-de-deus. Consultado em 19 de dezembro de 2020.
9. RECONDO, Felipe e WEBER, Luiz. *Os onze: O STF, seus bastidores e suas crises*. São Paulo, Companhia das Letras, 2019. Páginas 207 e 208.

## 13. A QUEDA

1. Post no grupo "Gangue Rosa", do Facebook, em 4 de setembro de 2018.
2. KANTOR, Jodi e TWOHEY, Megan. *Ela disse: os bastidores da reportagem que impulsionou o #MeToo*. São Paulo: Companhia das Letras, 2019, pág. 13.
3. Ibidem, pág. 10.
4. Post no grupo "Gangue Rosa", do Facebook, em 4 de setembro de 2018.

## 14. O "MILAGRE" DA MULTIPLICAÇÃO

1. Disponível em https://oglobo.globo.com/sociedade/assessora-de-joao-de-deus-diz-que-ele-chora-varias-vezes-que-vitimas-parecem-treinadas-para-falar-23297025. Consultado em 28 de dezembro de 2020.
2. Ibidem.
3. Ibidem.
4. Disponível em https://especiais.opopular.com.br/caso-joao-de-deus/o-escandalo/sou-inocente. Consultado em 30 de dezembro de 2020.
5. Disponível em https://epoca.globo.com/mais-de-200-mulheres-dizem-ter-sido-abusadas-por-joao-de-deus-23303497. Consultado em 28 de dezembro de 2020.
6. Comunicação do banco ao Conselho de Controle de Atividades Financeiras (Coaf) incluso no pedido de *habeas corpus* impetrado pelo advogado Alberto Zacharias Toron no Superior Tribunal de Justiça, em favor de João Teixeira de Faria, em 17 de janeiro de 2019.
7. Representação por prisão preventiva por crime de violação sexual mediante fraude realizada pelo Ministério Público de Goiás em 13 de dezembro de 2018.
8. Ibidem.
9. Disponível em https://oglobo.globo.com/sociedade/mulher-de-joao-de-deus-vai-festa-de-natal-amigo-diz-que-medium-esta-presente-espiritualmente-23308441. Consultado em 28 de dezembro de 2020.

10. Disponível em https://www1.folha.uol.com.br/colunas/monicabergamo/2018/12/me-entrego-a-justica-divina-e-a-justica-da-terra-diz-joao-de-deus-em-video.shtml. Consultado em 28 de dezembro de 2020.
11. Depoimento de João Teixeira de Faria à Polícia Civil de Goiás, realizado no Departamento Estadual de Investigações Criminais (Deic) de Goiânia, em 16 de dezembro de 2018.
12. Ibidem.

### 15 UMA HISTÓRIA SEM FIM

1. Disponível em https://oglobo.globo.com/sociedade/prefeito-de-abadiania-lamenta-caso-joao-de-deus-diz-que-desenvolvimento-da-cidade-fica-prejudicado-23298890. Consultado em 11 de setembro de 2020.
2. Disponível em https://static.poder360.com.br/2020/02/TJ-Goias-decisao-EdnaGomes-31jan2020.pdf. Consultado em 11 de setembro 2020.
3. Disponível em https://g1.globo.com/go/goias/noticia/2019/11/07/joao-de-deus-e-condenado-por-posse-ilegal-de-arma-de-fogo-mulher-e-absolvida.ghtml. Consultado em 11 de setembro de 2020.
4. Disponível em https://g1.globo.com/go/goias/noticia/2019/11/07/joao-de-deus-e-condenado-por-posse-ilegal-de-arma-de-fogo-mulher-e-absolvida.ghtml. Consultado em 11 de setembro de 2020.
5. Ação penal movida pelo Ministério Público de Goiás contra João Teixeira de Faria por posse ilegal de armas e munições de uso permitido e de uso restrito. Tribunal de Justiça de Goiás; Comarca de Abadiânia, 5 de setembro 2019.
6. Disponível em https://oglobo.globo.com/sociedade/ele-vai-pagar-pelo-que-fez-todas-as-mulheres-diz-vitima-sobre-joao-de-deus-24148089. Consultado em 11 de setembro 2020.
7. Disponível em https://oglobo.globo.com/sociedade/ele-vai-pagar-pelo-que-fez-todas-as-mulheres-diz-vitima-sobre-joao-de-deus-24148089. Consultado em 11 de setembro 2020.
8. Disponível em https://oglobo.globo.com/sociedade/joao-de-deus-fica-preso-em-mansao-com-hidromassagem-elevador-cama-de-cristal-veja-video-24343242#. Consultado em 17 de setembro de 2020.
9. Decisão assinada pelo juiz de direito Marcos Boechat Lopes Filho no dia 26 de agosto de 2021. Poder Judiciário, comarca de Abadiânia.
10. Ibidem.

ESTE LIVRO, COMPOSTO NA FONTE FAIRFIELD,
FOI IMPRESSO EM PAPEL AVENA 70G/M² NA EDIGRÁFICA,
RIO DE JANEIRO, SETEMBRO DE 2021.